高等职业教育财经商贸类专业"互联网+"创新教材

会计信息系统应用
——供应链

（用友 ERP-U8 V10.1 版）

主　编　徐文杰　赵　砚
副主编　闪　辉　杨　博　李益鸿
参　编　黄　敏　许龙英　施卓晨　邵彩霞

机械工业出版社

本教材以用友 ERP-U8 V10.1 版为蓝本，以浙江安祥商贸有限公司 2024 年 1 月份经济业务为背景，结合企业实际数据全面系统地介绍了 ERP-U8 V10.1 版采购管理、应付款管理、销售管理、应收款管理、库存管理和存货核算等子系统的应用方法和操作过程。

本教材以业务财务一体化管理为主导思想，突破了只单纯介绍财务软件的局限，反映了会计信息系统发展的时代特征和最新进展，在向学生传授知识的同时，更注重对学生实际职业能力的培养，使学生的学习和实际操作相结合。此外，本教材与会计职业技能大赛和业财一体信息化（初级+中级）职业技能等级证书有效衔接，内容更贴近企业实际，学生可以在学习软件操作的同时，更多地了解大赛、1+X 证书的考核内容和处理方法。

本教材适合高等职业院校、高等专科学校、成人高校大数据与会计及其他相关专业教学使用，也可以作为企业财务人员及业务人员会计信息系统应用培训和业务学习资料。本教材还可以作为会计职业技能大赛和业财一体信息化（初级+中级）职业技能等级证书的参考教材。

图书在版编目（CIP）数据

会计信息系统应用：用友ERP-U8 V10.1版．供应链/徐文杰，赵砚主编．—北京：机械工业出版社，2024.1

高等职业教育财经商贸类专业"互联网+"创新教材

ISBN 978-7-111-74201-2

Ⅰ．①会… Ⅱ．①徐…②赵… Ⅲ．①会计信息—财务管理系统—高等职业教育—教材 Ⅳ．①F232

中国国家版本馆CIP数据核字（2023）第214752号

机械工业出版社（北京市百万庄大街22号　邮政编码100037）
策划编辑：孔文梅　　　　　责任编辑：孔文梅　乔　晨
责任校对：肖　琳　张　征　封面设计：鞠　杨
责任印制：常天培

北京铭成印刷有限公司印刷

2023 年 12 月第 1 版第 1 次印刷
184mm×260mm・17.5印张・453千字
标准书号：ISBN 978-7-111-74201-2
定价：49.50元

电话服务　　　　　　　　　网络服务
客服电话：010-88361066　　机　工　官　网：www.cmpbook.com
　　　　　010-88379833　　机　工　官　博：weibo.com/cmp1952
　　　　　010-68326294　　金　书　网：www.golden-book.com
封底无防伪标均为盗版　　　机工教育服务网：www.cmpedu.com

前言 Preface

2021年12月30日，财政部印发了《会计信息化发展规划（2021—2025年）》，其中明确提出"深入推动单位业财融合和会计职能拓展，加快推进单位会计工作数字化转型。通过会计信息的标准化和数字化建设，推动单位深入开展业财融合，充分运用各类信息技术，探索形成可扩展、可聚合、可比对的会计数据要素，提升数据治理水平。"在此背景下，我们编写了这套会计信息系统应用教材。该套教材由两本教材组成，按照应用能力层次，一为《会计信息系统应用——财务链》，二为《会计信息系统应用——供应链》。

本教材以用友 ERP-U8 V10.1 版为蓝本，以虚拟的浙江安祥商贸有限公司 2024 年 1 月份的 51 笔经济业务为背景，全面系统地介绍了 ERP-U8 V10.1 版中采购管理、应付款管理、销售管理、应收款管理、库存管理和存货核算等子系统的应用方法和操作过程。

与同类教材相比，本教材具有以下特点：

1. 践行课程思政，落实"立德树人"要求

本教材紧盯会计信息化的发展变化，以习近平新时代中国特色社会主义思想为指导，以塑造高素质技术技能型会计信息化人才为目标，每个项目通过素质目标和拓展阅读有机融入思政元素，凸显教材育人功能，培养学生的专业精神、职业精神和工匠精神。

2. 融通岗课赛证，聚焦综合育人

本教材以财务职业岗位为主导、紧贴财务岗位需求重构课程体系，以工作过程为导向，选取实际企业典型财务岗位工作任务系统化设计教学项目，重组课程内容、重塑课堂教学模式，实施"岗课融通"；将业财一体化（初级+中级）职业技能等级证书标准融入课程标准，将证书知识点和技能点融入课程教学内容，将证书考核环境融入学习环境，实施"课证融通"；将会计、智能财税等职业技能大赛内容融入教学内容，将大赛项目融入实践项目、大赛训练融入实践教学，实施"赛课融通"；将项目评价、1+X 证书评价、大赛评价融入教学考核评价，形成了多元化、多维度的教学评价体系。通过有机融通"岗课赛证"，实现综合育人，推动高素质技术技能型会计信息化人才培养模式改革。

3. 紧跟时代步伐，融合业务财务

本教材紧跟时代步伐，一方面根据最新的财税政策及会计准则编写教材内容，另一方面将财务共享、财务机器人、大数据等会计信息系统最新研究成果纳入教材；深化业务财务融合，以浙江安祥商贸有限公司 2024 年 1 月份的经济活动贯穿全书，工作任务以公司的业务单据形式呈现，详细地介绍了该公司系统实施、供应链管理及期末处理等信息化工作内容，实现了财务系统与业务系统的一体化应用，同时，本教材工作任务按照账套主管、财务经理、会计、出纳、

销售员、采购员六个岗位分工设计，实现了多岗位一体化应用。

4. 配套立体资源，助力教学改革

本教材配有省级精品在线开放课程，每学期在线上平台开课，同时提供丰富的数字资源，主要包括：教案、电子课件、题库、备份账套等教学文件；全部任务的操作过程微视频，读者可以扫描教材中的二维码进行观看学习；实验资料、实验结果账套等，便于学生进行课后自学检验；业财一体化（初级＋中级）职业技能等级证书标准及考证平台，助力学生考取 1+X 证书。通过构建立体化的教材资源，为教师开展混合式教学改革提供有效支持。

本教材由徐文杰、赵砚担任主编，闪辉、杨博、李益鸿担任副主编。具体编写分工如下：徐文杰（浙江工业职业技术学院）负责编写项目一，闪辉（浙江工业职业技术学院）负责编写项目二，许龙英（绍兴市中等专业学校）负责编写项目三，赵砚（浙江工业职业技术学院）负责编写项目四，黄敏（浙江工业职业技术学院）负责编写项目五，杨博（浙江工业职业技术学院）负责编写项目六，施卓晨（杭州职业技术学院）负责编写项目七，邵彩霞（浙江农业商贸职业学院）负责编写项目八。教材案例资料及原始单据由李益鸿（浙江工业职业技术学院）整理完成。徐文杰负责拟定全书大纲，并最后进行总纂、修改和定稿。

本教材在编写过程中参考了国内相关教材和论文等资料，在此对相关作者表示衷心的感谢；同时得到了新道科技股份有限公司的鼎力帮助和大力支持，在此我们深表谢意！

由于编者水平有限，书中难免有疏漏和错误之处，敬请读者多提宝贵意见，以便日后修改完善。

编　者

二维码索引 Qr Code Index

序号	名称	二维码	页码	序号	名称	二维码	页码
1	增加用户		004	10	采购管理系统初始化		057
2	建立账套		007	11	应付款管理系统初始化		062
3	设置用户权限		014	12	销售管理系统初始化		067
4	设置机构人员		021	13	应收款管理系统初始化		070
5	设置客商信息		025	14	库存管理系统初始化		076
6	设置存货信息		029	15	存货核算系统初始化		080
7	设置财务信息		033	16	总账系统初始化		085
8	设置收付结算		037	17	普通采购业务处理（含运费）1～4		102
9	设置业务信息		041	18	普通采购业务处理（含运费）5～10		105

序号	名称	二维码	页码	序号	名称	二维码	页码
19	特殊采购业务处理（合理损耗）1~4		114	29	收到销售定金处理		176
20	特殊采购业务处理（合理损耗）5~7		118	30	收到剩余货款处理		179
21	暂估业务处理（单到回冲业务）		124	31	现金折扣业务处理		188
22	暂估业务处理（暂估入库业务）		128	32	销售退货业务处理		196
23	采购退货业务处理		134	33	直运销售业务处理		203
24	受托代销业务处理（收到受托代销货物）		145	34	委托代销业务处理		215
25	受托代销业务处理（销售受托代销货物1）		149	35	零售日报业务处理		221
26	受托代销业务处理（销售受托代销货物2）		153	36	盘点业务处理		231
27	受托代销业务处理（与委托方办理结算）		155	37	调拨业务处理		237
28	普通销售业务处理		166	38	其他业务处理（存货毁损）		241

序号	名称	二维码	页码	序号	名称	二维码	页码
39	存货价格及结算成本处理		247	44	库存管理系统月末结账		258
40	计提存货跌价准备		249	45	存货核算系统月末结账		258
41	单据记账处理		251	46	应收款管理系统月末结账		260
42	采购管理系统月末结账		256	47	应付款管理系统月末结账		260
43	销售管理系统月末结账		257	48	总账系统月末结账		261

目录 Contents

前　言

二维码索引

项目一　账套创建与管理　001

　　任务一　了解企业概况／001

　　任务二　增加用户／003

　　任务三　建立账套／006

　　任务四　设置用户权限／012

　　考证导航／015

　　知识导图／016

　　项目实训　账套创建与管理／016

项目二　基础信息设置　019

　　任务一　设置机构人员／019

　　任务二　设置客商信息／023

　　任务三　设置存货信息／027

　　任务四　设置财务信息／031

　　任务五　设置收付结算／035

　　任务六　设置业务信息／038

　　考证导航／047

　　知识导图／048

　　项目实训　基础信息设置／048

项目三　业务子系统初始设置　056

　　任务一　采购管理系统初始化／056

　　任务二　应付款管理系统初始化／060

　　任务三　销售管理系统初始化／066

　　任务四　应收款管理系统初始化／067

　　任务五　库存管理系统初始化／075

　　任务六　存货核算系统初始化／078

任务七　总账系统初始化 / 082

考证导航 / 088

知识导图 / 089

项目实训　业务子系统初始设置 / 089

项目四　采购管理系统业务处理　　097

任务一　普通采购业务处理（含运费）/ 097

任务二　特殊采购业务处理（合理损耗）/ 111

任务三　采购暂估业务处理 / 121

任务四　采购退货业务处理 / 132

任务五　受托代销业务处理（收取手续费方式）/ 139

考证导航 / 159

知识导图 / 160

项目实训　采购管理系统业务处理 / 161

项目五　销售管理系统业务处理　　162

任务一　普通销售业务处理 / 162

任务二　销售定金业务处理 / 173

任务三　现金折扣业务处理 / 186

任务四　销售退货业务处理 / 193

任务五　直运销售业务处理 / 199

任务六　委托代销业务处理 / 211

任务七　零售日报业务处理 / 220

考证导航 / 225

知识导图 / 226

项目实训　销售管理系统业务处理 / 227

项目六　库存管理系统业务处理　　229

任务一　盘点业务处理 / 229

任务二　调拨业务处理 / 236

任务三　其他业务处理 / 240

考证导航 / 243

知识导图 / 244

项目实训　库存管理系统业务处理 / 244

项目七　存货核算系统业务处理　　246

任务一　存货价格及结算成本处理 / 246

任务二　计提存货跌价准备／248

任务三　单据记账处理／250

考证导航／253

知识导图／254

项目实训　存货核算系统业务处理／254

项目八　期末业务处理　255

任务一　月末结账／255

任务二　账表查询／262

考证导航／265

知识导图／267

项目实训　期末业务处理／267

参考文献　268

项目一

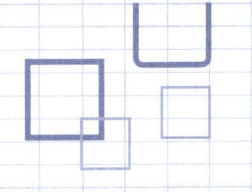

账套创建与管理

知识目标

- ➢ 了解企业信息化实施流程。
- ➢ 理解系统管理在整个系统中的作用。
- ➢ 掌握系统管理相关事项的具体规定。

技能目标

- ➢ 能正确进行角色和用户的新增、修改、删除。
- ➢ 能根据企业财务分工情况，在会计信息系统中进行用户权限设置。
- ➢ 能建立企业电子账套，并能修改、备份、引入。

素质目标

- ➢ 培养解决能力和创新思维，能够根据企业的特定需求进行账套的定制和优化。
- ➢ 培养团队合作能力和沟通能力，能够与其他部门协作，实现供应链的高效运作。
- ➢ 培养责任意识和保密意识，能够遵守财务数据的保密要求，并确保账套的安全性和准确性。

任务一　了解企业概况

一、企业基本情况

1. 公司注册资料

公司注册名称：浙江安祥商贸有限公司（简称安祥商贸）

公司注册地址及电话：杭州市纳文路729号，电话：0571-88009354

公司统一社会信用代码：91330101M505277347

公司邮箱地址：anxiangshangmao@163.com

公司注册资本：500 000元

公司法定代表人：张伟（兼任公司总经理）

公司经营范围：主要从事饮料、矿泉水、休闲食品等批发、零售

2. 公司银行资料

基本存款账户开户行：工商银行杭州市美馨路支行

账号：1426 3537 3172 8338 244

3. 公司税务资料

国家税务总局杭州市西湖区税务局：纳税人识别号同公司统一社会信用代码

缴款账户：国家税务总局杭州市西湖区支库

账号：1426 8063 1397 9283 683

二、会计核算要求

1. 会计科目设置

"应付账款"科目下设"一般应付账款"和"暂估应付账款"两个二级科目，其中，"一般应付账款"科目设置为受控于应付系统，"暂估应付账款"科目设置为不受控于应付系统。

"预收账款"科目下设"定金"和"预收款项"两个二级科目，其中，"定金"设置为不受控于应收系统，"预收款项"设置为受控于应收系统。

2. 辅助核算要求

日记账：库存现金、银行存款及其日记账。

银行账：银行存款及其明细账。

客户往来：应收票据、应收账款、预收账款、合同负债。

供应商往来：应付票据、应付账款、预付账款。

个人往来：其他应收款——个人往来。

3. 会计凭证的基本规定

录入或生成"记账凭证"均由指定的会计人员操作，含有库存现金和银行存款科目的记账凭证均需出纳签字。采用通用记账凭证格式。对已记账凭证的修改，只采用红字冲销法。为保证财务与业务数据的一致性，能在业务系统生成的记账凭证不得在总账系统直接录入。根据原始单据生成记账凭证时，除收付款核销及特别规定外不采用合并制单。出库单与入库单原始凭证以系统生成的为准。无特别要求，在业务发生当日，收到发票并支付款项的业务使用现付功能处理，开出发票同时收到款项的业务使用现结功能处理。

4. 货币资金业务的处理

公司采用的结算方式包括现金结算、支票结算、托收承付、委托收款、银行汇票、商业汇票、电汇等。收、付款业务由财务部门根据有关凭证进行处理，在系统中没有对应结算方式的，其结算方式为"其他"。

5. 坏账损失的处理

除应收账款外，其他的应收款项不计提坏账准备。每年年末计提坏账准备，提取比例为0.5%（月末视同年末）。

6. 存货业务的处理

公司存货主要是饮料、矿泉水以及休闲食品，按分类进行存放。各类存货按照实际成本核算，采用永续盘存制；对库存商品采用"数量进价金额核算法"，发出存货成本采用"先进先出法"进行核算，采购入库存货对方科目全部使用"在途物资"科目。

7. 税费的处理

公司为增值税一般纳税人，增值税税率为 13%，按月缴纳；按当期应交增值税的 7% 计算城市维护建设税、3% 计算教育费附加和 2% 计算地方教育费附加；企业所得税采用应付税款法，税率为 25%，按月预计，按季预缴，全年汇算清缴。缴纳税款按银行开具的原始凭证编制记账凭证。

8. 财产清查的处理

公司每年年末对存货及固定资产进行清查，根据盘点结果编制"盘点表"，并与账面数据进行比较，由库存管理员审核后进行处理。

9. 损益类账户的结转

每月末将各损益类账户余额转入本年利润账户，结转时按收入和支出分别生成记账凭证。

10. 利润分配

根据公司章程，公司税后利润按以下顺序及规定分配：①弥补亏损；②按 10% 提取法定盈余公积；③按 30% 向投资者分配利润。

三、企业会计信息系统

浙江安祥商贸有限公司于 2023 年年底确定了单位实现财务工作信息化的管理目标，经过几个月的慎重考察和选型，2024 年 1 月最终购买了用友公司 U8 财务软件 V10.1 版（以下简称 U8 系统），包含总账管理、应收款管理、应付款管理、采购管理、销售管理、库存管理和存货核算七个子系统，实现财务核算工作的信息化。

任务二　增加用户

工作任务

根据浙江安祥商贸有限公司岗位分工和内部控制要求，需要在 U8 系统中新增以下用户，具体用户信息见表 1–1。

表 1–1　用户信息表

编　号	姓　名	认证方式	口　令	所属部门	职　务
101	张伟	用户＋口令（传统）	空	总经理办公室	总经理
104	韩寒	用户＋口令（传统）	空	财务部	财务经理
105	林彬	用户＋口令（传统）	空	财务部	会计
106	钟灵	用户＋口令（传统）	空	财务部	出纳
201	陈萱	用户＋口令（传统）	空	仓管部	库管员
301	李玲	用户＋口令（传统）	空	采购部	采购员
401	陈路	用户＋口令（传统）	空	销售部	销售员

知识储备

1. 系统管理

U8 系统管理功能的使用者为企业的信息管理人员、系统管理员（admin）和账套主管。

运行用友 U8 软件，必须先打开系统管理进行注册登录。如果是第一次使用 U8 软件，只能以系统管理员（admin）的身份注册系统管理，建立账套并指定账套主管后，才能以账套主管的身份进入系统管理。

系统管理员指定账套主管，负责整个系统的安全和维护工作，以及账套管理、角色和用户设置及相应的权限设置。账套主管负责账套的维护工作和所选年度内账套的管理及该账套操作员权限的设置。系统管理员和账套主管权限对比见表 1–2。

表 1–2　系统管理员和账套主管权限对比

菜　单	系统管理员	账套主管
系统	设置 SQL Server 口令及升级数据、注销功能	注销功能
账套	建立、引入、输出账套但无法修改账套信息	修改账套信息
年度	无	可清空、引入、输出年度账
权限	设置和修改账套主管，增加和修改角色和用户，增加和修改用户权限	增加和修改所负责账套的用户权限，但不能增加用户
视图	能刷新、阅读系统和上机日志，清除异常任务，清除单据锁定	能刷新、阅读上机日志

2. 角色

角色是指在企业管理中拥有某一项职能的组织，这个组织可以是实际的部门，也可以是由拥有一类职能的人构成的虚拟组织。在设置了角色后，就可以定义角色的权限，当用户归属某一角色后，就相应地拥有了该角色的权限。设置角色的方便之处在于可以根据职能统一进行权限的划分，方便授权。角色管理包括角色的增加、删除、修改等维护工作。

3. 用户

用户是指有权限登录系统、对应用系统进行操作的人员，也称为操作员。U8 系统中有两种用户类型：普通用户和管理员用户。普通用户是指能够登录 U8 企业应用平台进行各类业务处理的用户。管理员用户只能登录 U8 系统管理进行操作。用户管理主要完成用户的增加、删除、修改等维护工作。

岗位说明

以系统管理员 admin 身份增加用户。

任务实施

增加用户

（1）打开桌面上的"系统管理"窗口（或者执行"开始"→"所有程序"→"用友 U8 V10.1"→"系统服务"命令，打开用友 U8 系统管理窗口）。

（2）在"系统管理"窗口中，执行"系统"→"注册"命令，打开"登录"对话框，"登录到"选择"DESKTOP"（当前使用的计算机名），操作员输入"admin",密码为空,账套选择"default",如图 1-1 所示,单击"登录"按钮,完成系统登录。

图 1-1 登录系统管理

(3)在"系统管理"窗口中,执行"权限"→"用户"命令,打开"用户管理"窗口,单击"增加"按钮。根据表 1-1 资料输入张伟的相关信息,完成后单击"增加",如图 1-2 所示。按此方法继续增加其他操作员。

图 1-2 增加操作员

> **特别提醒**
>
> ◇ 只有系统管理员有权修改操作员信息。
> ◇ 一个角色可以拥有多个用户,一个用户可以分属于多个不同的角色。
> ◇ 操作员编号在系统中必须唯一,操作员的信息一旦保存,操作员编号不能修改,操作员的姓名、口令及所属部门可以修改。

任务三 建立账套

工作任务

根据公司会计信息化工作的要求,需要在 U8 系统中建立浙江安祥商贸有限公司的账套,账套参数信息如下:

1. 账套信息

账套号:001
账套名称:浙江安祥商贸有限公司
账套路径:采用系统默认路径
启用会计期:2024 年 1 月

2. 单位信息

单位名称:浙江安祥商贸有限公司
单位简称:安祥商贸
单位地址:杭州市纳文路 729 号
法人代表:张伟
邮政编码:310000
联系电话/传真:0571-88009354
电子邮件:anxiangshangmao@163.com
税号:91330101M505277347

3. 核算类型

本币代码:RMB
本币名称:人民币
企业类型:商业
行业性质:2007 年新会计制度科目
账套主管:张伟
按行业性质预置科目。

4. 基础信息

对存货、客户和供应商进行分类，无外币核算。

5. 编码方案

科目编码级次：4-2-2-2
客户分类编码级次：2-2
供应商分类编码级次：2-2
存货分类编码级次：2-2-3
部门编码级次：1-2
结算方式编码级次：1-2
收发类别编码级次：1-2-2
其他保持系统默认设置。

6. 数据精度

存货数量、存货单价、开票单价、件数、换算率等均采用系统默认的保留两位小数。

7. 系统启用

启用总账、应收款管理、应付款管理、采购管理、销售管理、库存管理、存货核算系统，启用日期为2024年1月1日。

知识储备

1. 账套

账套是指存放会计核算对象的所有会计业务数据文件的总称，账套中包含的文件有会计科目、记账凭证、会计账簿、会计报表等。在U8系统中，可以为多个企业（或企业内多个独立核算的部门）分别建立账套，且各账套的数据之间相互独立、互不影响，系统最多允许建立999个企业账套。

2. 系统启用

系统启用是指设定U8系统中各子系统开始使用的日期。子系统只有被启用才可以登录。系统启用有两种方法：一种是在系统管理中创建账套时由系统管理员admin直接启用；另一种是在"企业应用平台"中，由账套主管在"基础设置"→"基本信息"里面启用。

岗位说明

以系统管理员admin身份建立账套。

任务实施

（1）以系统管理员admin身份登录系统管理，选择"账套"菜单下的"建立"命令，打开"创建账套——建账方式"窗口，选择"新建空白账套"，如图1-3所示。

建立账套

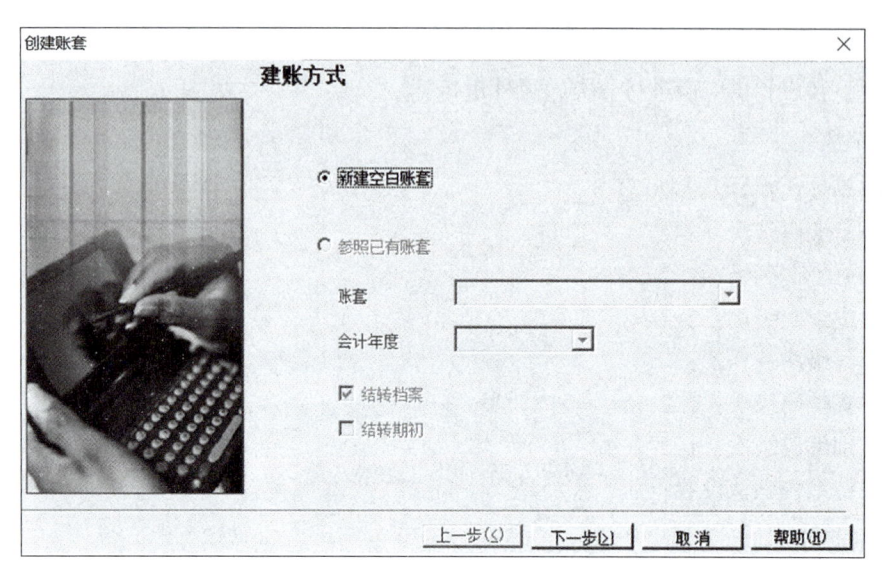

图 1-3　新建空白账套

（2）单击"下一步"，打开"创建账套——账套信息"窗口。账套号输入"001"，账套名称输入"浙江安祥商贸有限公司"，启用会计期输入"2024 年 1 月"，其他默认，如图 1-4 所示。

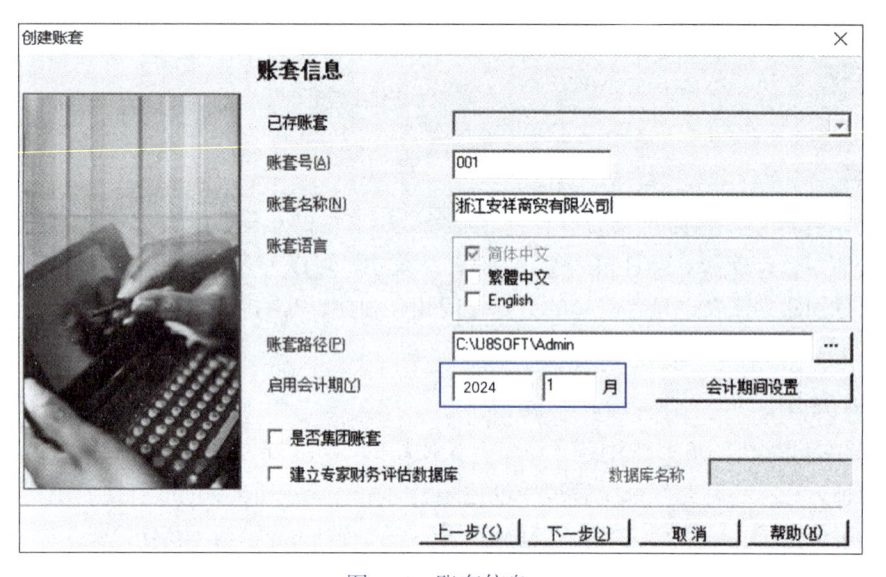

图 1-4　账套信息

特别提醒

  ◇ 新建账套号不能与已存账套号重复。
  ◇ 账套路径为存储账套数据的路径，可以修改。
  ◇ 启用会计期为启用 U8 系统处理会计业务的日期，启用会计期不能在计算机系统日期之后。

(3)输入完成后,单击"下一步",打开"创建账套——单位信息"窗口,根据实际资料依次输入本单位基本信息,单位名称为必填项,结果如图1-5所示。

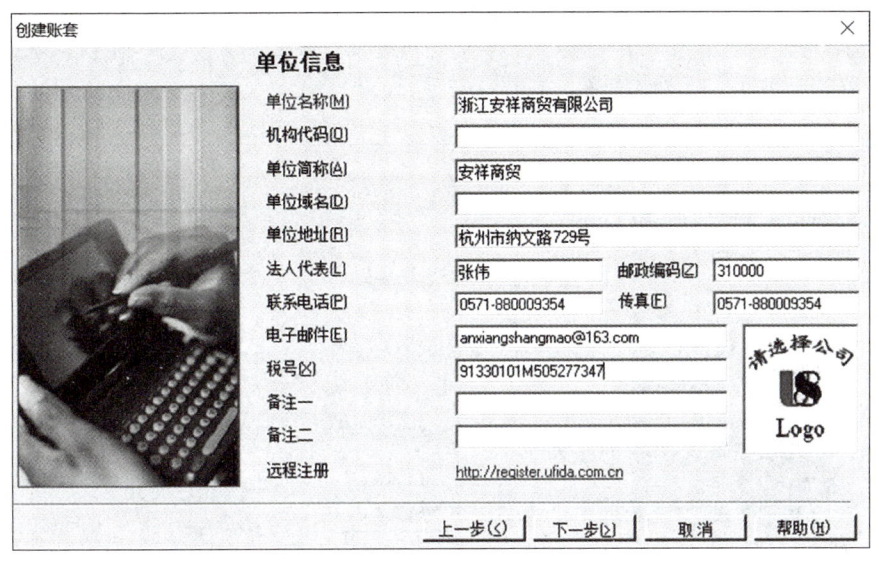

图1-5 单位信息

(4)输入完成后,单击"下一步",打开"创建账套——核算类型"窗口,企业类型选择"商业",账套主管选择"[101]张伟",勾选"按行业性质预置科目",如图1-6所示。

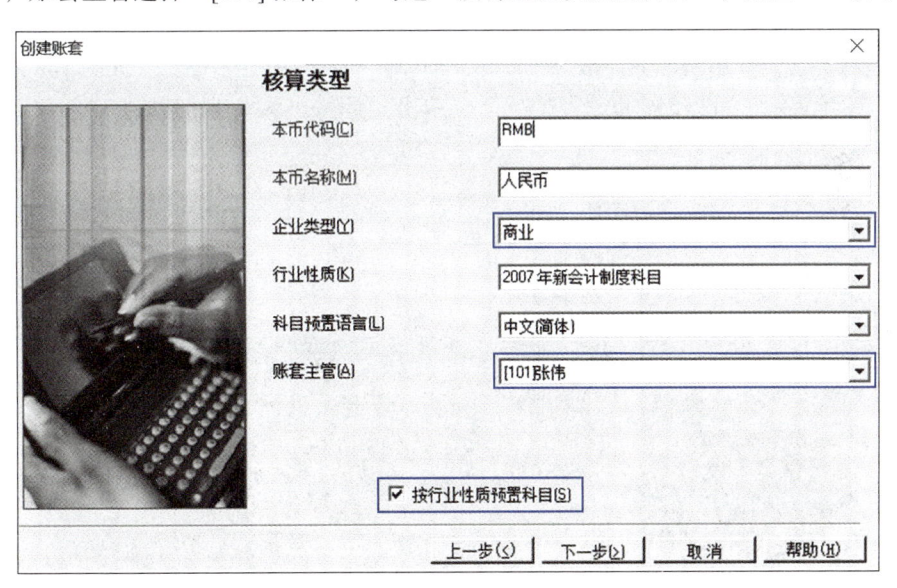

图1-6 核算类型

特别提醒

◆ 账套主管可以在此确定,也可以在操作员权限设置功能中修改。

> ◇ 勾选"按行业性质预置科目",则系统将预置所属行业的总账科目,后续到"企业应用平台"添加明细科目即可。

(5)选择完成后,单击"下一步",打开"创建账套——基础信息"窗口,选择对存货、客户和供应商进行分类,无外币核算,如图1-7所示。

图1-7 基础信息

(6)选择完成后,单击"下一步",打开"创建账套——开始"窗口,如图1-8所示,单击"完成",系统提示"可以创建账套了吗?",单击"是",系统开始建账。

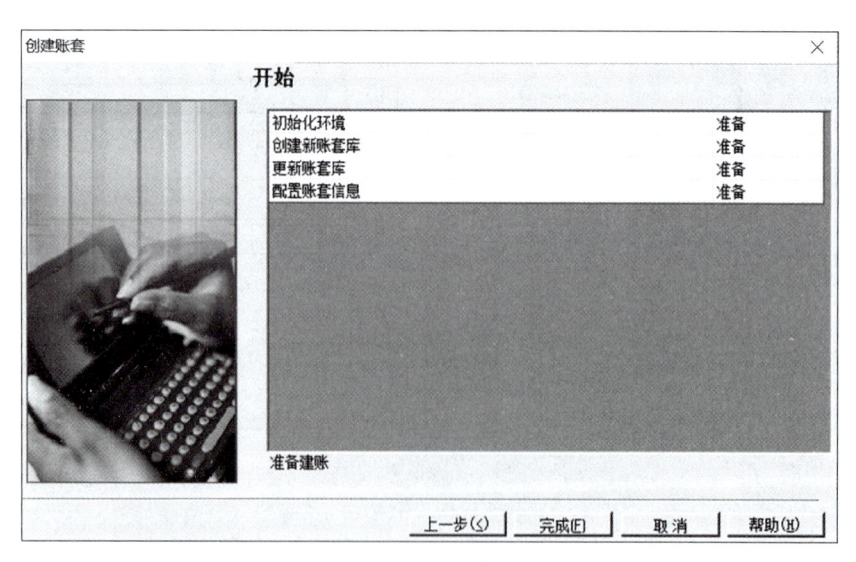

图1-8 开始建账

(7)建账完成,系统弹出"编码方案"对话框,根据实际资料对相关编码级次进行调整,其他默认,结果如图1-9所示。

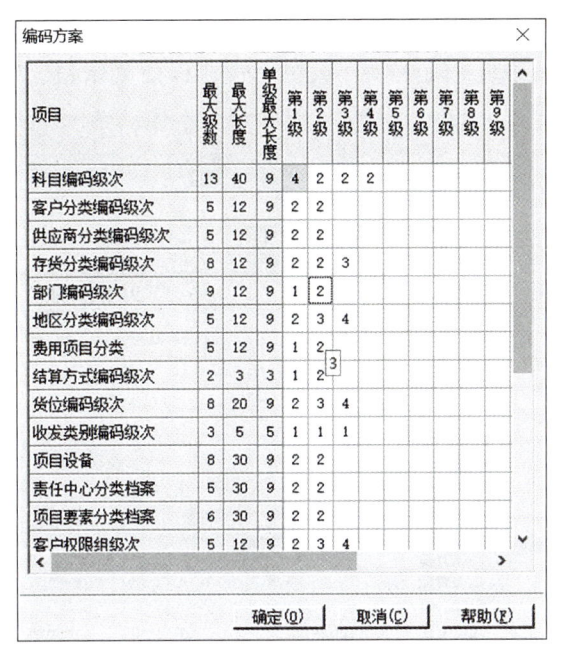

项目	最大级数	最大长度	单级最大长度	第1级	第2级	第3级	第4级	第5级	第6级	第7级	第8级	第9级
科目编码级次	13	40	9	4	2	2	2					
客户分类编码级次	5	12	9	2	2							
供应商分类编码级次	5	12	9	2	2							
存货分类编码级次	8	12	9	2	2	3						
部门编码级次	9	12	9	1	2							
地区分类编码级次	5	12	9	2	3	4						
费用项目分类	5	12	9	1	2	3						
结算方式编码级次	2	3	3	1	2							
货位编码级次	8	20	9	2	3	4						
收发类别编码级次	3	5	5	1	1	1						
项目设备	8	30	9									
责任中心分类档案	5	30	9									
项目要素分类档案	6	30	9									
客户权限组级次	5	12	9	2	3	4						

图1-9 编码方案

特别提醒

◇ 科目编码级次一级编码"4"为灰色,不得修改,其他均可修改,需从后往前删除。
◇ 部门编码级次举例:"行政部门"下设"财务部",部门一级编码由一位数字组成,二级编码由两位数字组成,可将"行政部门"编码为1,"财务部"编码为101。

(8)单击"确定",再单击"取消",系统弹出"数据精度"对话框,数据精度采用默认两位小数,结果如图1-10所示。

(9)数据精度设置完成后,单击"确定",系统弹出"创建账套"对话框,提示建账成功,并询问是否启用系统,如图1-11所示。

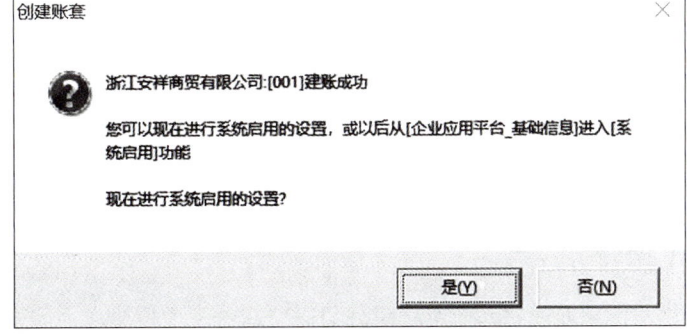

图1-10 数据精度

图1-11 系统启用提示框

（10）单击"是"，进入"系统启用"窗口，依次勾选总账、应收款管理、应付款管理、销售管理、采购管理、库存管理、存货核算子系统，如图1-12所示。

图1-12　系统启用

（11）单击"退出"，系统提示"请进入企业应用平台进行业务操作！"，单击"确定"。

特别提醒

◇ 以上"编码方案""数据精度"和"系统启用"设置工作，也可以账套主管的身份进入"企业应用平台"→"基础档案"→"基本信息"中进行设置。

◇ 需要对账套某些信息进行查看或修改，只能以账套主管的身份登录系统管理，进行账套的查看和修改，系统管理员无权修改。

任务四　设置用户权限

工作任务

按照浙江安祥商贸有限公司岗位职责及内控要求，需要在U8系统中进行用户权限分配，见表1-3。

表 1-3 用户权限

编号	姓名	所属部门	职务	操作权限分工
101	张伟	总经理办公室	总经理	账套主管
104	韩寒	财务部	财务经理	凭证的审核、查询、期末的对账、结账,编制 UFO 报表
105	林彬	财务部	会计	总账(填制、查询凭证、账表、期末处理、记账)、应收款和应付款管理(不含收付款单填制、选择收付款权限)、存货核算的所有权限
106	钟灵	财务部	出纳	应收款和应付款管理(收付款单填制、选择收款和选择付款权限)、出纳签字及出纳管理的所有权限
201	陈萱	仓管部	库管员	公共单据、库存管理的所有权限
301	李玲	采购部	采购员	采购管理的所有权限
401	陈路	销售部	销售员	销售管理的所有权限

知识储备

用户权限分配是指按照会计内部控制制度中不相容职务分工牵制的原理,对已设置好的用户进行权利分配。目的是实行必要的财务分工,满足内部控制的要求。账套新建完成后,就需要及时对用户的权限进行分配。新增加的用户必须被授权后才拥有对系统的操作权利。用友 U8 系统的用户权限设置,可以通过功能级权限管理、数据级权限管理和金额级权限管理三个层面来进行。

1. 功能级权限管理

功能级权限管理提供了包括各功能模块相关业务的操作权限。系统提供 51 个子系统的功能权限的分配。用户权限设置可以由系统管理员或账套主管进行。

2. 数据级权限管理

数据级权限可以通过两个方面进行权限控制,一个是字段级权限控制,另一个是记录级权限控制。

3. 金额级权限管理

金额级权限管理主要用于完善内部金额控制,实现对具体金额数量划分级别,对不同岗位和职位的操作员进行金额级别控制,限制他们制单时可以使用的金额数量,不涉及内部系统控制的不在管理范围内。

岗位说明

以系统管理员 admin 身份进行用户权限分配。

任务实施

(1)系统管理员 admin 身份登录系统管理,执行"权限"菜单下的"权限"命令,打开"操作员权限"窗口,如图 1-13 所示。

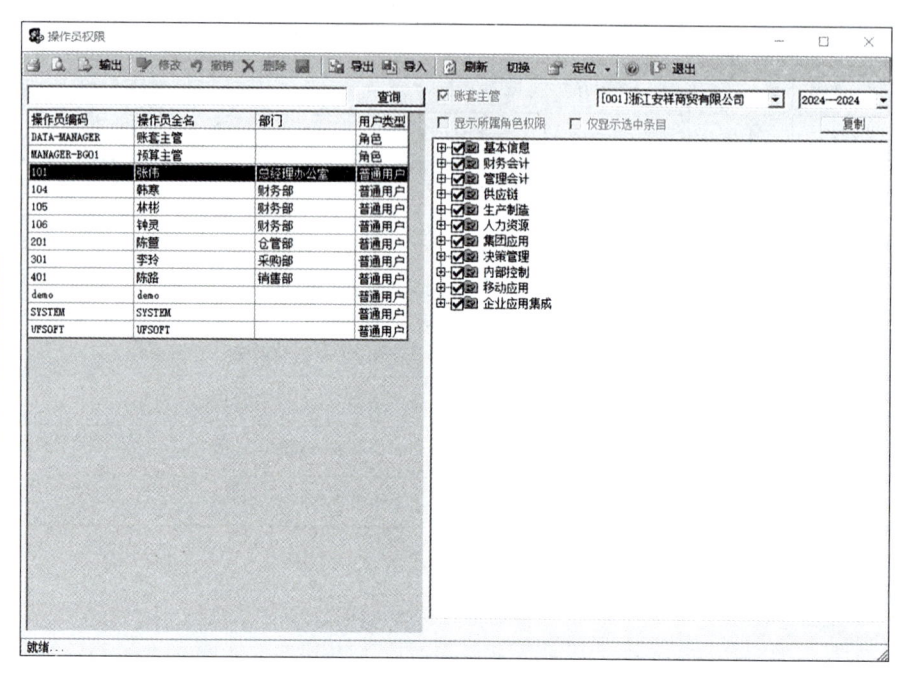

图1-13 "操作员权限"窗口

（2）账套主管在建账时已经指定，无须再进行权限分配。先选择要分配权限的001账套及对应年度区间（2024年），左边显示本账套所有角色和用户名。

（3）选择操作员"104韩寒"，单击工具栏的"修改"按钮，单击"+"展开功能级权限目录树，根据表1-3勾选相应的权限，如图1-14所示，完成后，单击"保存"按钮。

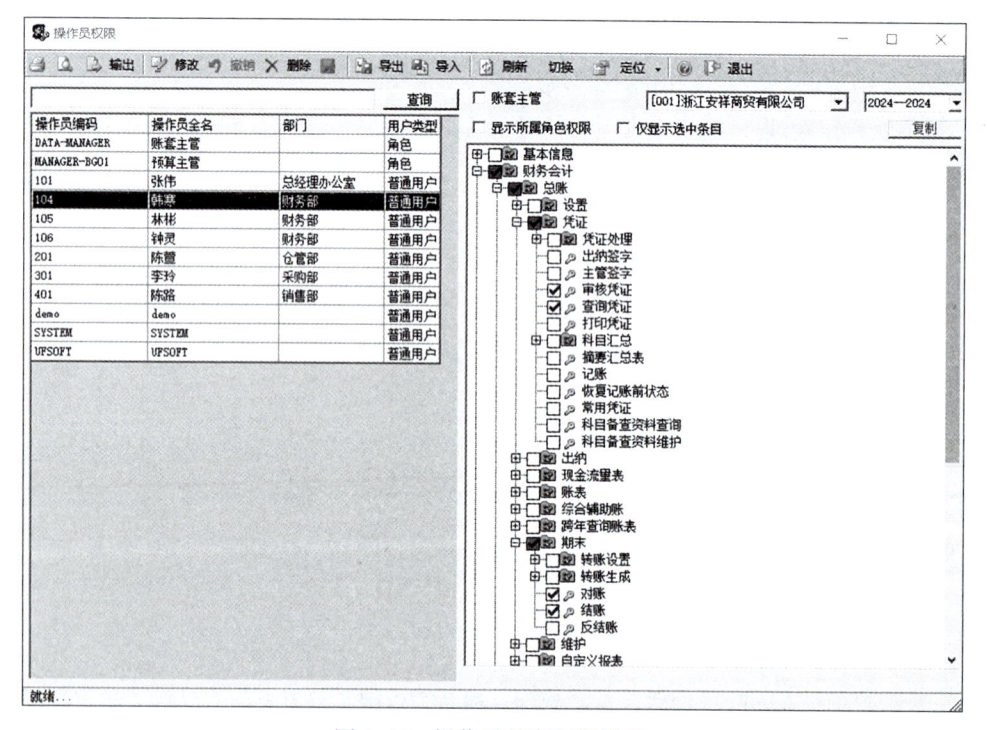

图1-14 操作员韩寒权限设置

（4）按照上述方法，对其他操作员权限进行设置。

> **特别提醒**
>
> ◆ 如果对某角色分配了权限，则在增加新用户时，该用户自动拥有此角色具有的权限。
> ◆ 功能级权限的分配在系统管理中的权限分配中设置，数据级权限和金额级权限在"企业门户"→"基础信息"→"数据权限"中进行分配。
> ◆ 对于数据级权限和金额级权限的设置，必须是在系统管理的功能级权限分配之后才能进行。

> **拓展阅读**
>
> ### 小出纳 大贪污
>
> **【案例】案例一**：王某是某离退休干部休养所原出纳员。仅一年多的时间，她利用职务便利，侵吞、骗取公款720余万元，全部用于个人奢侈消费，一件衣服6.4万元，一个包超过20万元……
>
> **案例二**：某市残疾人联合会、市残疾人劳动服务所原出纳会计张某某为了在朋友圈"比拼实力"，挪用129万元公款用于微整形、购买奢侈品、出国旅游消费，以维持自己在朋友眼中"白富美"的人设。
>
> **案例三**：因沉迷网络炒股，某市新兴城乡公路建设投资有限责任公司原出纳彭某花7个月挪用公款776.52万元用于网络平台投资。当她想回收资金时，相关平台均以各种借口拒绝让她取钱。直到报案后她才意识到，那些网络平台都是虚拟平台，自己遇到的其实是典型的网络诈骗。
>
> **启示**
>
> 会计人员的合理分工可以保证会计内控制度的执行既可以成为互相合作的流水程序，又可以起到互相监督、互相牵制的作用。不相容岗位的分离是保证财务安全的重要措施。因此，我们在进行用户权限设置时，要充分考虑各用户的角色特征，认真做好财务分工，保证企业资产的安全。

考证导航

1+X 证书职业技能等级标准

项　目	任　务	证书（等级）	工作领域	工作任务	职业技能要求
项目一 账套创建与管理	任务二 增加用户 任务四 设置用户权限	业财一体信息化应用（初级）	1. 业财一体信息化平台基础设置与维护	1.1 用户角色权限设置与维护	1.1.1 能根据《企业财务通则》与《企业会计信息化工作规范》，在信息化平台上正确进行角色增加、修改、删除等设置

（续）

项目	任务	证书（等级）	工作领域	工作任务	职业技能要求
项目一 账套创建与管理	任务二 增加用户 任务四 用户权限	业财一体信息化应用（初级）	1. 业财一体信息化平台基础设置与维护	1.1 用户角色权限设置与维护	1.1.2 能根据《企业财务通则》与《企业会计信息化工作规范》，在信息化平台上对角色进行查询、新增、编辑、删除等权限设置 1.1.3 能依据企业组织分工情况，在信息化平台上对用户权限进行查询、增加、修改等维护，确保用户与其权限匹配 1.1.4 能依据企业组织分工情况，在信息化平台上进行角色与用户关联、匹配，进行用户批量权限设置

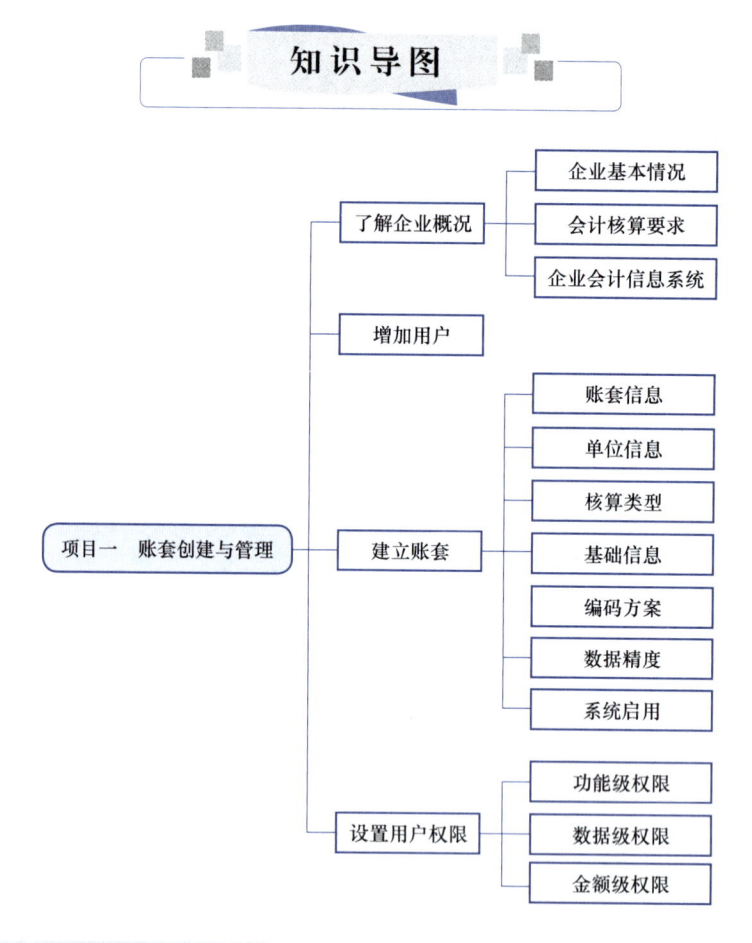

知识导图

项目一 账套创建与管理
- 了解企业概况
  - 企业基本情况
  - 会计核算要求
  - 企业会计信息系统
- 增加用户
- 建立账套
  - 账套信息
  - 单位信息
  - 核算类型
  - 基础信息
  - 编码方案
  - 数据精度
  - 系统启用
- 设置用户权限
  - 功能级权限
  - 数据级权限
  - 金额级权限

项目实训 账套创建与管理

实训资料

1. 账套参数信息

（1）账套信息。

账套号：666
账套名称：浙江昌澳鞋业商贸有限公司
账套路径：采用系统默认路径
启用会计期：2024年4月

（2）单位信息。

单位名称：浙江昌澳鞋业商贸有限公司
单位简称：昌澳公司
单位地址：杭州市达芬路813号
法人代表：林天中
联系电话/传真：0571-82856988
电子邮件：hztej@163.com
社会信用代码：91371501M126251739

（3）核算类型。

本币代码：RMB
本币名称：人民币
企业类型：商业
行业性质：2007年新会计制度科目
账套主管：林天中
按行业性质预置科目。

（4）基础信息。

对存货、客户和供应商进行分类，有外币核算。

（5）分类编码方案。

科目编码级次：4-2-2-2
客户分类编码级次：2-2
供应商分类编码级次：2-2
存货分类编码级次：2-2-3
部门编码级次：2-2
结算方式编码级次：1-2
其他保持系统默认设置。

（6）数据精度。

存货数量、存货单价、开票单价、件数、换算率等均采用系统默认的保留两位小数。

（7）系统启用。

启用总账、应收款管理、应付款管理、采购管理、销售管理、库存管理、存货核算系统，启用日期为2024年4月1日。

2. 用户及分工信息

用户及分工信息见表1-4。

表 1-4 用户及分工信息

编码	姓名	隶属部门	职务	操作分工
A01	林天中	总经理办公室	总经理	账套主管
W01	赵飞	财务部	财务经理	凭证的审核、查询，期末的对账、结账，编制 UFO 报表
W02	胡树青	财务部	会计	总账（填制、查询凭证、账表，期末处理，记账）、应收和应付款管理（不含收付款单填制、选择收付款权限）、存货核算的所有权限
W03	李杰	财务部	出纳	应收款和应付款管理（收付款单填制、选择收款和选择付款权限）、出纳签字及出纳管理的所有权限
X01	张秀	销售部	销售员	销售管理的所有权限
G01	张乐	采购部	采购员	采购管理的所有权限
C01	赵楠	仓管部	库管员	公共单据、库存管理的所有权限

↙ 实训任务

（1）增加用户。

（2）建立账套。

（3）设置用户权限。

项目二

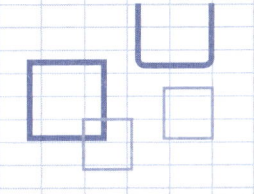

基础信息设置

知识目标

- ➤ 理解基础设置在整个系统中的作用。
- ➤ 掌握基础设置相关事项的具体含义和基本规定。

技能目标

- ➤ 能够熟练操作机构人员的录入与维护。
- ➤ 能够熟练操作客商信息的录入与维护。
- ➤ 能够熟练操作存货信息的录入与维护。
- ➤ 能够熟练操作财务档案的录入与维护。
- ➤ 能够熟练操作结算方式的录入与维护。
- ➤ 能够准确设置业务信息、单据和数据权限。

素质目标

- ➤ 培养职业道德和社会责任感，能够遵守数据保护和隐私政策，并确保基础信息的安全性和合规性。
- ➤ 培养自主学习和持续学习的能力，能够跟随技术发展和行业变化，不断更新和提升基础信息设置的知识和技能。
- ➤ 培养创新意识和解决问题的能力，能够应对学习、工作中出现的挑战和难题，提出创新的解决方案。

任务一 设置机构人员

工作任务

1. 设置部门档案

根据表 2-1 设置部门档案。

表 2-1　部门档案

部门编码	部门名称
1	行政管理部门
101	总经理办公室
102	财务部
103	人力资源部
104	资产管理部
2	仓储部
201	仓管部
202	质检部
3	采购部
4	销售部

2. 设置人员类别

根据表 2-2 设置正式工的人员类别。

表 2-2　人员类别

人员类别编码	人员类别名称
1011	企管人员
1012	销售人员
1013	采购人员
1014	仓储人员

3. 设置人员档案

根据表 2-3 设置人员档案。

表 2-3　人员档案

人员编码	姓名	行政部门	雇佣状态	人员类别	性别	是否操作员	是否业务员
101	张伟	总经理办公室	在职	企管人员	男	是	是
102	赵凯	人力资源部	在职	企管人员	男	否	是
103	王秀	资产管理部	在职	企管人员	女	否	是
104	韩寒	财务部	在职	企管人员	男	是	是
105	林彬	财务部	在职	企管人员	男	是	是
106	钟灵	财务部	在职	企管人员	女	是	是
201	陈萱	仓管部	在职	仓储人员	男	是	是
301	李玲	采购部	在职	采购人员	女	是	是
401	陈路	销售部	在职	销售人员	男	是	是

知识储备

1. 部门档案

部门档案主要用于设置企业各个部门的信息，该部门既是会计科目设置中进行部门核算的部门名称，也是进行个人核算的所属部门。

2. 人员类别

人员类别是按照企业的某种特定方式将职工分成若干类型，人员类别的设置有助于薪资管理系统中工资费用的计算和分配。在录入"人员档案"前，必须先设置"人员类别"。

3. 人员档案

人员档案主要用于本单位职员个人的信息资料登记，是在建立好部门档案的基础上分部门进行添加的。对于与企业有账务往来的人员，如需要预借差旅费的销售人员等，需要在"是否业务员"前打钩。

岗位说明

以账套主管"101 张伟"的身份进行机构人员的设置。

任务实施

1. 设置部门档案

（1）选择"开始"→"程序"→"用友 ERP-U8"→"企业应用平台"，打开"登录"对话框。录入操作员"101"，账套选择"[001]（default）浙江安祥商贸有限公司"，操作日期"2024-01-01"，如图 2-1 所示，单击"登录"按钮，进入企业应用平台。

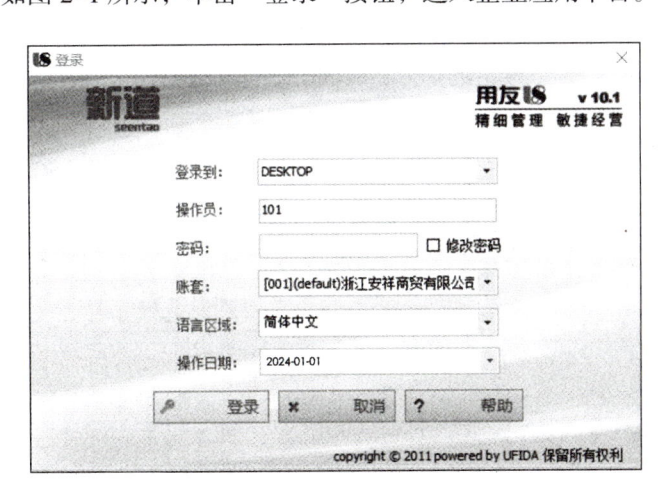

图 2-1 进入企业应用平台

设置机构人员

（2）选择"基础设置"→"基础档案"→"机构人员"→"部门档案"，打开"部门档案"窗口。单击"增加"按钮，录入部门编码"1"，部门名称"行政管理部门"，单击"保存"按钮。以此方法录入表 2-1 中其他部门档案，结果如图 2-2 所示。

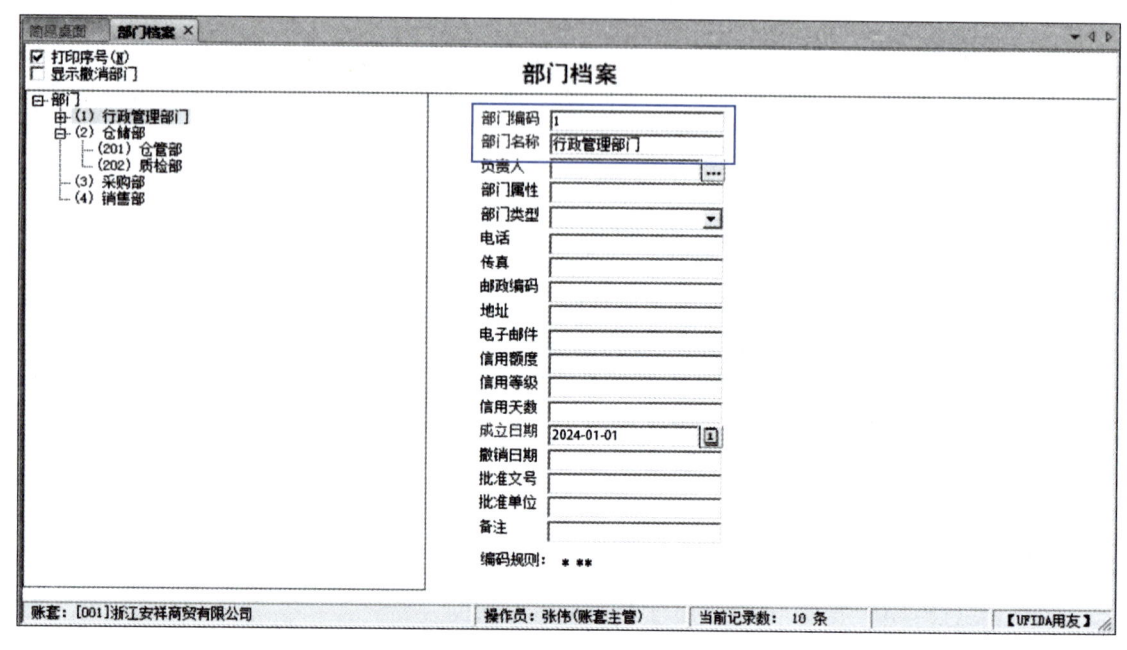

图 2-2 设置部门档案

2. 设置人员类别

选择"人员类别",打开"人员类别"窗口。选中"正式工",单击"增加"按钮,在弹出的"增加档案项"对话框中录入档案编码"1011",档案名称"企管人员"(企业管理人员),如图 2-3 所示,单击"确定"按钮。以此方法录入表 2-2 中其他人员类别。

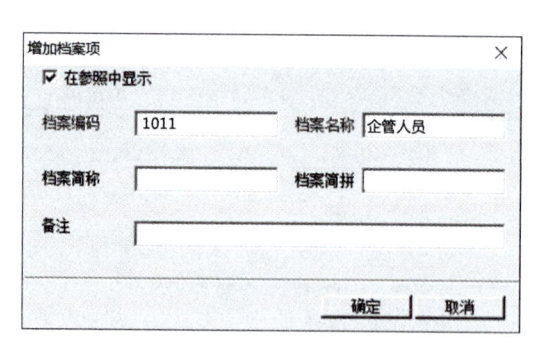

图 2-3 设置人员类别

3. 设置人员档案

选择"人员档案",打开"人员档案"窗口。单击"增加"按钮,录入人员编码"101",人员姓名"张伟",性别"男",行政部门"总经理办公室",人员类别"企管人员",在"是否业务员"前打钩,如图 2-4 所示,单击"保存"按钮。以此方法录入表 2-3 中其他所有人员的档案。

图 2-4　设置人员档案

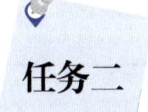

任务二　设置客商信息

工作任务

1. 设置供应商 / 客户分类

根据表 2-4 设置供应商与客户分类。

表 2-4　供应商与客户分类

供应商 / 客户	分 类 编 码	分 类 名 称
供应商	01	国内
	02	国外
客户	01	国内
	02	国外

2. 设置供应商 / 客户档案

根据表 2-5 设置供应商档案。

表 2-5　供应商档案

编码	供应商名称	供应商简称	分类	地址、电话、税号	开户银行、账号
0101	黑龙江舒达饮品有限公司	舒达饮品	01	黑龙江省哈尔滨市二道区荣环路2期 0451-89619597 91230101M446087501	中国招商银行哈尔滨市二道区支行 6228748373636951
0102	北京恒康天成贸易有限公司	恒康天成	01	北京市东城区王府路A区37号 010-38393870 91110106M920120014	中国招商银行北京市东城区支行 6228746535837365
0103	北京东阳泰达商贸有限公司	东阳泰达	01	北京市海淀区中关村科技城二楼8号 010-38397640 91110106M920120015	中国招商银行北京市海淀区支行 6228746535386374
0104	上海市松江区大爽食品有限公司	大爽食品	01	上海市松江区齐彩大道路78号 021-58372674 91310101M472413771	中国招商银行上海市松江区支行 6228393743836273
0105	南京市江宁区永泉食品商行	永泉食品	01	江苏省南京市江宁区东齐鲁B区876号 025-58670948 91320101M186508948	中国招商银行南京市江宁区支行 6228393743826686
0106	上海德杨食品有限公司	德杨食品	01	上海市闵行区合川路387号 021-58372674 91310101M472413772	中国招商银行上海市闵行区支行 6228393746351549
0107	浙江百世汇通有限公司	百世汇通	01	浙江省杭州市欧景路431号 0571-70515424 91330101M744567483	中国工商银行杭州市昇林路支行 4818254183579592

根据表 2-6 设置客户档案。

表 2-6　客户档案

编码	客户名称	客户简称	分类	地址、电话、税号	开户银行、账号
0101	上海东航饮用水有限公司	上海东航	01	上海市黄浦区西郊路54号 021-58373870 91310101M472413773	中国招商银行上海市黄浦区支行 6228393746373664
0102	深圳安吉饮水产业集团有限公司	深圳安吉	01	广东省深圳市宝安区石岩街道 0755-29816999 91440301M151254040	中国招商银行深圳市宝安区支行 6228393746379866
0103	江南赋餐饮管理有限公司	江南赋	01	北京市朝阳区华光南路15号楼 010-28376460 91110106M920120018	中国招商银行北京市朝阳区支行 6228393746373731
0104	河南纯中纯饮品有限公司	河南纯中纯	01	河南省固始县中原路345号 0370-3837764 91410502M896958289	中国招商银行河南省固始县支行 6228748373639876
0105	黑龙江舒达饮品有限公司	舒达饮品	01	黑龙江省哈尔滨市二道区荣环路2期 0451-89619597 91230101M446087501	中国招商银行哈尔滨市二道区支行 6228748373636951

知识储备

1. 供应商分类

需要对供应商进行分类管理的单位，可以建立供应商分类体系，将供应商按行业、地区等进行划分。

2. 客户分类

需要对客户进行分类管理的单位，可以建立客户分类体系。

3. 供应商档案

建立供应商档案主要是为企业的采购管理、库存管理、应付款管理服务。在填制采购入库单、采购发票和进行采购结算、应付款结算和有关供货单位统计时，都会用到供应商档案，因此必须先设立供应商档案，以便减少工作差错。

4. 客户档案

客户档案主要是对客户信息的设置和管理，包括基本信息、联系人、信用等。

岗位说明

以账套主管"101 张伟"的身份进行客商信息设置。

任务实施

1. 设置供应商/客户分类

选择"基础设置"→"基础档案"→"客商信息"→"供应商分类"，打开"供应商分类"窗口，单击"增加"按钮，录入"分类编码"为"01"，"分类名称"为"国内"，单击"保存"按钮。以此方法录入表 2-4 中所有的供应商分类以及客户分类，结果如图 2-5 所示。

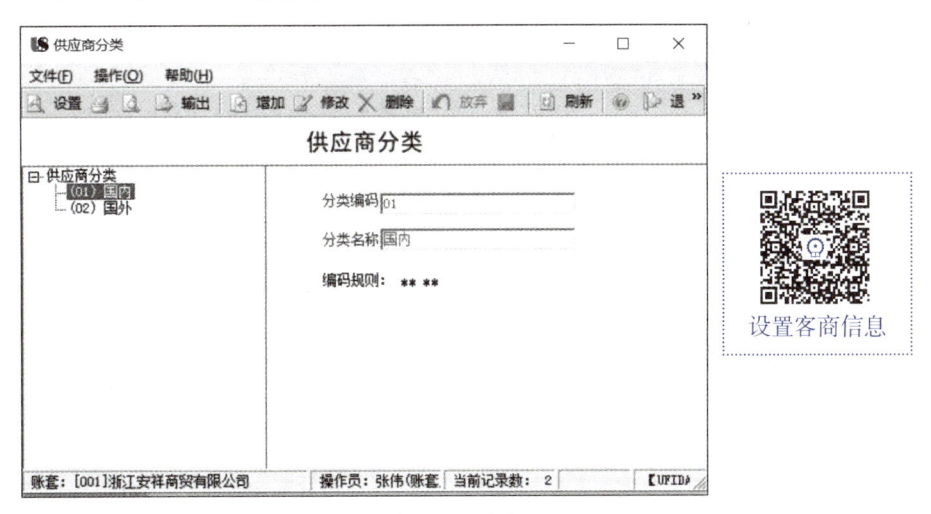

图 2-5 设置供应商/客户分类

2. 设置供应商/客户档案

（1）选择"供应商档案"，打开"供应商档案"窗口，单击"增加"按钮，在"增加供应商档案"窗口的"基本"选项卡下录入供应商编码"0101"，供应商名称"黑龙江舒达饮品有限公司",供应商简称"舒达饮品",所属分类选择"01-国内",币种为"人民币",税号为"91230101M446087501",如图2-6所示。

图2-6 设置供应商档案——基本

（2）单击左上角"银行"按钮,打开"供应商银行档案"窗口。单击"增加"按钮,录入开户银行"中国招商银行哈尔滨市二道区支行",银行账号"6228748373636951",默认值"是",如图2-7所示。

图2-7 设置供应商银行档案

（3）在"增加供应商档案"窗口的"联系"选项卡下录入电话"0451-89619597",地址"黑龙江省哈尔滨市二道区荣环路2期",如图2-8所示。

图2-8 设置供应商档案——联系

（4）单击"保存"按钮。以此方法录入表 2-5 和表 2-6 中其他供应商和客户档案。

任务三　设置存货信息

工作任务

1. 设置存货分类

根据表 2-7 设置存货分类。

表 2-7　存货分类

分 类 编 码	分 类 名 称
01	饮品
02	零食
03	应税劳务

2. 设置计量单位

根据表 2-8 设置计量单位组及计量单位。

表 2-8　计量单位组及计量单位

计量单位编码	计量单位名称	计量单位组编码	计量单位组名称	计量单位组类别
0101	袋	01	自然单位组	无换算率
0102	箱	01	自然单位组	无换算率
0201	公里	01	自然单位组	无换算率
0202	次	01	自然单位组	无换算率

3. 设置存货档案

根据表 2-9 设置存货档案。

表 2-9　存货档案

存货编码	存货名称	计量单位	税率	存货属性
0101	市罕泉天然苏打水	箱	13%	内销、外销、外购、委外
0102	5100 水	箱	13%	内销、外销、外购、委外
0103	崂山矿泉水	箱	13%	内销、外销、外购、委外
0104	冰露纯净水	箱	13%	内销、外销、外购、委外、受托代销
0105	阿尔山矿泉水	箱	13%	内销、外销、外购、委外、受托代销
0201	渝记椒派手磨豆干	袋	13%	内销、外销、外购、委外

(续)

存货编码	存货名称	计量单位	税率	存货属性
0202	真知棒糖果	袋	13%	内销、外销、外购、委外
0203	琥珀牛羊香辣味	袋	13%	内销、外销、外购、委外
0204	西瓜头泡泡糖	袋	13%	内销、外销、外购、委外
0205	奥利奥夹心饼干	袋	13%	内销、外销、外购、委外
0301	运输费	公里	9%	内销、外销、外购、委外、应税劳务
0302	代销手续费	次	6%	内销、外销、外购、应税劳务

知识储备

1. 存货分类

存货分类用于设置存货分类编码、名称及所属经济分类，最多可分8级，编码总长不能超过12位，每级级长可自由定义。

2. 计量单位

计量单位主要用于设置对应存货的计量单位组和计量单位信息。每个计量单位组中有一个主计量单位、多个辅助计量单位。计量单位组分无换算、浮动换算、固定换算三种类别。无换算计量单位组下的所有计量单位都以单独形式存在，各计量单位互不相干，相互间不能进行换算，因此单位之间不需要输入换算率，系统默认为主计量单位。浮动换算计量单位组中只能包含两个计量单位，这两个单位间的换算率是不固定。固定换算计量单位组下可以包含两个以上的计量单位，每一个辅助计量单位对主计量单位的换算率都是固定的，都需要录入。

3. 存货档案

存货档案是指具体的存货信息，其中的数据是其他系统核算的依据和基础。

岗位说明

以账套主管"101 张伟"的身份进行存货信息设置。

任务实施

1. 设置存货分类

选择"基础设置"→"基础档案"→"存货"→"存货分类"，打开"存货分类"窗口。单击"增加按钮"，录入分类编码"01"，分类名称"饮品"，单击"保存"按钮。以此方法录入表2-7中其他存货分类，如图2-9所示。

2. 设置计量单位

（1）选择"基础设置"→"基础档案"→"存货"→"计量单位"，打开"计量单位—计量单位组"窗口。单击"分组"，在弹出的"计量单位组"窗口中录入计量单位组编码"01"，计量单位组名称"自然单位组"，计量单位组类别选择"无换算率"，单击"保存"按钮，结果如图2-10所示。

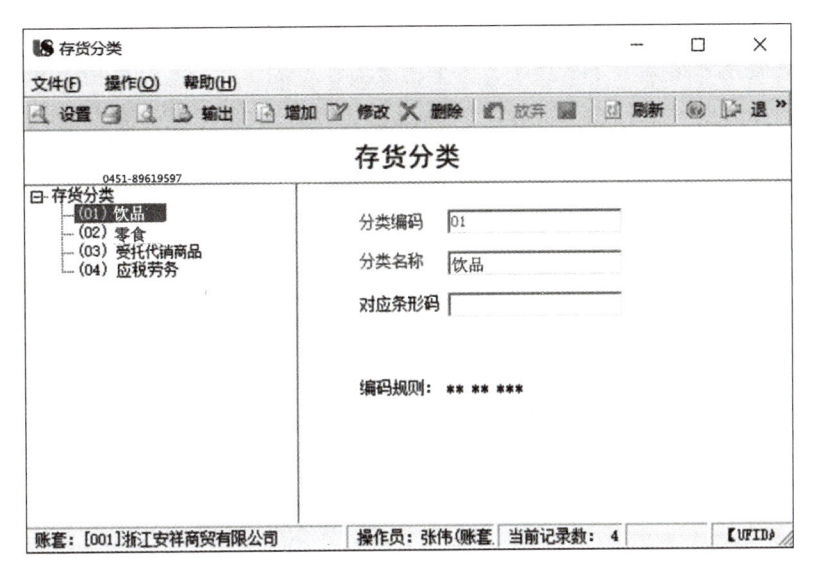

图 2-9　设置存货分类

图 2-10　设置计量单位组

（2）在"计量单位—计量单位组"窗口中，选中左侧栏的"（01）自然单位组〈无换算率〉"，单击"单位"，在弹出的"计量单位"窗口中录入计量单位编码"0101"，计量单位名称"袋"，单击"保存"按钮。以此方法录入表 2-8 中其他计量单位，如图 2-11 所示。

3. 设置存货档案

选择"存货档案"，打开"存货档案"窗口，单击"增加"，录入存货编码"0101"，存货名称"市罕泉天然苏打水"，存货分类选择"01- 饮品"，计量单位组选择"01- 自然单位组"，主计量单位选择"0102- 箱"，存货属性勾选"内销""外销""外购"和"委外"，如图 2-12 所示，单击"保存"。

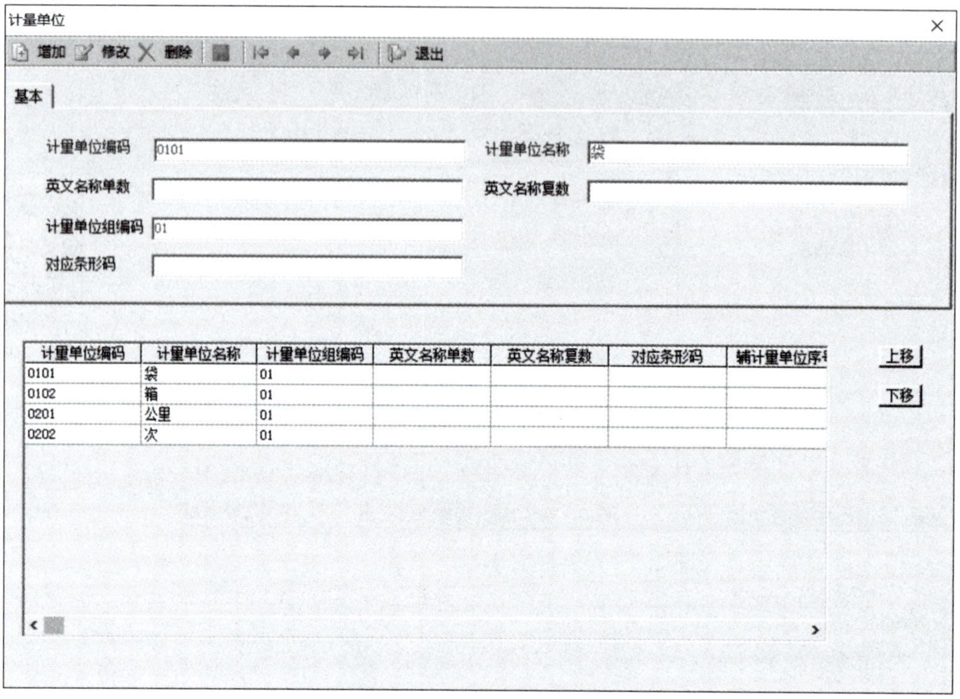

图 2-11 设置计量单位

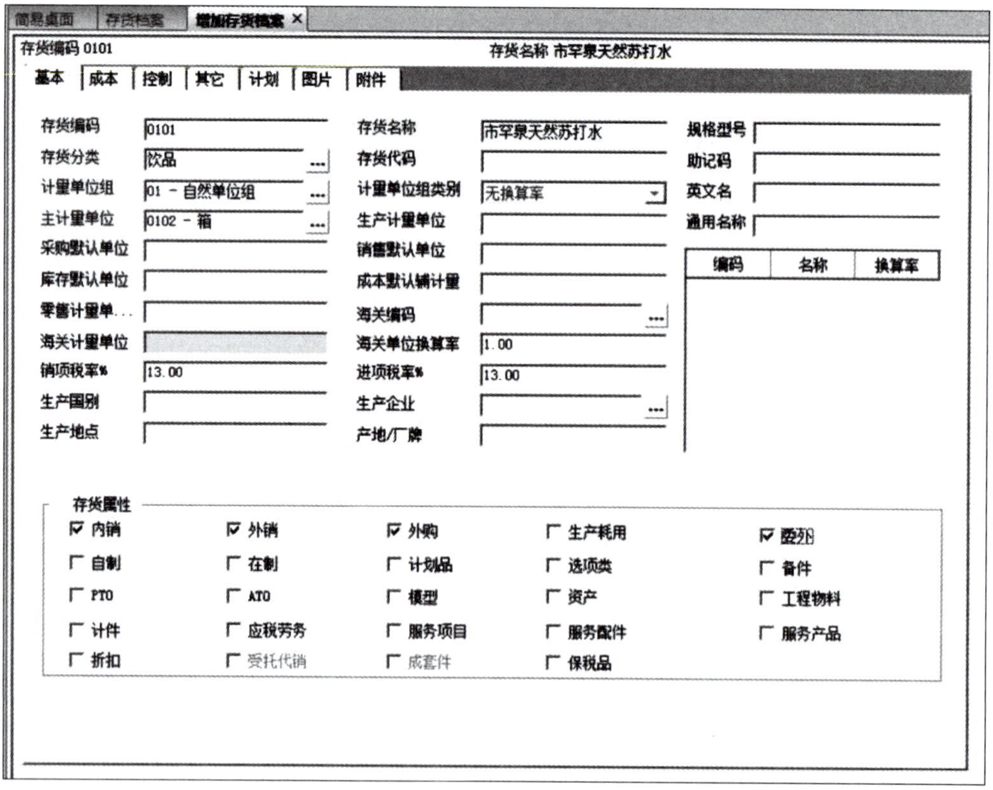

图 2-12 设置存货档案

任务四 设置财务信息

工作任务

1. 增加会计科目

根据表 2-10 增加会计科目。

表 2-10 会计科目表

科目编码	科目名称	辅助账类型	余额方向
100201	工行存款		借
101201	存出投资款		借
101202	银行汇票存款		借
112101	银行承兑汇票	客户往来：受控于应收系统	借
112102	商业承兑汇票	客户往来：受控于应收系统	借
122101	个人往来	个人往来	借
122102	单位往来		借
1472	合同资产		借
1473	合同资产减值准备		贷
190101	待处理流动资产损溢		借
190102	待处理非流动资产损溢		借
220101	银行承兑汇票	供应商往来：受控于应付系统	贷
220102	商业承兑汇票	供应商往来：受控于应付系统	贷
220201	暂估应付账款	供应商往来：不受控于应付系统	贷
220202	一般应付账款	供应商往来：受控于应付系统	贷
220301	定金	客户往来：不受控于应收系统	贷
220302	预收款项	客户往来：受控于应收系统	贷
2204	合同负债	客户往来：受控于应收系统	贷
221101	工资		贷
221102	社会保险		贷
221103	职工福利		贷
222101	应交增值税		贷
22210101	进项税额		借
22210102	已交税金		借
22210103	减免税款		借
22210104	转出未交增值税		借
22210105	进项税额转出		贷
22210106	销项税额		贷
22210107	转出多交增值税		贷
222102	未交增值税		贷

（续）

科目编码	科目名称	辅助账类型	余额方向
222103	应交企业所得税		贷
222104	应交个人所得税		贷
222105	应交城市维护建设税		贷
222106	应交教育费附加		贷
222107	应交地方教育费附加		贷
410415	未分配利润		贷
660101	包装费		借
660102	广告费		借
660103	运杂费		借
660104	职工薪酬		借
660105	业务招待费		借
660106	折旧费		借
660107	委托代销收费		借
660108	差旅费		借
660109	其他		借
660201	职工薪酬		借
660202	办公费		借
660203	差旅费		借
660204	招待费		借
660205	折旧费		借
660206	存货盘点		借
660209	其他		借
6702	信用减值损失		借
671101	债务重组损失		借
671102	固定资产清理损失		借
671103	捐赠支出		借

2. 指定会计科目

指定"1001 库存现金"为现金科目，"1002 银行存款"为银行科目。

3. 设置辅助核算

根据表 2-10 中"辅助账类型"列设置科目的辅助核算。

4. 设置凭证类别

根据表 2-11 设置记账凭证的类别。

表 2-11 凭证类别

类别字	类别名称	限制类型	限制科目	调整期
记	记账凭证	无限制		

知识储备

1. 会计科目

会计科目用于分门别类地反映企业经营业务，是填制凭证、登记账簿以及编制报表的基础。

软件中预置了现行会计制度规定的一级会计科目和部分二级科目,企业可以根据实际情况补充修改明细科目;同时可以对会计科目进行辅助核算,如"应收账款"按客户设置明细科目,因此可以将辅助核算设置成"客户往来"。其他辅助核算功能还有部门核算、个人往来核算、供应商往来核算和项目核算等。

2. 凭证类别

进行业务处理前,企业应根据核算和管理的需要选择不同的凭证类别。凭证主要包括五种类别:①记账凭证(通用格式);②收款凭证、付款凭证、转账凭证;③现金凭证、银行凭证、转账凭证;④现金收款凭证、现金付款凭证、银行收款凭证、银行付款凭证、转账凭证;⑤自定义凭证类别。选择适当的凭证类别后,完成"限制类型"和"限制科目"的设定,如收款凭证的借方必有"库存现金"或"银行存款"科目。

岗位说明

以账套主管"101 张伟"的身份进行财务信息设置。

任务实施

1. 增加会计科目

选择"基础设置"→"基础档案"→"财务"→"会计科目",打开"会计科目"窗口。单击"增加"按钮,在弹出的"新增会计科目"窗口中录入科目编码"100201",科目名称"工行存款",账页格式选择"金额式",如图 2-13 所示,单击"确定"按钮保存数据。以此方法增加表 2-10 中其他的会计科目。

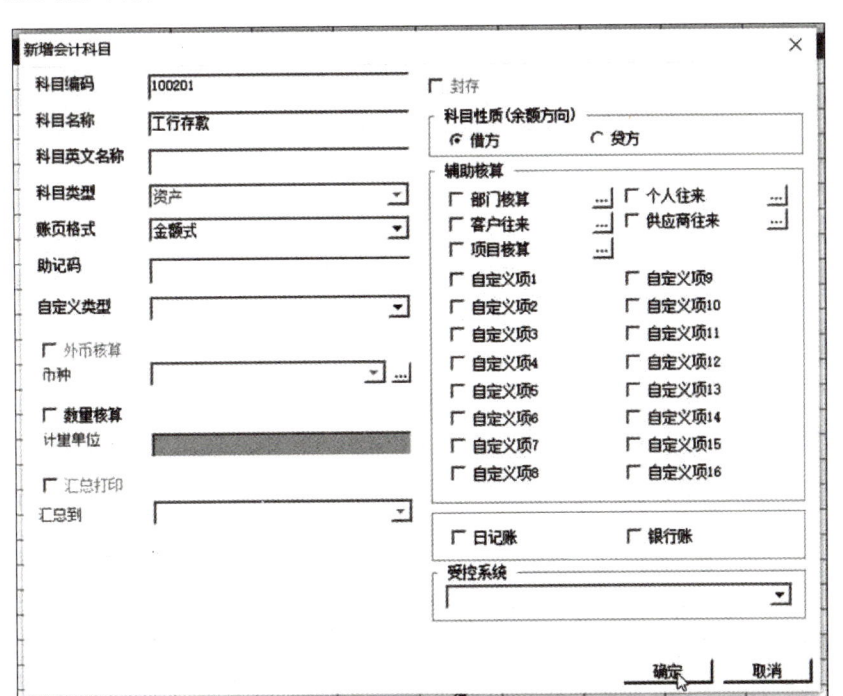

图 2-13 增加会计科目

2. 指定会计科目

在"会计科目"窗口,选择"编辑"菜单下的"指定科目",在弹出的"指定科目"窗口中选择"现金科目",将"待选科目"中的"1001 库存现金"选入"已选科目"框内,如图 2-14 所示。同样地,选择"银行科目",将"待选科目"中的"1002 银行存款"选入"已选科目"框内,单击"确定"按钮保存。

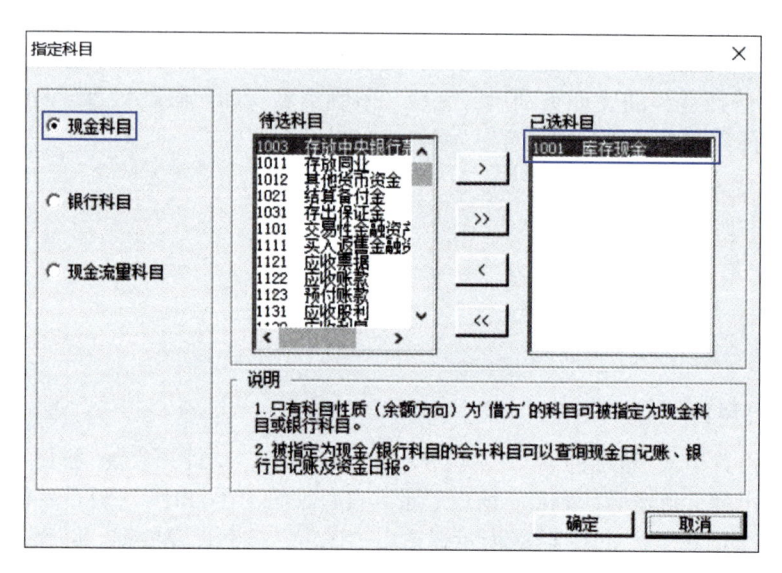

图 2-14 指定科目

特别提醒

◆ 应分别对"现金科目"和"银行科目"进行指定。

3. 设置辅助核算

选中"应收账款"科目,在弹出的"会计科目_修改"对话框中单击"修改"按钮,勾选"辅助核算"下的"客户往来",受控系统为"应收系统",如图 2-15 所示,单击"确定"按钮保存。以此方法完成所有会计科目的修改。

4. 设置凭证类别

(1)选择"凭证类别",在弹出的"凭证类别预置"对话框中选择"记账凭证",如图 2-16 所示,单击"确定"按钮,进入"凭证类别"窗口。

(2)在"凭证类别"窗口单击"增加"按钮,录入类别字"记",类别名称"记账凭证",限制类型"无限制",如图 2-17 所示。

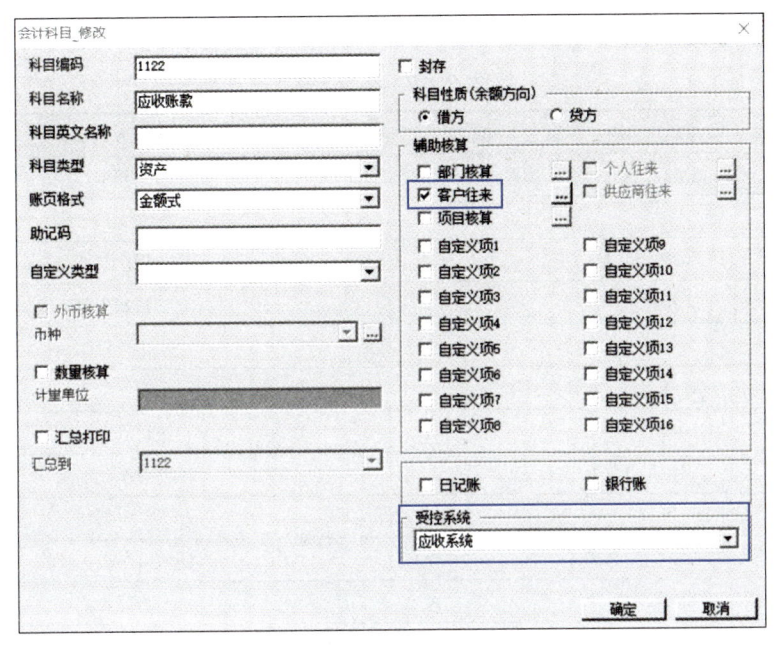

图 2-15　修改会计科目

图 2-16　选择凭证类别

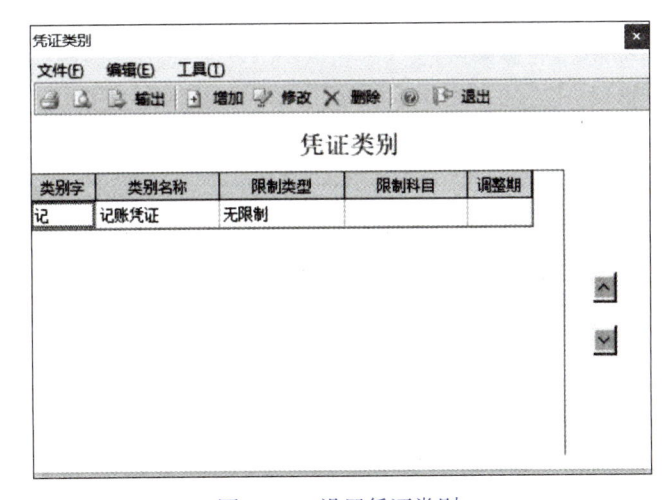

图 2-17　设置凭证类别

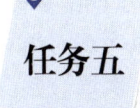

任务五　设置收付结算

工作任务

1. 设置结算方式

根据表 2-12 设置结算方式（收、付款业务由财务部门根据有关凭证进行处理，在系统中没有对应结算方式的,其结算方式为"其他")。

表 2-12 结算方式

结算方式编码	结算方式名称
1	现金
2	支票
201	现金支票
202	转账支票
3	银行汇票
4	商业汇票
401	银行承兑汇票
402	商业承兑汇票
5	电汇
6	同城特约委托收款
7	委托收款
8	托收承付
9	其他

2. 设置付款条件

根据表 2-13 设置付款条件。

表 2-13 付款条件

编码	付款条件名称	信用天数	优惠天数1	优惠率1	优惠天数2	优惠率2	优惠天数3	优惠率3
01	2/10,1/20, *n*/30	30	10	2	20	1	30	0

3. 设置本单位开户银行

根据表 2-14 设置本单位开户银行。

表 2-14 本单位开户银行

编码	银行账号	开户银行	币种	所属银行
01	1426353731728338244	中国工商银行杭州市美馨路支行	人民币	中国工商银行

知识储备

系统中需要设置的"结算方式"与财务结算方式基本一致,主要包括现金结算、支票结算等。"结算方式编码"和"结算方式名称"为必填项;通过设置"是否票据管理"可以实现对结算方式进行票据管理。结算方式的编码规则最多为 2 级。结算方式一旦被引用,便不能进行修改和删除。在"收付结算"栏目下,还可以根据企业核算要求,进行付款条件、银行档案、本单位开户银行、收付款协议档案等信息的录入。

岗位说明

以账套主管"101 张伟"的身份进行收付结算设置。

任务实施

1. 设置结算方式

选择"基础设置"→"基础档案"→"收付结算"→"结算方式",打开"结算方式"窗口。单击"增加"按钮,录入结算方式编码"1",结算方式名称"现金",单击"保存"按钮。以此方法录入表 2-12 中其他结算方式,结果如图 2-18 所示。

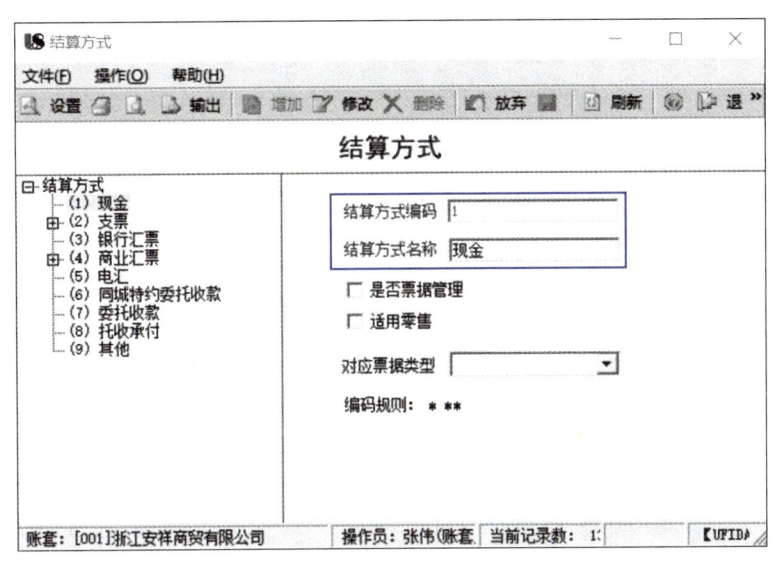

图 2-18 设置结算方式

2. 设置付款条件

选择"付款条件",打开"付款条件"窗口。单击"增加"按钮,根据表 2-13 录入付款条件,单击"保存"按钮,如图 2-19 所示。

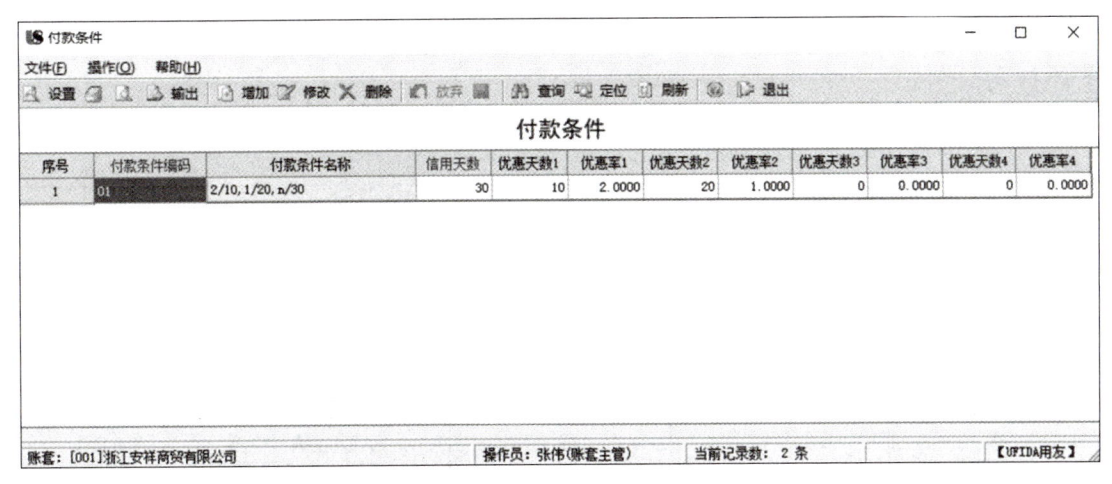

图 2-19 设置付款条件

3. 设置本单位开户银行

选择"本单位开户银行",打开"增加本单位开户银行"窗口。根据表 2-14 录入本单位开户银行信息，所属银行编码选择"01"，单击"保存"按钮，如图 2-20 所示。

图 2-20　设置本单位开户银行

任务六　设置业务信息

工作任务

1. 设置仓库档案

根据表 2-15 设置仓库档案。

表 2-15　仓库档案

编　码	仓库名称	部　　门	计价方法	仓库属性
001	饮品仓库	仓管部	先进先出法	普通仓
002	零食仓库	仓管部	先进先出法	普通仓
003	受托代销仓库	仓管部	先进先出法	普通仓
004	其他仓库	仓管部	先进先出法	普通仓

2. 设置收发类别

根据表 2-16 设置收发类别。

表 2-16　收发类别

收发类别编码	收发类别名称	收发类别标志	收发类别编码	收发类别名称	收发类别标志
1	入库	收	2	出库	发
101	采购入库		201	销售出库	
102	采购退货		202	销售退货	
103	调拨入库		203	调拨出库	
104	受托代销入库		204	委托代销出库	
105	盘盈入库		205	盘亏出库	
106	直运采购		206	直运销售	
107	其他入库		207	其他出库	

3. 设置采购类型

根据表 2-17 设置采购类型。

表 2-17　采购类型

采购类型编码	采购类型名称	入库类别	是否默认值	是否委外默认值	是否列入 MPS/MRP 计划
01	普通采购	采购入库	否	否	是
02	采购退货	采购退货	否	否	是
03	受托代销	受托代销入库	否	否	是
04	直运采购	直运采购	否	否	是

4. 设置销售类型

根据表 2-18 设置销售类型。

表 2-18　销售类型

销售类型编码	销售类型名称	出库类别	是否默认值	是否列入 MPS/MRP 计划
01	普通销售	销售出库	否	是
02	销售退货	销售退货	否	是
03	委托代销	委托代销出库	否	是
04	直运销售	直运销售	否	是

5. 设置费用项目

根据表 2-19 设置费用项目。

表 2-19　费用项目

费用项目编码	费用项目名称	费用项目分类编码	费用项目分类名称
1	手续费	1	日常费用
2	运输费	1	日常费用

6. 设置单据

（1）单据格式。在"销售订单"的表头增加"定金原币金额"和"必有定金"项目；在"委托代销结算单"的表头增加"发票号"项目。

（2）单据编号。将销售订单、销售专用发票、销售普通发票和采购订单、采购专用发票、采购普通发票编号设置为可以"手工改动，重号时自动重取"。

7. 设置数据权限控制

取消对所有"记录级""字段级"业务对象的权限控制。

知识储备

1. 仓库档案

仓库是用于存放存货的场所，要对存货进行核算和管理，首先应对仓库进行管理。因此，设置仓库档案是供应链管理系统的重要基础工作之一。此处设置的仓库可以是企业实际拥有的仓库，也可以是企业虚拟的仓库。

2. 收发类别

收发类别是为了使用户对企业的出入库情况进行分类汇总、统计而设置的，用以标识材料的出入库类型。用户可以根据企业的实际情况进行灵活的设置。

3. 采购类型

采购类型是用户对采购业务所做的一种分类，是采购单据上的必填项。如果企业需要按照采购类别进行采购统计，则必须设置采购类型。

4. 销售类型

用户可自定义销售业务的类型，其目的在于可以根据销售类型对销售业务数据进行统计和分析。

5. 费用项目

费用项目主要用于处理在销售活动中支付的代垫费用、各种销售费用等。

6. 单据设置

在用友 U8 系统中，为描述和处理各种现实业务而设置的采购发票、销售订单、收款单、付款单、出入库单等称为单据。单据设置主要包括单据格式设置和单据编号设置。单据格式设置分为显示单据格式设置和打印单据格式设置。单据格式设置在 U8 系统中具有重要作用，很多非常规业务都需要进行单据格式设置，如销售定金业务、现款结算业务、发货签回业务及代管采购业务等。

7. 数据级权限管理

数据级权限可以通过两个方面进行权限控制，一个是字段级权限控制，另一个是记录级权限控制。

岗位说明

以账套主管"101 张伟"的身份进行单据设置。

任务实施

1. 设置仓库档案

选择"基础设置"→"基础档案"→"业务"→"仓库档案"，打开"仓库档案"窗口。

单击"增加"按钮,在"增加仓库档案"窗口的"基本"选项卡下录入仓库编码"001",仓库名称"饮品仓库",部门编码选择"201-仓管部",计价方式为"先进先出法",如图2-21所示,单击"保存"按钮。以此方法录入表2-15中其他仓库档案。

图 2-21 设置仓库档案

设置业务信息

2. 设置收发类别

选择"收发类别",打开"收发类别"窗口。单击"增加"按钮,录入收发类别编码"1",收发类别名称"入库",收发标志选择"收",单击"保存"按钮。以此方法录入表2-16中其他收发类别,如图2-22所示。

图 2-22 设置收发类别

3. 设置采购类型

选择"采购类型",打开"采购类型"窗口。单击"增加"按钮,录入采购类型编码"01",采购类型名称"普通采购",入库类别选择"采购入库",单击"保存"按钮。以此方法录入表 2-17 中其他采购类型,如图 2-23 所示。

图 2-23 设置采购类型

4. 设置销售类型

选择"销售类型",打开"销售类型"窗口。单击"增加"按钮,录入销售类型编码"01",销售类型名称"普通销售",出库类别选择"销售出库",单击"保存"按钮。以此方法录入表 2-18 中其他销售类型,如图 2-24 所示。

图 2-24 设置销售类型

5. 设置费用项目

(1)选择"费用项目分类",打开"费用项目分类"窗口。单击"增加"按钮,录入分类编码"1",分类名称"日常费用",单击"保存"按钮,如图 2-25 所示。

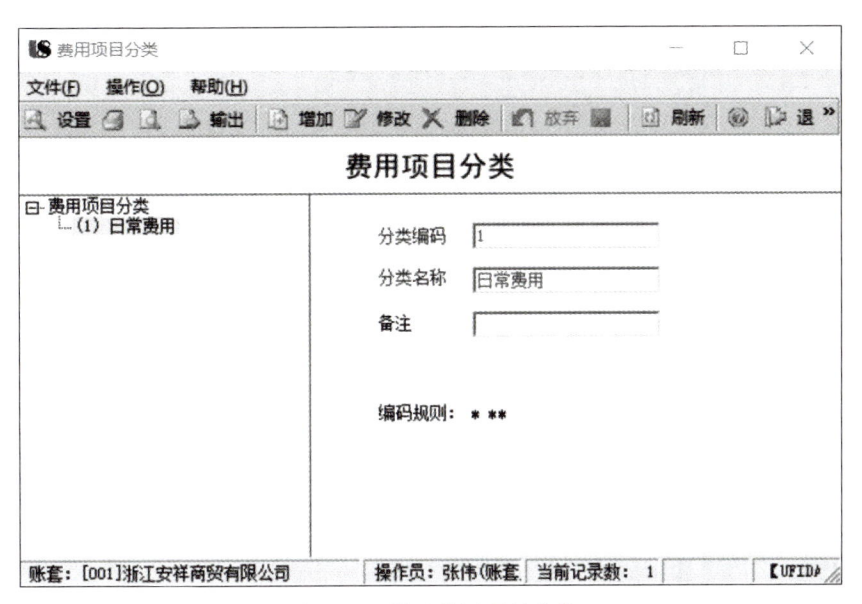

图 2-25 设置费用项目分类

（2）选择"费用项目"，打开"费用项目"窗口，单击"增加"按钮，根据表 2-19 录入费用项目信息，如图 2-26 所示。

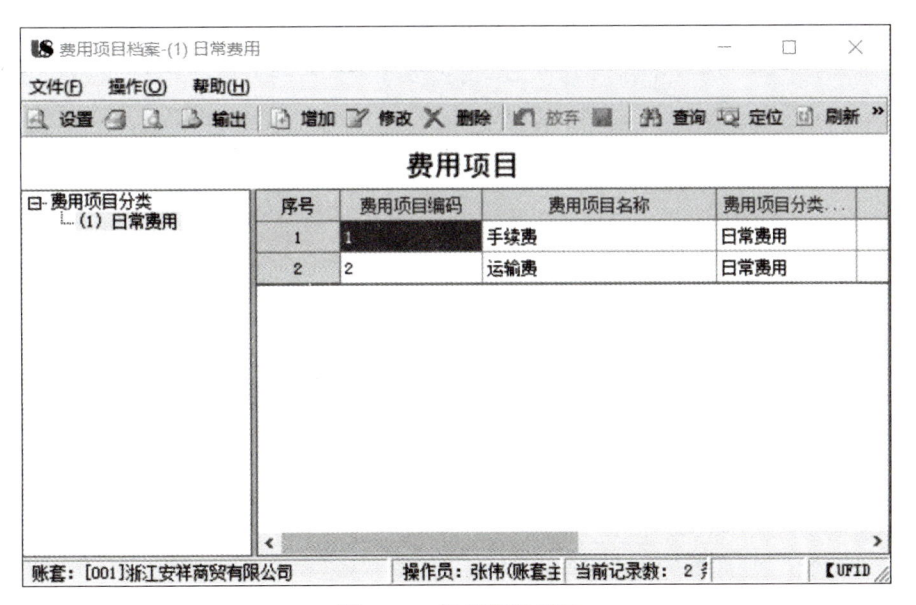

图 2-26 设置费用项目

6. 设置单据

（1）选择"单据设置"→"单据格式设置"，打开左侧栏"单据类型"→"销售管理"→"销售订单"→"显示"中的"销售订单显示模板"，如图 2-27 所示；鼠标右击表头部分，选择"表头项目"，在弹出的"表头"对话框中选中"必有定金"和"定金原币金额"，如图 2-28 所示，单击"确定"按钮。以此方法修改工作任务所要求的其他单据格式。

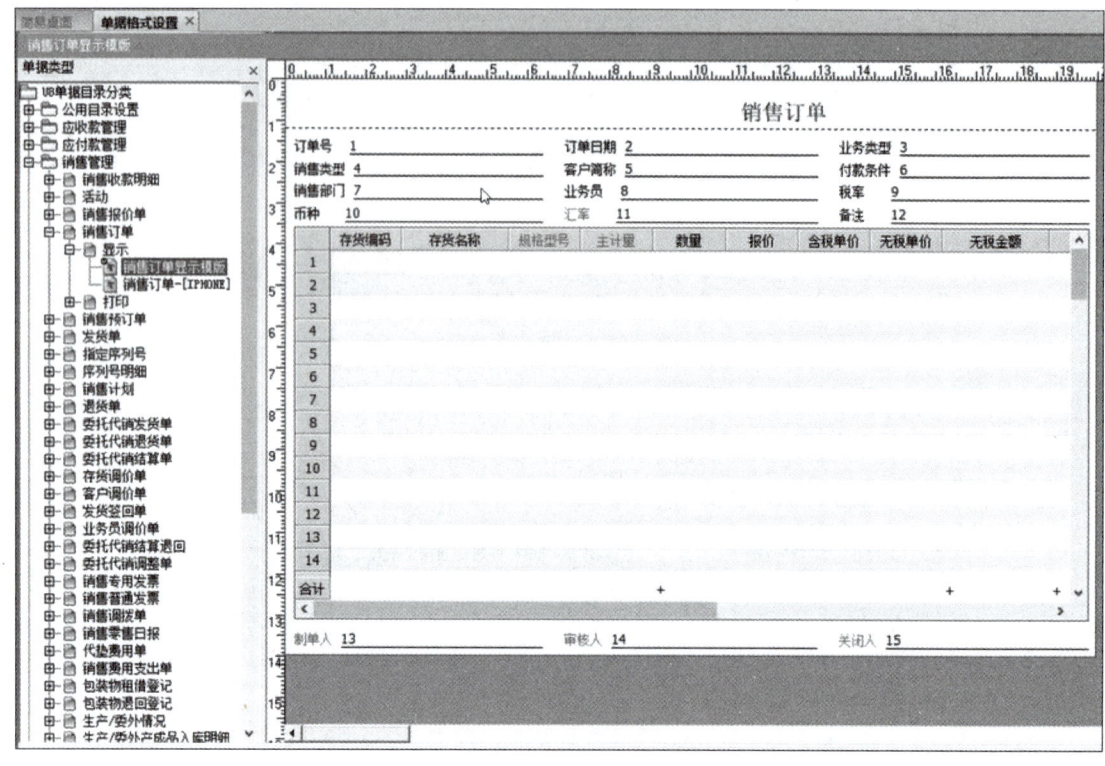

图 2-27 显示单据模板

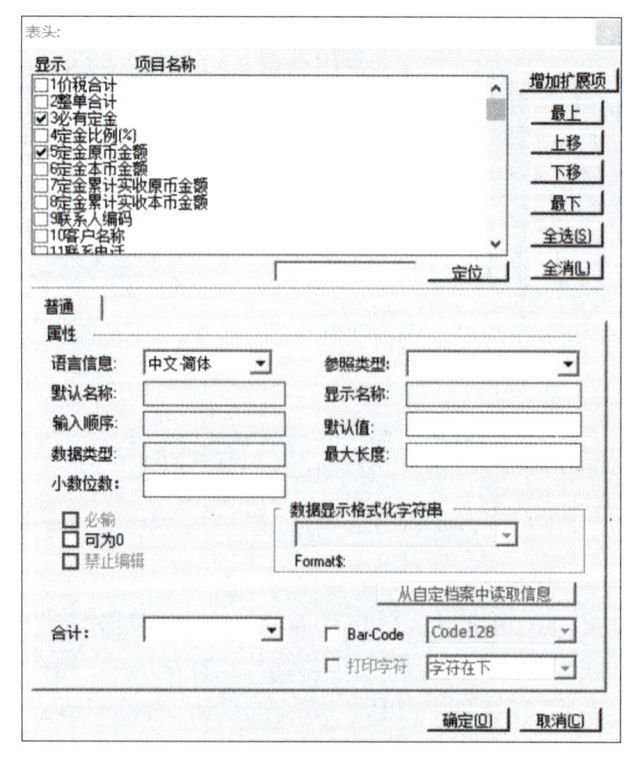

图 2-28 设置单据格式

（2）选择"单据编号设置"，在打开的窗口中选中左侧栏"单据类型"→"销售管理"→"销售订单"，单击"修改"按钮，勾选"手工改动，重号时自动重取"，如图2-29所示，单击"保存"按钮。以此方法修改工作任务所要求的其他单据编号。

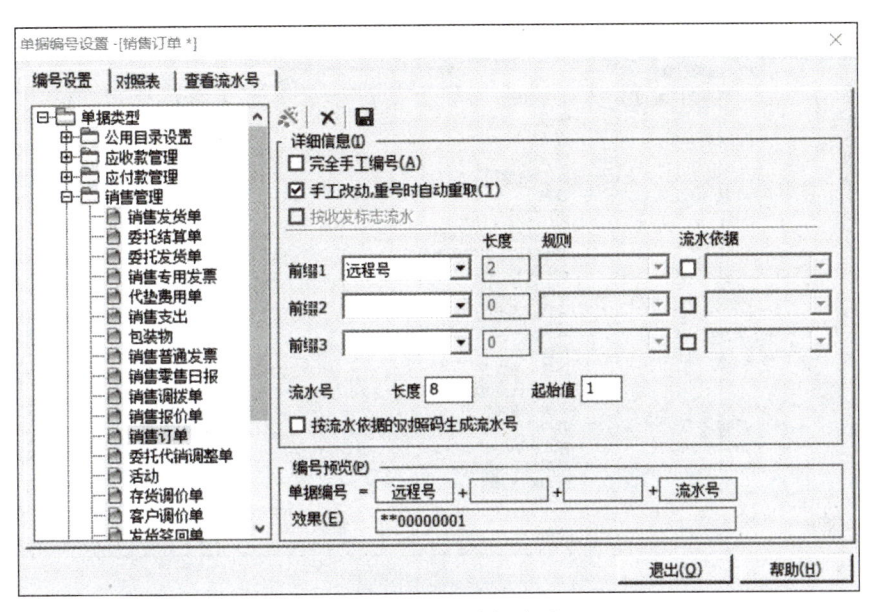

图2-29　设置单据编号

7. 设置数据权限控制

选择"系统服务"→"权限"→"数据权限控制设置"，打开"数据权限控制设置"窗口。在"记录级"选项卡下，单击窗口右下方的"全消"按钮，如图2-30所示；在"字段级"选项卡下，单击窗口右下方的"全消"按钮，如图2-31所示。单击"确定"按钮退出数据权限控制设置。

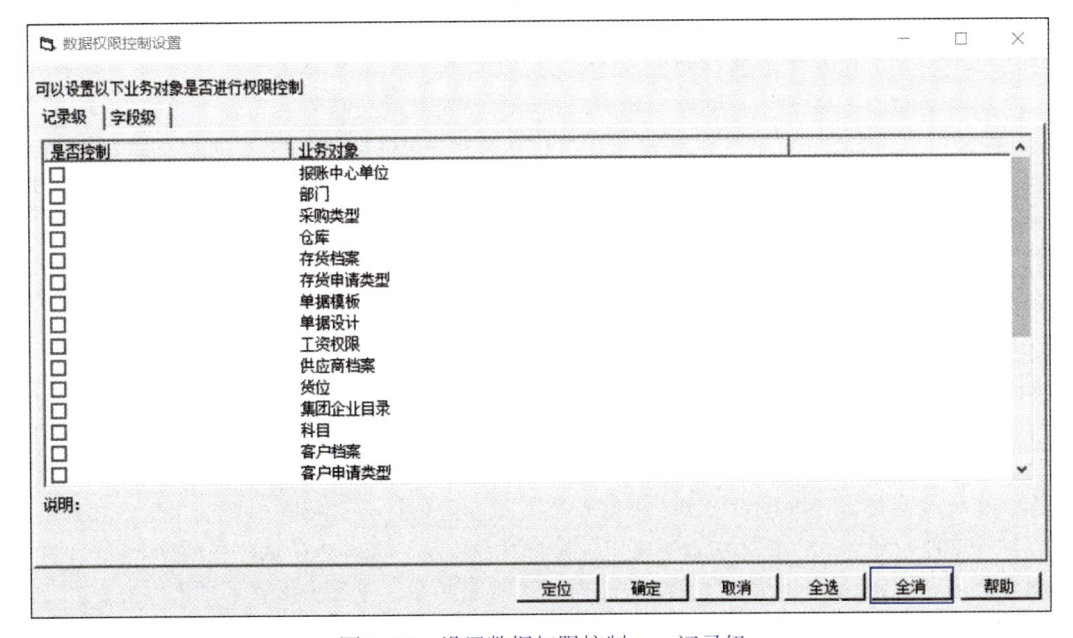

图2-30　设置数据权限控制——记录级

图 2-31　设置数据权限控制——字段级

> 📖 **拓展阅读**
>
> **AI 时代，财务人员将何去何从**
>
> **【案例】** 从击败人类棋手的 AlphaGo，到基于语言模型的聊天机器人 ChatGPT，人工智能（Artificial Intelligence，AI）领域的快速发展是我们始料未及的。人工智能正以前所未有的态势汹涌而来，一方面是风投和创业创新，人们都把人工智能当作下一个尚未被开垦的宝地；另一方面是应用，比起概念盛行的阶段，现在的无人车、家庭机器人等已经把人工智能技术带到了"看得到、摸得着"的境地。然而，在人工智能领域仍然存在着诸多质疑和争议。创新工场创始人、人工智能工程院院长李开复在赴台湾大学演讲时说："我们可以很确定地预测：未来十年，AI 能在任何任务导向的客观领域超越人类。AI 将取代人类 50% 左右的工作。AI 会取代工厂的工人、建筑工人、操作员、分析师、会计师、司机、助理、中介等，甚至部分医师、律师及老师的专业工作。在这十年，我们将进入一个焦虑的迷惘时代，因为 AI 将取代人类一半的工作，许多人会因为失业，失去原本从工作中获得自我实现的成就感，而变得犹豫和迷茫。"在这样的社会背景下，许多人都会考虑这样一个问题：什么样的工作不容易被 AI 所取代？
>
> **⊃ 启示**
>
> 人工智能对着宇宙，可以测算出一个星球的质量、成分、离地球的远近，但人工智能永远感受不到人类仰望星空时内心的欣喜、温柔、静谧；人工智能发现春天到来，可以测出温度、湿度、紫外线指数，可以检索出文人墨客所有关于春天的诗句，但人工智能永远不理解人类吟诵"青箬笠，绿蓑衣，斜风细雨不须归"时的那种心境。与其恐惧 AI 时代的到来，不如学会更好地去利用 AI 能够提供的便利，学会与人工智能共存，并且寻找属于自己的机会。

考 证 导 航

1+X 证书职业技能等级标准

项目	任务	证书（等级）	工作领域	工作任务	职业技能要求
项目二 基础信息设置	任务一 设置机构人员	业财一体信息化应用（初级）	1. 业财一体信息化平台基础设置与维护	1.2 企业基础档案设置与维护	1.2.1 能依据梳理完毕的企业基础档案信息，在信息化平台上对部门档案、职员档案、客户分类、供应商分类、客户档案、供应商档案、存货档案、仓库档案等进行维护
	任务二 设置客商信息				1.2.1 能依据梳理完毕的企业基础档案信息，在信息化平台上对部门档案、职员档案、客户分类、供应商分类、客户档案、供应商档案、存货档案、仓库档案等进行维护
	任务三 设置存货信息				1.2.1 能依据梳理完毕的企业基础档案信息，在信息化平台上对部门档案、职员档案、客户分类、供应商分类、客户档案、供应商档案、存货档案、仓库档案等进行维护
	任务四 设置财务信息				1.2.2 能根据给定的科目设置信息，在信息化平台上准确设置会计科目，并能熟练进行会计科目的增加、修改等操作
					1.2.3 能够根据给定的辅助核算要求及凭证类别要求，在信息化平台上准确进行辅助项目设置、凭证类别设置
					1.2.4 能根据《企业财务通则》，依据给定的相关资料，在信息化平台上准确指定现金科目、银行科目和现金流量科目，设置结算方式
	任务五 设置收付结算				1.2.4 能根据《企业财务通则》，依据给定的相关资料，在信息化平台上准确指定现金科目、银行科目和现金流量科目，设置结算方式
					1.2.1 能依据梳理完毕的企业基础档案信息，在信息化平台上对部门档案、职员档案、客户分类、供应商分类、客户档案、供应商档案、存货档案、仓库档案等进行维护
					1.2.5 能依据企业经营需要及给定的相关资料，在信息化平台上正确设置收发类别、采购类型和销售类型
	任务六 设置业务信息			1.3 标准单据设置与维护	1.3.1 能根据《企业财务通则》，依据给定的业务资料，在信息化平台上准确地对应收类单据、应付类单据进行格式设置
					1.3.2 能根据《企业财务通则》，依据给定的业务资料，在信息化平台上准确地对销售类、采购类单据进行格式设置
					1.3.3 能根据《企业财务通则》，依据给定的业务资料，在信息化平台上准确地对库存类、存货类单据进行格式设置
					1.3.4 能根据《企业财务通则》，依据给定的业务资料，在信息化平台上准确地进行单据编号设置，确保填制、生成的各类单据的统一性、规范性
		业财一体信息化应用（中级）	1. 业财一体信息化平台业务流程实施	1.3 业务流程权限配置	1.3.3 能根据《企业财务通则》，依据企业业务数据控制要求，在信息化平台上进行数据权限控制设置，依据企业数据控制维度，设置记录级及字段级控制层次，依据部门需求，进行不同金额层级的控制设置，以便对付款类业务的执行进行精确控制

知识导图

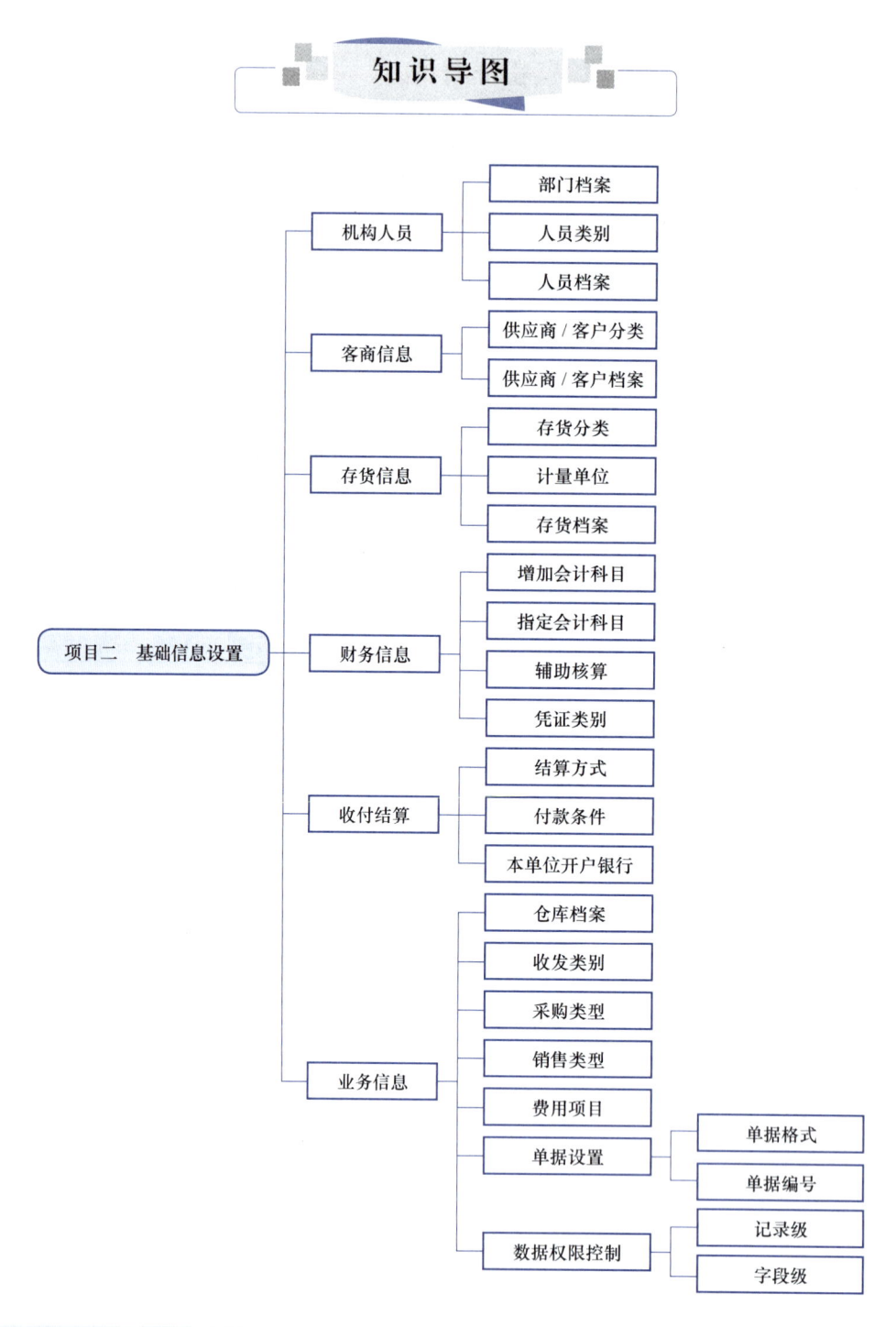

```
项目二 基础信息设置
├── 机构人员
│   ├── 部门档案
│   ├── 人员类别
│   └── 人员档案
├── 客商信息
│   ├── 供应商/客户分类
│   └── 供应商/客户档案
├── 存货信息
│   ├── 存货分类
│   ├── 计量单位
│   └── 存货档案
├── 财务信息
│   ├── 增加会计科目
│   ├── 指定会计科目
│   ├── 辅助核算
│   └── 凭证类别
├── 收付结算
│   ├── 结算方式
│   ├── 付款条件
│   └── 本单位开户银行
└── 业务信息
    ├── 仓库档案
    ├── 收发类别
    ├── 采购类型
    ├── 销售类型
    ├── 费用项目
    ├── 单据设置
    │   ├── 单据格式
    │   └── 单据编号
    └── 数据权限控制
        ├── 记录级
        └── 字段级
```

项目实训 基础信息设置

↙ 实训资料

1. 机构人员

（1）部门档案（见表2-20）。

表2-20 部门档案

部门编码	部门名称
01	总经理办公室
02	财务部
03	销售部
04	采购部
05	仓管部

（2）人员类别（见表2-21）。

表2-21 人员类别

分类编码	分类名称
1001	管理人员
1002	销售人员
1003	采购人员
1004	库管人员

（3）人员档案（见表2-22）。

表2-22 人员档案

人员编码	人员名称	所属部门	人员类别	性别	是否业务员	雇佣状态
001	林天中	总经理办公室	管理人员	男	是	在职
002	赵飞	财务部	管理人员	男	是	在职
003	胡树青	财务部	管理人员	女	是	在职
004	李杰	财务部	管理人员	女	是	在职
005	张秀	销售部	销售人员	女	是	在职
006	李扬	销售部	销售人员	男	是	在职
007	张乐	采购部	采购人员	女	是	在职
008	孙立	采购部	采购人员	男	是	在职
009	赵楠	仓管部	仓储人员	女	是	在职

2. 客商信息

（1）客户分类（见表2-23）。

表2-23 客户分类

客户分类编码	客户分类
01	商贸公司
02	代销公司
03	零售商店

（2）客户档案（见表2-24）。

表2-24　客户档案

客户编码	客户名称	客户简称	所属分类	社会信用代码	地址电话	开户银行	账号
001	济南银座商贸有限公司	银座商贸	01	91370101M429705288	济南市高月路116号 0531-47038104	工行济南市恒驰路支行	1561522130891329908
002	济南华日商贸有限公司	华日商贸	01	91370101M827475701	济南市金迅路413号 0531-78762110	工行济南市博林路支行	5647237365862183243
003	新加坡莎莎商贸有限公司	莎莎商贸	01	91810000M493567454	新加坡中心路5号 0065-34271286	新加坡星展银行	1298254895796990631
004	聊城金鼎百货有限公司	金鼎百货	02	91371501M795045276	聊城市欧景路482号 0635-75662203	工行聊城市晟为路支行	4314932027820665064
005	山东宏达商贸有限公司	宏达商贸	01	91370101M713663903	济南市索妙路872号 0531-14667996	工行济南市华波支行	4599209386464048780
006	银足鞋店	银足	03	91371501M613587204	聊城市博林路837号 0635-10031240	工行聊城市斯天路支行	2598352391626702392

（3）供应商分类（见表2-25）。

表2-25　供应商分类

供应商分类编码	供应商分类
01	高端品牌类
02	中端品牌类
03	其他

（4）供应商档案（见表2-26）。

表2-26　供应商档案

供应商编码	供应商名称	供应商简称	所属分类	社会信用代码	地址、电话	开户银行	账号
001	新百丽鞋业有限公司	新百丽	01	91440304M389495060	深圳市福田区诺策路076号 0755-60240101	工行深圳福田区飞帅路支行	0167530965479937297
002	威海金猴集团鞋业有限公司	威海金猴	02	91371082M584901149	威海市荣成市纳文路171号 0631-44559899	工行威海荣成市香骏路支行	1202691741669993115
003	青岛金羊鞋业有限公司	青岛金羊	02	91370201M012421066	青岛市雅泽路609号 0532-34543702	工行青岛市达芬路支行	7488880914853984937
004	山东速通货运有限公司	山东速通	03	91371324M312978868	临沂市兰山区双岭路100号 0539-72581230	工行临汾兰山区双岭路支行	6524809169849561286

3. 存货信息

（1）计量单位（见表2-27）。

表 2-27 计量单位

计量单位组编码	计量单位组名称	计量单位组类别	计量单位编号	计量单位名称	所属计量单位组
01	无换算单位	无换算率	0101	双	无换算单位
01	无换算单位	无换算率	0102	次	无换算单位
01	无换算单位	无换算率	0103	公里	无换算单位

（2）存货档案（见表 2-28）。

表 2-28 存货档案

分类编码	所属类别	存货编码	存货名称	计量单位	税率%	存货属性
01	品牌女鞋	0101	百丽女鞋	双	13	内销、外销、外购、委外
		0102	他她女鞋	双	13	内销、外销、外购、委外
		0103	金羊女鞋	双	13	内销、外销、外购、委外
		0104	金猴女单鞋	双	13	内销、外销、外购、委外
		0105	金猴女棉鞋	双	13	内销、外销、外购、委外
02	品牌男鞋	0201	百丽男鞋	双	13	内销、外销、外购、委外
		0202	他她男鞋	双	13	内销、外销、外购、委外
		0203	金羊男鞋	双	13	内销、外销、外购、委外
		0204	金猴男单鞋	双	13	内销、外销、外购、委外
		0205	金猴男棉鞋	双	13	内销、外销、外购、委外
03	应税劳务	0301	运输费	公里	9	内销、外销、外购、委外、应税劳务
		0302	代销手续费	次	6	内销、外销、外购、委外、应税劳务

4．财务信息

（1）会计科目（见表 2-29）。

表 2-29 会计科目

科目编码	科目名称	辅助核算	方向
1001	库存现金		借
1002	银行存款		借
100201	建行存款		借
100202	中国银行	美元	借
1012	其他货币资金		借
101201	存出投资款		借
112101	商业承兑汇票	客户往来	借
112102	银行承兑汇票	客户往来	借
1122	应收账款	客户往来	借
112201	人民币		借
112202	美元		借
1123	预付账款	供应商往来	借

（续）

科目编码	科目名称	辅助核算	方向
1221	其他应收款		借
1231	坏账准备		贷
1401	材料采购		借
1403	原材料		借
1411	周转材料		借
1404	材料成本差异		借
1405	库存商品		借
1408	委托加工物资		借
1601	固定资产		借
1602	累计折旧		贷
1604	在建工程		借
1701	无形资产		借
2001	短期借款		贷
220101	商业承兑汇票	供应商往来	贷
220102	银行承兑汇票	供应商往来	贷
2202	应付账款	供应商往来	贷
220201	一般应付款		贷
220202	暂估应付款		贷
2203	预收账款	客户往来	贷
2211	应付职工薪酬		贷
221101	短期薪酬		贷
22110101	工资		贷
22110102	住房公积金		贷
22110103	医疗保险		贷
22110104	生育保险		贷
22110105	工伤保险		贷
221102	离职后福利		贷
22110201	养老保险		贷
22110202	失业保险		贷
2221	应交税费		贷
222101	应交增值税		贷
22210101	进项税额		贷
22210105	销项税额		贷
222102	应交所得税		贷
222103	应交个人所得税		贷
222104	未交增值税		贷

（续）

科目编码	科目名称	辅助核算	方向
222107	应交城建税		贷
222108	应交教育费附加		贷
222109	应交地方教育费附加		贷
2231	应付利息		贷
223101	借款利息		贷
2241	其他应付款		贷
4001	实收资本		贷
4002	资本公积		贷
4101	盈余公积		贷
410101	法定盈余公积		贷
4103	本年利润		贷
4104	利润分配		贷
410401	未分配利润		贷
410402	提取法定盈余公积		贷
6001	主营业务收入		贷
6051	其他业务收入		贷
6401	主营业务成本		借
6402	其他业务成本		借
6403	税金及附加		借
6601	销售费用		借
6602	管理费用		借
6603	财务费用		借

（2）凭证类别为通用记账凭证。

（3）外币信息（见表2-30）。

表2-30 外币信息

币符	USD
币名	美元
汇率小数位	4位
最大误差	0.0001
折算方式	外币×汇率＝本位币
固定汇率	4月份记账汇率为6.8934

5．收付结算

（1）结算方式（见表2-31）。

表 2-31　结算方式

编　号	结算方式名称
1	现金
2	支票
201	现金支票
202	转账支票
3	商业汇票
301	银行承兑汇票
302	商业承兑汇票
4	汇兑
5	委托收款
6	电汇
7	其他

（2）本单位开户银行信息（见表 2-32）。

表 2-32　本单位开户银行信息

编　码	银行账号	开户银行	币　种	所属银行
01	4367422182024856372	中国建设银行杭州市达芬路支行	人民币	中国建设银行
02	6227005536987986321	中国银行杭州市达芬路支行	美元	中国银行

6. 业务信息

（1）仓库档案（见表 2-33）。

表 2-33　仓库档案

仓库编码	仓库名称	计价方式
001	女鞋库	先进先出法
002	男鞋库	先进先出法
003	其他库	先进先出法

（2）收发类别（见表 2-34）。

表 2-34　收发类别

收发类别编码	收发类别名称	收发类别编码	收发类别名称
1	入库	2	出库
101	采购入库	201	销售出库
102	采购退货	202	销售退货
103	调拨入库	203	调拨出库
104	受托代销入库	204	委托代销出库
105	盘盈入库	205	盘亏出库
106	直运采购	206	直运销售
107	其他入库	207	其他出库

(3)采购类型(见表2-35)。

表2-35 采购类型

采购类型编码	采购类型名称	入库类别	是否默认值	是否列入 MPS/MRP 计划
01	产品采购	采购入库	否	是
02	受托采购	受托代销入库	否	是
03	其他入库	其他入库	否	是

(4)销售类型(见表2-36)。

表2-36 销售类型

销售类型编码	销售类型名称	出库类别	是否默认值	是否列入 MPS/MRP 计划
01	正常销售	销售出库	否	是
02	委托代销	委托代销出库	否	是
03	销售退回	销售退货	否	是

(5)费用项目(见表2-37)。

表2-37 费用项目

费用项目分类编码	费用项目分类名称	费用项目编码	费用项目名称
1	委托代销手续费	101	代销手续费

(6)单据设置:在"销售订单"的表头增加"定金原币金额"和"必有定金"项目;在"委托代销结算单"的表头增加"发票号"项目。

将销售订单、销售专用发票、销售普通发票和采购订单、采购专用发票、采购普通发票编号设置为可以"手工改动,重号时自动重取"。

(7)数据权限控制:取消对所有"记录级""字段级"业务对象的权限控制。

实训任务

(1)设置机构人员。
(2)设置客商信息。
(3)设置存货信息。
(4)设置财务信息。
(5)设置结算方式。
(6)设置业务信息。

项目三
业务子系统初始设置

知识目标
- 了解各业务子系统的初始操作流程。
- 理解各业务子系统在整个系统中的作用以及对后续操作的影响。
- 掌握各业务子系统相关事项的具体规定。

技能目标
- 能正确、合理地完成各业务子系统的选项设置。
- 能熟练设置各业务子系统的期初数据并完成期初记账工作。
- 能进行各业务子系统初始设置的逆向操作。

素质目标
- 提高信息技术应用能力，培养在 ERP 系统中进行初始设置和操作的能力。
- 培养团队合作意识和沟通能力，能够在实际工作中与其他部门协作进行系统设置和操作。
- 培养解决问题的能力和创新思维，能够针对企业的特定需求进行系统设置和优化。

任务一　采购管理系统初始化

工作任务

1. 采购管理系统选项设置

（1）"业务及权限控制"选项卡：启用受托代销业务（需同时启用商品的受托代销属性）。

（2）"公共及参照控制"选项卡：单据默认税率为13%。

2. 录入期初采购入库单

2023年11月26日，采购部李玲向上海市松江区大爽食品有限公司采购奥利奥夹心饼干1000袋，不含税单价11元；采购琥珀牛羊香辣味1200袋，不含税单价13元。二者入零食仓，采购发票未到，货款未付。

3. 采购管理系统期初记账

在系统中完成期初记账工作。

知识储备

采购管理系统是用友 U8 系统中供应链的重要模块之一，该模块帮助用户对采购业务的全部流程进行管理，提供请购、采购订货、采购到货、采购入库、采购发票、采购结算的完整采购流程，用户可根据自身实际情况进行采购流程的定制。

1. 初始设置

采购管理系统初始设置是指在处理日常采购业务之前，确定采购业务的范围、类型以及对各种采购业务的核算要求，包括单据设置、采购选项、期初数据和替代关系，是采购管理系统初始化的一项重要工作。

2. 系统选项

系统选项也称系统参数、业务处理控制参数，是指在企业业务处理过程中所使用的各种控制参数。系统参数的设置将决定用户使用系统的业务流程、业务模式、数据流向。采购管理系统选项主要包括业务及权限控制、公共及参照控制、其他业务控制、预算控制等。

3. 期初数据

账簿都应有期初数据，以保证其数据的连贯性，初次使用采购管理系统时，应先输入"采购管理"的期初数据。如果系统中已有上年的数据，不允许取消期初记账。

采购管理系统的期初数据通常包括两种情况：

（1）期初暂估入库，是指采购的货物已入库，但是还没有收到供应商开具的发票的业务，即货到票未到。

（2）期初在途存货，是指采购货物的发票已经送到，但是货物由于其他原因还没有送到的情况，即票到货未到。

4. 期初记账

采购管理系统期初记账是指将采购期初数据记入有关采购账，它标志着采购管理系统的初始化工作全部结束，相关的参数和期初数据将不能增加、修改和删除，除非取消期初记账。

期初记账后输入的入库单、代管挂账确认单、发票都是启用月份及以后月份的单据，在"月末结账"功能中记入有关采购账。

岗位说明

以账套主管的身份，于 2024 年 1 月 1 日登录企业应用平台，进行采购管理系统的初始设置。

任务实施

1. 采购管理系统选项设置

（1）选择"供应链"→"采购管理"→"设置"→"采购选项"，打开"采购系统选项设置"窗口。

（2）在"采购系统选项设置"窗口中的"业务及权限控制"选项卡选中"启

采购管理系统初始化

用受托代销",如图 3-1 所示。

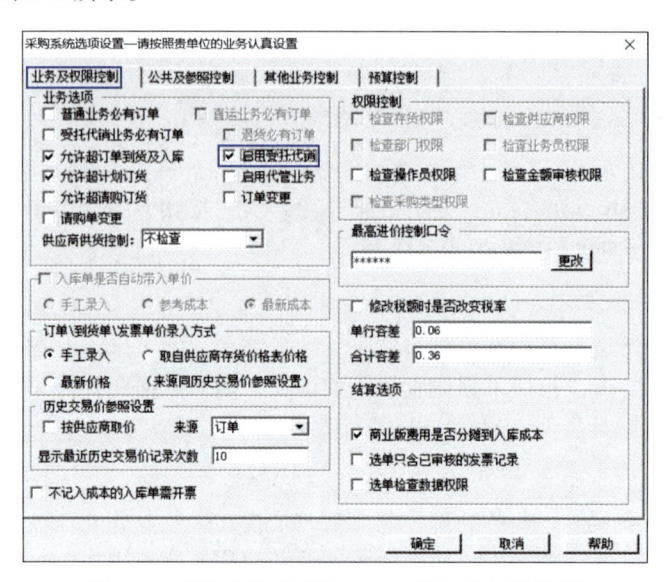

图 3-1 采购系统选项设置——业务及权限控制

（3）单击"公共及参照控制"选项卡，在"单据默认税率"框中输入"13"，如图 3-2 所示。

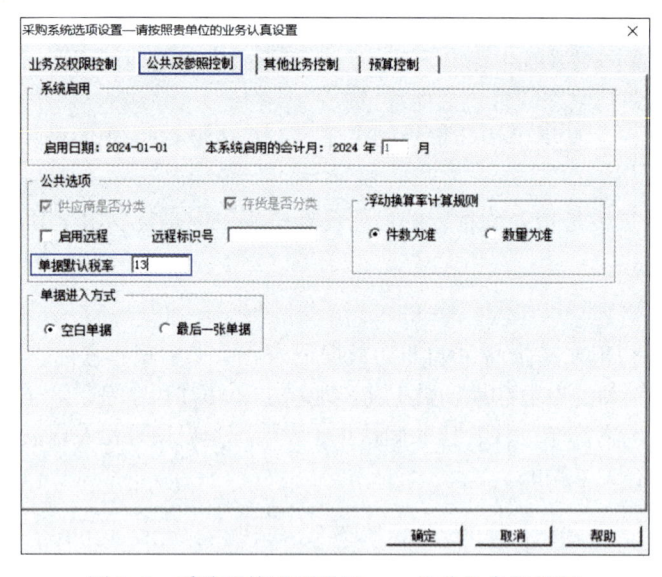

图 3-2 采购系统选项设置——公共及参照控制

（4）全部选项卡参数修改完毕后，单击下方"确定"按钮，退出"采购系统选项设置"窗口。
（5）选择"基础设置"→"基础档案"→"存货"→"存货档案"命令。
（6）选中需要修改属性的存货，在"选择"列中显示"Y"，单击工具栏"修改"按钮，弹出"修改存货档案"窗口，单击"基本"选项卡，选中存货属性中的"受托代销"，如图 3-3 所示。
（7）同理修改其余存货属性。

2. 录入期初采购入库单

（1）选择"供应链"→"采购管理"→"采购入库"→"采购入库单"，打开"期初采购入库单”窗口。

（2）在“期初采购入库单”窗口，单击“增加”按钮，根据工作任务要求填制期初采购入库单，录入完毕单击“保存”按钮，结果如图 3–4 所示，退出窗口。

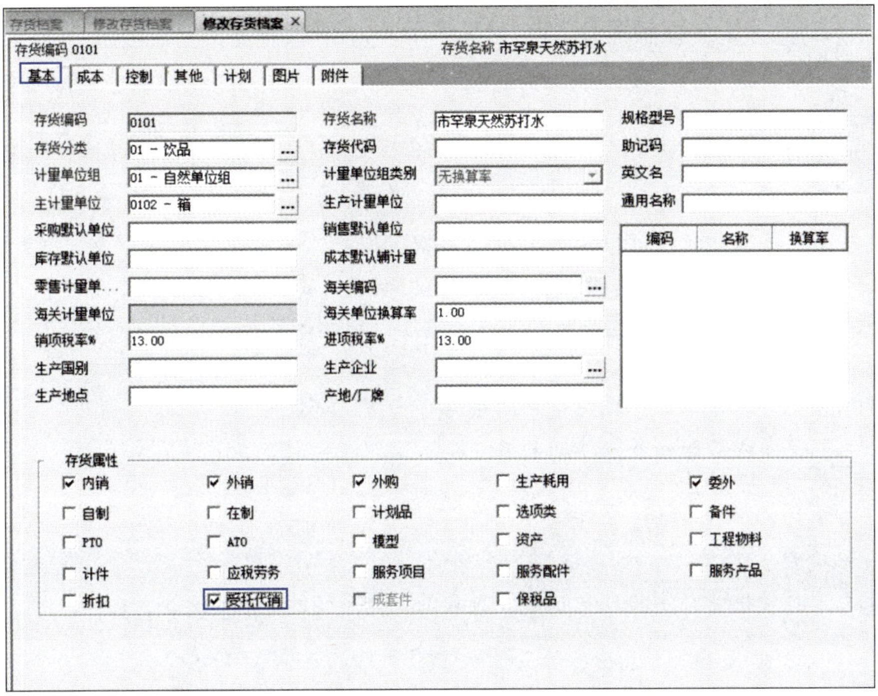

图 3–3　修改存货档案

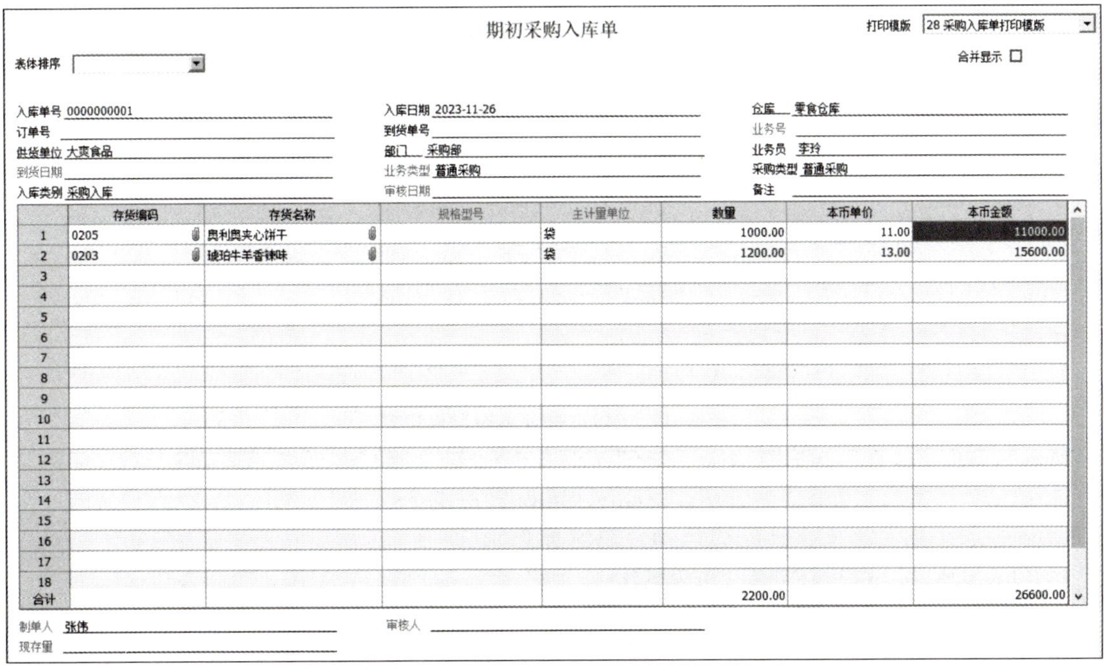

期初采购入库单

打印模版 28 采购入库单打印模版

表体排序

合并显示

入库单号 0000000001　　入库日期 2023-11-26　　仓库 零食仓库

订单号　　到货单号　　业务号

供货单位 大爽食品　　部门 采购部　　业务员 李玲

到货日期　　业务类型 普通采购　　采购类型 普通采购

入库类别 采购入库　　审核日期　　备注

	存货编码	存货名称	规格型号	主计量单位	数量	本币单价	本币金额
1	0205	奥利奥夹心饼干		袋	1000.00	11.00	11000.00
2	0203	琥珀牛羊香辣味		袋	1200.00	13.00	15600.00
3							
4							
5							
6							
7							
8							
9							
10							
11							
12							
13							
14							
15							
16							
17							
18							
合计					2200.00		26600.00

制单人 张伟　　审核人

现存量

图 3–4　期初采购入库单

3. 采购管理系统期初记账

选择"供应链"→"采购管理"→"设置"→"采购期初记账",弹出"期初记账"对话框,单击"记账",如图 3-5 所示,系统提示"期初记账完毕!",单击"确定"按钮,关闭对话框。

图 3-5　期初记账

> **特别提醒**
>
> 如果企业没有期初数据可以输入,也必须执行期初记账操作;如果企业期初数据是运行"结转上年"功能得到的,则为期初未记账状态,同样需要执行期初记账。
> 以下情况采购期初恢复记账按钮是灰色,即不能取消采购期初记账:
> ① 采购系统月末已经结账。
> ② 采购系统月末未结账但进行了采购结算。
> ③ 存货核算系统已经期初记账。
> 相应的解决方法如下:
> ① 恢复采购系统月末结账前状态。
> ② 取消采购结算。
> ③ 先取消存货核算系统的期初记账,再取消采购系统的期初记账。

任务二　应付款管理系统初始化

工作任务

1. 应付款管理系统账套参数设置

(1)"常规"选项卡:单据审核日期依据为单据日期;自动计算现金折扣。
(2)"凭证"选项卡:受控科目制单方式为明细到单据。

2. 应付款管理系统科目设置

应付款管理系统科目设置见表 3-1。

表 3-1　应付款管理系统科目设置

科目类别	设置方式
基本科目设置	应付科目(本币):220202 应付账款——一般应付账款
	预付科目(本币):1123 预付账款
	现金折扣科目:6603 财务费用
	税金科目:22210101 进项税额
	银行承兑科目:220101 应付票据——银行承兑汇票
	商业承兑科目:220102 应付票据——商业承兑汇票

（续）

科目类别	设置方式
控制科目设置	应付科目：220202 应付账款——一般应付账款
	预付科目：1123 预付账款
产品科目设置	饮品： 采购科目：1402 在途物资 采购税金科目：22210101 进项税额
	零食： 采购科目：1402 在途物资 采购税金科目：22210101 进项税额
	应税劳务： 采购科目：1402 在途物资 采购税金科目：22210101 进项税额
结算方式科目设置	结算方式为现金：1001 库存现金
	结算方式为现金支票：100201 工行存款
	结算方式为转账支票：100201 工行存款
	结算方式为银行承兑汇票：100201 工行存款
	结算方式为商业承兑汇票：100201 工行存款
	结算方式为电汇：100201 工行存款
	结算方式为同城特约委托收款：100201 工行存款
	结算方式为委托收款：100201 工行存款
	结算方式为托收承付：100201 工行存款

3. 账龄区间与逾期账龄区间设置

账龄区间与逾期账龄区间设置见表 3-2。

表 3-2 账龄区间与逾期账龄区间设置

账龄区间			逾期账龄区间		
序 号	起止天数	总天数	序 号	起止天数	总天数
01	0～30	30	01	1～30	30
02	31～60	60	02	31～60	60
03	61～90	90	03	61～90	90
04	91～120	120	04	91～120	120
05	121 以上		05	121 以上	

4. 报警级别设置

报警级别设置见表 3-3。

表 3-3 报警级别设置

级 别	A	B	C	D	E	F
总比率（供应商欠款余额占其信用额度的比例）	10%	20%	30%	40%	50%	
起 止 比 率	0～10%	10%～20%	20%～30%	30%～40%	40%～50%	50% 以上

5. 期初余额录入

需录入的期初余额明细见表 3-4 和表 3-5。

表 3-4　预付款期初余额明细

日　期	供　应　商	结算方式	金　额	票　据　号	业　务　员	摘　要
2023-12-15	永泉食品	转账支票	10 620	01352478		预付采购款

表 3-5　应付票据期初余额明细

日　期	票据类型	票　据　号	收票单位	金　额	票据到期日
2023-12-2	商业承兑汇票	66214527	德杨食品	3 000	2024-3-2

知识储备

应付款管理系统通过发票、其他应付单、付款单等单据的录入，对企业的往来账款进行综合管理，及时、准确地提供供应商的往来账款余额资料，提供各种分析报表，以便合理地进行资金调配，提高资金的利用效率。

1. 初始设置

用户在应用应付款管理系统之前要进行初始设置，作用是建立应付款管理的基础数据，确定使用哪些单据处理应付业务，确定需要进行账龄管理的账龄区间。有了这些功能，用户可以选择使用自己定义的单据类型，使应付业务管理更符合用户的需要。其主要功能包括科目设置、账期内账龄区间设置、逾期账龄区间设置、报警级别设置和单据类型设置。

2. 系统选项

系统选项是指用户在运行应付款管理系统之前所设置的账套参数，以便系统根据企业所设定的选项进行相应的处理。应付款管理系统选项主要包括常规选项定义、凭证选项定义、权限与预警和核销设置等。

3. 期初应付余额

期初应付余额包括未结算完的发票和应付单、预付款单据、未结算完的应付票据以及未结算完的合同金额。期初应付单是指还未结算的其他应付单，在系统中以应付单的形式列示，已核销部分金额不显示。期初预付单是指提前支付的供应商款项，在系统中以付款单的形式列示。期初票据是指还未结算的票据。

岗位说明

以账套主管的身份，于 2024 年 1 月 1 日登录企业应用平台，进行应付款管理系统的初始设置。

任务实施

1. 应付款管理系统账套参数设置

（1）选择"财务会计"→"应付款管理"→"设置"→"选项"，打开"账套参数设置"窗口。

（2）在"账套参数设置"窗口，单击"常规"选项卡，单击下方"编辑"按钮，根据工作任务要求完成设置，如图 3-6 所示。

应付款管理系统初始化

（3）单击"凭证"选项卡，根据工作任务要求完成设置，如图3-7所示。

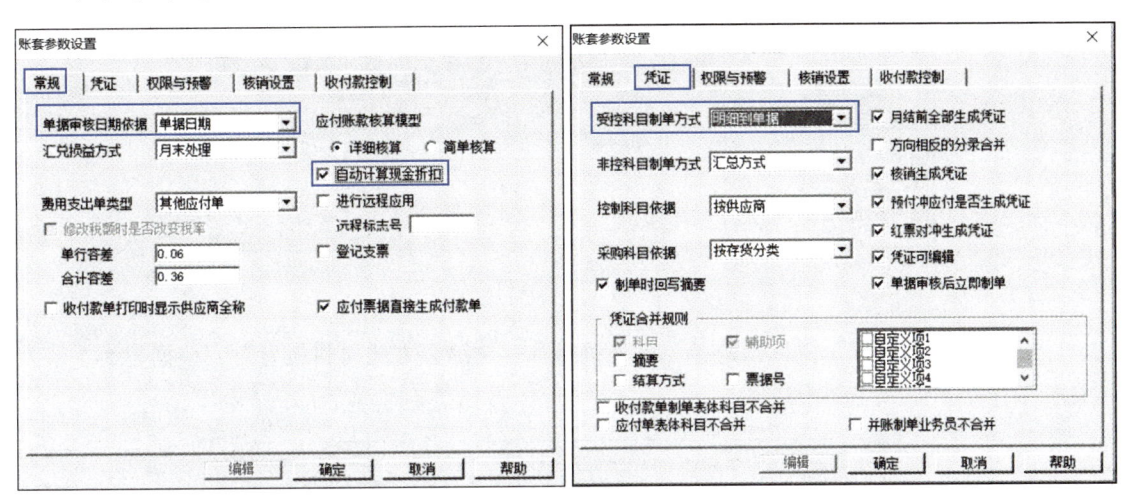

图3-6　账套参数设置——常规　　　　图3-7　账套参数设置——凭证

（4）全部选项卡参数修改完毕后，单击下方"确定"按钮，退出"账套参数设置"窗口。

2. 应付款管理系统科目设置

（1）选择"财务会计"→"应付款管理"→"设置"→"初始设置"，打开"初始设置"窗口。

（2）在"初始设置"窗口，选择"设置科目"→"基本科目设置"，单击工具栏中的"增加"按钮，根据表3-1录入或选择基本科目，如图3-8所示。

图3-8　基本科目设置

（3）在"初始设置"窗口，选择"设置科目"→"控制科目设置"，根据表3-1录入或选择控制科目，如图3-9所示。

图3-9　控制科目设置

（4）在"初始设置"窗口，选择"设置科目"→"产品科目设置"，根据表3-1录入或选择产品科目，如图 3-10 所示。

图 3-10　产品科目设置

（5）在"初始设置"窗口，选择"设置科目"→"结算方式科目设置"，根据表 3-1 录入或选择结算方式科目，如图 3-11 所示。

图 3-11　结算方式科目设置

3. 账龄区间与逾期账龄区间设置

（1）在"初始设置"窗口，选择"账期内账龄区间设置"，单击工具栏中的"增加"按钮，根据表 3-2 中"总天数"栏依次录入，如图 3-12 所示。

（2）在"初始设置"窗口，选择"逾期账龄区间设置"，单击工具栏中的"增加"按钮，根据表 3-2 中"总天数"栏依次录入，如图 3-13 所示。

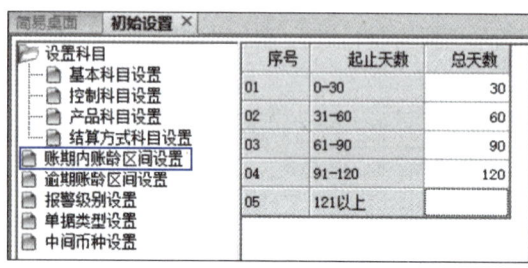

图 3-12　账期内账龄区间设置　　　　图 3-13　逾期账龄区间设置

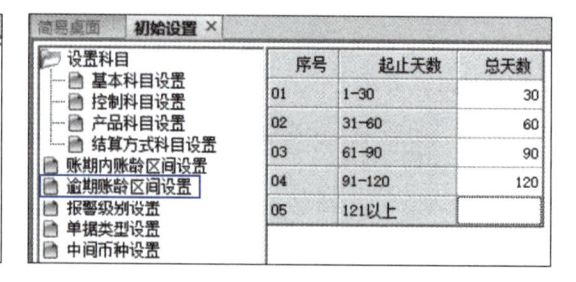

4. 报警级别设置

在"初始设置"窗口，选择"报警级别设置"，单击工具栏中的"增加"按钮，根据表 3-3 录入，如图 3-14 所示。

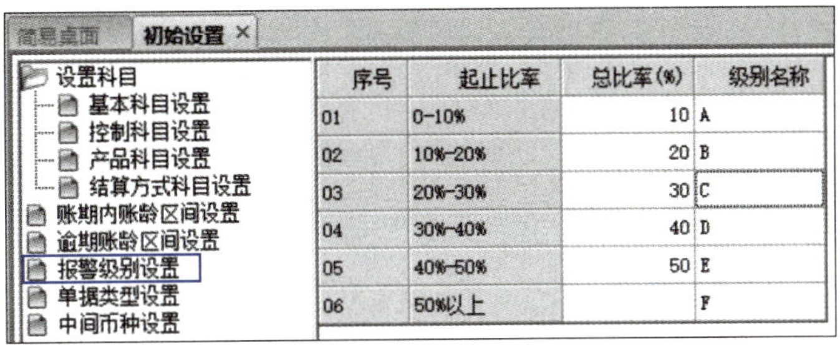

图 3-14　报警级别设置

5. 期初余额录入

（1）选择"财务会计"→"应付款管理"→"设置"→"期初余额"，打开"期初余额—查询"窗口。

（2）在"期初余额—查询"窗口，单击"确定"，打开"期初余额"窗口，单击工具栏中的"增加"按钮，弹出"单据类别"对话框，在单据名称中选择"预付款"，在单据类型中选择"付款单"，如图 3-15 所示，然后单击"确定"按钮，打开"期初单据录入"窗口。

图 3-15　单据类别——预付款

（3）在"期初单据录入"窗口，单击工具栏中的"增加"按钮，根据表 3-4 录入预付款期初余额信息，如图 3-16 所示，退出"付款单"窗口。

图 3-16　付款单

（4）回到"期初余额"窗口，单击工具栏中的"增加"按钮，弹出"单据类别"对话框，在单据名称中选择"应付票据"，在单据类型中选择"商业承兑汇票"，如图 3-17 所示，然后单击"确定"按钮，打开"期初单据录入"窗口。

（5）在"期初单据录入"窗口，单击工具栏中的"增加"按钮，根据表 3-5 录入应付票据期初余额信息，如图 3-18 所示。

图 3-17　单据类别——应付票据

在"期初余额"窗口，单击工具栏的"对账"按钮，显示应付款管理系统与总账系统对账结果，如图 3-19 所示。

图 3-18　期初票据

图 3-19　应付款管理系统与总账系统对账结果

任务三　销售管理系统初始化

工作任务

销售管理系统选项设置

"业务控制"选项卡：有零售日报业务；有委托代销业务；有分期收款业务；有直运销售业务；取消"销售生成出库单"。

知识储备

销售管理系统是用友 U8 系统的重要组成部分，提供了报价、订货、发货、开票的完整销售流程，支持普通销售、委托代销、分期收款、直运、零售、销售调拨等多种类型的销售业务，并可对销售价格和信用进行实时监控。用户可根据实际情况对系统进行定制，构建自己的销售业务管理平台。

1. 初始设置

销售管理系统初始设置是指在处理日常销售业务之前，确定销售业务的范围、类型以及对各种销售业务的核算要求，包括设置销售管理系统业务处理所需要的销售参数、基础信息及销售期期初设置等，是销售管理系统初始化的一项重要工作。

2. 系统选项

系统选项是指用户在运行销售管理系统之前所设置的账套参数，以便系统根据企业所设定的选项进行相应的处理。销售管理系统选项主要包括业务控制、其他控制、信用控制、可用量控制、价格管理等。

3. 期初数据

销售管理系统初次使用时，应先输入"销售管理"的期初数据，如果系统中已有上年数据，在使用"账套库初始化"后，上年度销售发货单、委托代销发货单自动结转到本年期初。期初单据审核后有效，在月末结账时记入有关销售账中。

岗位说明

以账套主管的身份，于 2024 年 1 月 1 日登录企业应用平台，进行销售管理系统的初始设置。

任务实施

销售管理系统选项设置

（1）选择"供应链"→"销售管理"→"设置"→"销售选项"，打开"销售选项"窗口。

（2）在"销售选项"窗口，单击"业务控制"选项卡，根据工作任务要求，勾选相关选项，取消"销售生成出库单"，如图 3-20 所示。

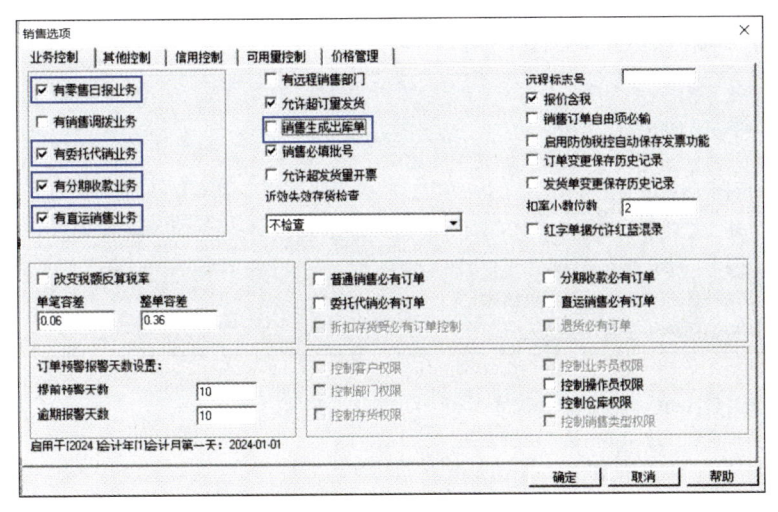

图 3-20　销售选项设置

（3）全部选项卡参数修改完毕后，单击下方"确定"按钮，退出"销售选项"窗口。

任务四　应收款管理系统初始化

工作任务

1. 应收款管理系统账套参数设置

（1）"常规"选项卡：单据审核日期依据为单据日期；坏账处理方式为应收余额百分比法；

自动计算现金折扣。

（2）"凭证"选项卡：受控科目制单方式为明细到单据。

2. 应收款管理系统科目设置

应收款管理系统科目设置见表3-6。

表3-6　应收款管理系统科目设置

科目类别	设置方式
基本科目设置	应收科目（本币）：1122 应收账款
	预收科目（本币）：220302 预收账款——预收款项
	代垫费用科目：1001 库存现金
	现金折扣科目：6603 财务费用
	税金科目：22210106 销项税额
	银行承兑科目：112101 应收票据——银行承兑汇票
	商业承兑科目：112102 应收票据——商业承兑汇票
控制科目设置	应收科目：1122 应收账款
	预收科目：220302 预收账款——预收款项
产品科目设置	饮品： 销售收入科目：6001 主营业务收入 应交增值税科目：22210106 销项税额 销售退回科目：6001 主营业务收入
	零食： 销售收入科目：6001 主营业务收入 应交增值税科目：22210106 销项税额 销售退回科目：6001 主营业务收入
	应税劳务： 销售收入科目：6051 其他业务收入 应交增值税科目：22210106 销项税额 销售退回科目：6051 其他业务收入
结算方式科目设置	结算方式为现金：1001 库存现金
	结算方式为现金支票：100201 工行存款
	结算方式为转账支票：100201 工行存款
	结算方式为银行承兑汇票：100201 工行存款
	结算方式为商业承兑汇票：100201 工行存款
	结算方式为电汇：100201 工行存款
	结算方式为同城特约委托收款：100201 工行存款
	结算方式为委托收款：100201 工行存款
	结算方式为托收承付：100201 工行存款

3. 坏账准备设置

坏账准备设置见表3-7。

表 3-7 坏账准备设置

控 制 参 数	参 数 设 置
提取比例	0.5%
坏账准备期初余额	0
坏账准备科目	1231（坏账准备）
对方科目	6702（信用减值损失）

4. 账龄区间与逾期账龄区间设置

账龄区间与逾期账龄区间设置见表 3-8。

表 3-8 账龄区间与逾期账龄区间设置

账 龄 区 间			逾 期 账 龄 区 间		
序 号	起止天数	总 天 数	序 号	起止天数	总 天 数
01	0～30	30	01	1～30	30
02	31～60	60	02	31～60	60
03	61～90	90	03	61～90	90
04	91～120	120	04	91～120	120
05	121 以上		05	121 以上	

5. 报警级别设置

报警级别设置见表 3-9。

表 3-9 报警级别设置

级 别	A	B	C	D	E	F
总比率（供应商欠款余额占其信用额度的比例）	10%	20%	30%	40%	50%	
起止比率	0～10%	10%～20%	20%～30%	30%～40%	40%～50%	50%以上

6. 期初余额录入

根据表 3-10～表 3-12 录入期初余额。

表 3-10 预收款期初余额明细

日 期	客 户	结算方式	金 额	票 据 号	业务员	摘 要
2023-12-15	上海东航	转账支票	10 000	66394297	陈路	预收销售款

表 3-11 销售专用发票期初余额明细

日期	单据名称	方向	发票号	开票单位	存货名称	数量	单价（不含税）	价税合计	税率
2023-12-19	销售专用发票	正	84513136	深圳安吉	阿尔山矿泉水	500	80	45 200	13%

表 3-12 其他应收单期初余额明细

日 期	部 门	客 户	科 目	金 额	摘 要
2023-12-19	销售部	深圳安吉	应收账款	1000	代垫运费

知识储备

应收款管理系统主要用于核算和管理客户往来款项，通过发票、其他应收单、收款单等单据的录入，记录销售业务及其他业务所形成的对企业的往来账款，精确地提供客户的往来账款余额资料，提供各种分析报表，如账龄分析表、欠款分析状况分析等，以此协助企业合理地进行资金调配，提高资金的利用效率。

1. 初始设置

用户在应用应收管理系统之前要进行初始设置，作用是建立应收款管理的基础数据，确定使用哪些单据处理应收业务，确定需要进行账龄管理的账龄区间。有了这些功能，用户可以选择使用自己定义的单据类型，使应收业务管理更符合用户的需要。应收款管理系统初始设置主要有：科目设置、坏账准备设置、账期内账龄区间设置、逾期账龄区间设置、报警级别设置和单据类型设置。

其中，坏账准备设置是指用户定义本系统内计提坏账准备比率和设置坏账准备期初余额的功能，它的作用是系统根据用户的应收账款计提坏账准备。

2. 系统选项

系统选项是指用户在运行应收款管理系统之前所设置的账套参数，以便系统根据企业所设定的选项进行相应的处理，主要包括常规选项定义、凭证选项定义、权限与预警和核销设置等。

3. 期初余额

通过期初余额功能，用户可将正式启用账套前的所有应收业务数据录入系统中，作为期初建账的数据，系统即可对其进行管理，这样既保证了数据的连续性，又保证了数据的完整性。期初数据包括期初发票、期初应收单、期初预收单和期初票据，期初余额录完后，应收款管理系统应与总账系统进行对账。

期初发票是指还未核销的应收账款，在系统中以单据的形式列示，已核销部分金额不显示。

期初应收单是指还未结算的其他应收单，在系统中以应收单的形式列示，已核销部分金额不显示。

期初预收单是指提前收取的客户款项，在系统中以收款单的形式列示。

期初票据是指还未结算的票据。

岗位说明

以账套主管的身份，于2024年1月1日登录企业应用平台，进行应收款管理系统的初始设置。

任务实施

应收款管理系统初始化

1. 应收款管理系统账套参数设置

（1）选择"财务会计"→"应收款管理"→"设置"→"选项"，打开"账套参数设置"窗口。

（2）在"账套参数设置"窗口，单击"常规"选项卡，单击下方"编辑"按钮，根据工作任务要求完成设置，如图3-21所示。

（3）单击"凭证"选项卡，根据工作任务要求完成设置，如图3-22所示。

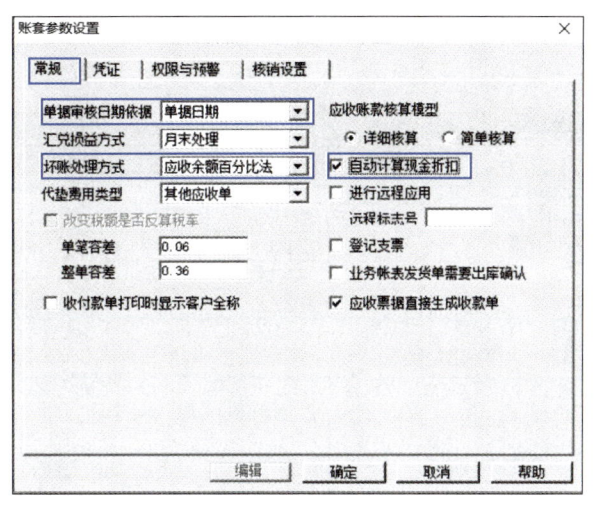

图 3-21 账套参数设置——常规

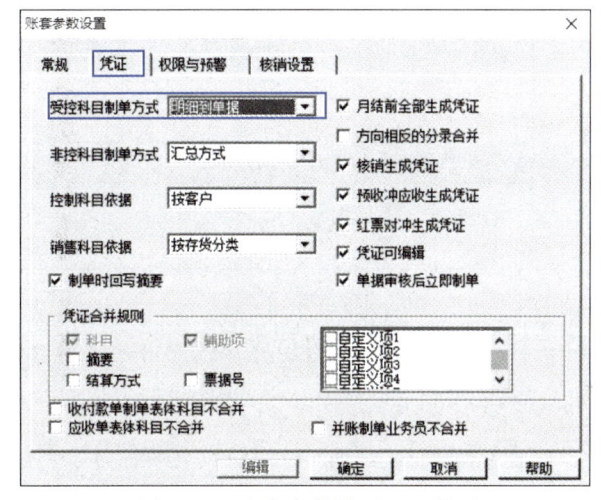

图 3-22 账套参数设置——凭证

（4）全部选项卡参数修改完毕后，单击下方"确定"按钮，退出"账套参数设置"窗口。

2. 应收款管理系统科目设置

（1）选择"财务会计"→"应收款管理"→"设置"→"初始设置"命令，打开"初始设置"窗口。

（2）在"初始设置"窗口，选择"设置科目"→"基本科目设置"，单击工具栏中的"增加"按钮，根据表 3-6 录入或选择基本科目，如图 3-23 所示。

图 3-23 基本科目设置

（3）在"初始设置"窗口，选择"设置科目"→"控制科目设置"，根据表3-6录入或选择控制科目，如图3-24所示。

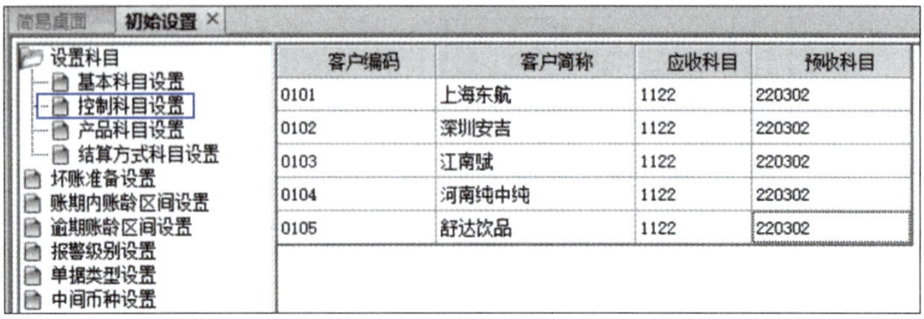

图 3-24　控制科目设置

（4）在"初始设置"窗口，选择"设置科目"→"产品科目设置"，根据表3-6录入或选择产品科目，如图3-25所示。

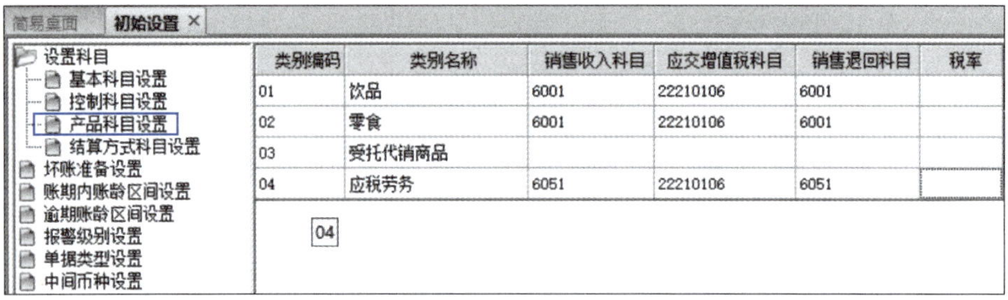

图 3-25　产品科目设置

（5）在"初始设置"窗口，选择"设置科目"→"结算方式科目设置"，根据表3-6录入或选择结算方式科目，如图3-26所示。

图 3-26　结算方式科目设置

3. 坏账准备设置

在"初始设置"窗口，选择"坏账准备设置"，根据表3-7录入提取比率、坏账准备期初余额等数据，并选择坏账准备科目、对方科目，如图3-27所示，然后单击"确定"按钮，显示"储存完毕"。

4. 账龄区间与逾期账龄区间设置

（1）在"初始设置"窗口，选择"账期内账龄区间设置"，单击工具栏中的"增加"按钮，根据表3-8中"总天数"栏依次录入，如图3-28所示。

（2）在"初始设置"窗口，选择"逾期账龄区间设置"，单击工具栏中的"增加"按钮，根据表3-8中"总天数"栏依次录入，如图3-29所示。

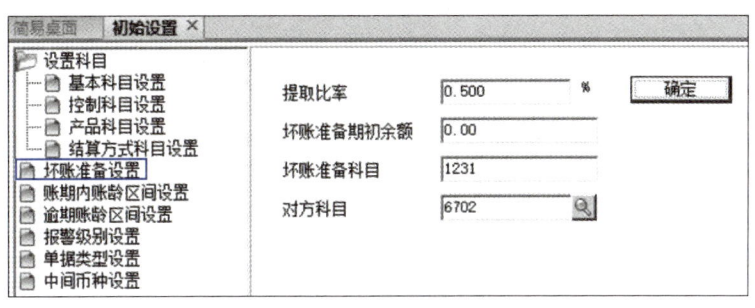

图3-27 坏账准备设置

图3-28 账期内账龄区间设置

图3-29 逾期账龄区间设置

5. 报警级别设置

在"初始设置"窗口，选择"报警级别设置"，单击工具栏中的"增加"按钮，根据表3-9录入，如图3-30所示。

6. 期初余额录入

（1）选择"财务会计"→"应收款管理"→"设置"→"期初余额"，打开"期初余额—查询"窗口。

（2）在"期初余额—查询"窗口，单击"确定"，打开"期初余额"窗口，单击工具栏的"增加"按钮，弹出"单据类别"对话框，在单据名称中选择"预收款"，在单据类型中选择"收款单"，如图3-31所示，然后单击"确定"按钮，打开"期初单据录入"窗口。

图3-30 报警级别设置

图3-31 单据类别——预收款

（3）在"期初单据录入"窗口，单击工具栏中"增加"按钮，根据表3-10录入预收款期初余额信息，如图3-32所示，然后退出"期初单据录入"窗口。

图 3-32　收款单录入

（4）回到"期初余额"窗口，单击工具栏的"增加"按钮，弹出"单据类别"对话框，在单据名称中选择"销售发票"，在单据类型中选择"销售专用发票"，如图 3-33 所示，然后单击"确定"按钮，进入"期初销售发票"窗口。

（5）在"期初销售发票"窗口，单击工具栏中"增加"按钮，根据表 3-11 录入销售专用发票期初余额信息，如图 3-34 所示，然后退出"期初销售发票"窗口。

图 3-33　单据类别——销售发票

图 3-34　销售专用发票录入

（6）回到"期初余额"窗口，单击工具栏的"增加"按钮，弹出"单据类别"对话框，在单据名称中选择"应收单"，在单据类型中选择"其他应收单"，如图 3-35 所示，然后单击"确定"按钮，进入"单据录入"窗口。

（7）在"单据录入"窗口，单击工具栏中"增加"按钮，根据表 3-12 录入其他应收款的期初余额信息，如图 3-36 所示，然后退出"单据录入"窗口。

图 3-35　单据类别——应收单

图 3-36　应收单录入

在"期初余额"界面单击工具栏中的"对账"按钮,应收款管理系统与总账系统对账结果如图 3-37 所示。

		应收期初		总账期初		差额	
编号	名称	原币	本币	原币	本币	原币	本币
112101	银行承兑汇票	0.00	0.00	0.00	0.00	0.00	0.00
112102	商业承兑汇票	0.00	0.00	0.00	0.00	0.00	0.00
1122	应收账款	46,200.00	46,200.00	0.00	0.00	46,200.00	46,200.00
220302	预收账款	-10,000.00	-10,000.00	0.00	0.00	-10,000.00	-10,000.00
2204	合同负债	0.00	0.00	0.00	0.00	0.00	0.00
	合计		36,200.00		0.00		36,200.00

图 3-37　应收款管理系统与总账系统对账结果

任务五　库存管理系统初始化

工作任务

1. 库存管理系统选项设置

(1)"通用设置"选项卡:采购入库审核时改现存量;销售出库审核时改现存量;其他出入库单审核时改现存量。

(2)"专用设置"选项卡:允许超发货单出库;允许超采购到货单入库;自动带出单价的单据有其他出库单、盘点单。

2. 库存管理系统期初数据录入

根据表 3-13 录入库存管理系统期初数据,入库类别为"采购入库",部门为"采购部"。

表 3-13　库存商品期初结存

仓库名称	存货编码	存货名称	数　量	单　价	金　额
饮品仓库	0101	市罕泉天然苏打水	500	100	50 000
	0102	5100 水	400	60	24 000
	0103	崂山矿泉水	300	15	4 500
	0104	冰露纯净水	1 500	8	12 000
	0105	阿尔山矿泉水	1 160	40	46 400
零食仓库	0201	渝记椒派手磨豆干	1 200	8	9 600
	0202	真知帮帮糖果	1 500	20	30 000
	0203	琥珀牛羊香辣味	1 500	14	21 000
	0204	西瓜头泡泡糖	1 500	8	12 000
	0205	奥利奥夹心饼干	1 200	10	12 000

知识储备

库存管理系统是用友 U8 系统供应链的重要组成部分，能够满足采购入库、销售出库、产成品入库、材料出库、其他出入库、盘点管理等业务需要，提供仓库货位管理、批次管理、保质期管理、出库跟踪入库管理、可用量管理、序列号管理等全面的业务应用。

1. 初始设置

库存管理系统初始设置是指在处理日常库存业务之前，确定库存业务的范围、类型以及对各种库存业务的核算要求，包括设置库存管理系统业务处理所需要的参数、基础信息及库存期初设置等，是库存管理系统初始化的一项重要工作。

2. 系统选项

库存管理系统选项主要包括通用设置、专用设置、预计可用量控制、预计可用量设置和其他设置。

3. 期初数据

初次使用库存管理系统时，应先输入全部存货的期初数据。重新初始化时，可将上年度 12 月份的库存结存结转到下年度的期初数据中。

期初数据包括：期初结存，即仓库的期初库存数据；期初不合格品，即期初未处理的不合格品结存量。

如果有代管采购业务，应在库存管理系统中进行代管消耗规则的维护。

期初结存用于录入库存管理系统启用前各仓库各存货的期初结存情况。不进行批次、保质期管理的存货，需录入各存货期初结存的数量；进行批次管理、保质期管理、出库跟踪入库管理的存货，需录入各存货期初结存的详细数据，如批号、生产日期、失效日期、入库单号等。进行货位管理的存货，还需录入货位。

岗位说明

以账套主管的身份，于 2024 年 1 月 1 日登录企业应用平台，进行库存管理系统的初始设置。

任务实施

库存管理系统初始化

1. 库存管理系统选项设置

（1）选择"供应链"→"库存管理"→"初始设置"→"选项"，打开"库存选项设置"窗口。

（2）在"库存选项设置"窗口，单击"通用设置"选项卡，根据工作任务要求勾选相关选项，如图 3-38 所示，然后单击下方"应用"按钮。

（3）在"库存选项设置"窗口，单击"专用设置"选项卡，根据工作任务要求勾选相关选项，如图 3-39 所示，然后单击下方"应用"按钮。

（4）全部选项卡参数修改完毕后，单击"确认"按钮，退出"库存选项设置"窗口。

2. 库存管理系统期初数据录入

（1）选择"供应链"→"库存管理"→"初始设置"→"期初结存"，打开"库存期初数据录入"窗口。

图 3-38　库存选项设置——通用设置

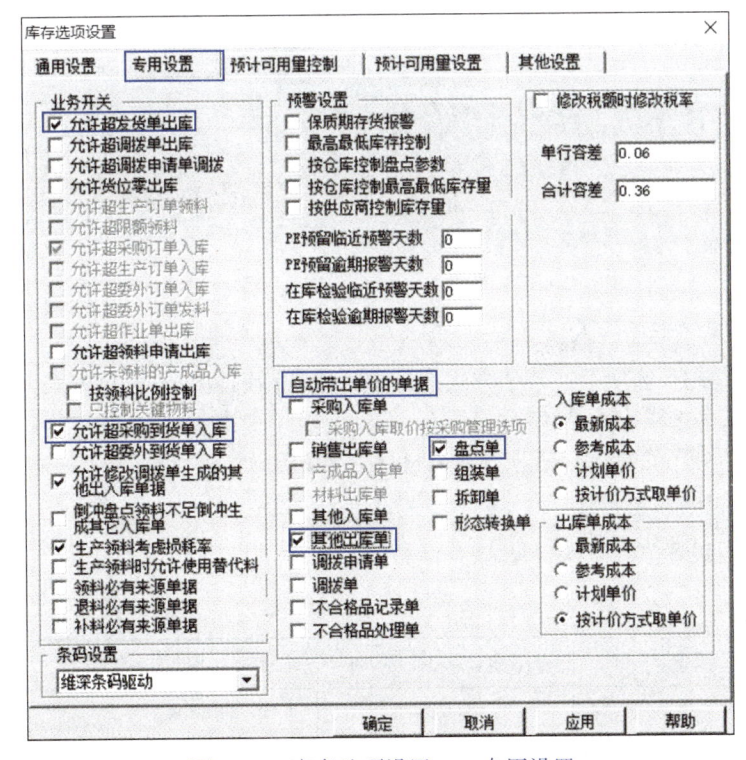

图 3-39　库存选项设置——专用设置

（2）在"库存期初数据录入"窗口，单击工具栏的"修改"按钮，根据表 3-13 录入饮品仓库的期初库存，如图 3-40 所示，录入完毕单击"保存"按钮，再单击"批审"按钮。

图 3-40　库存期初——饮品仓库

（3）在"库存期初数据录入"窗口，将窗口右上角的仓库改选为"零食仓库"，单击工具栏中的"修改"按钮，根据表 3-13 录入零食仓库的期初库存，如图 3-41 所示，录入完毕单击"保存"按钮，再单击"批审"按钮。

图 3-41　库存期初——零食仓库

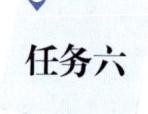

任务六　存货核算系统初始化

工作任务

1. 存货核算系统选项录入

（1）"核算方式"选项卡：暂估方式选择单到回冲；销售成本核算方式为销售发票；委托代销成本核算方式为按发出商品核算。

（2）"控制方式"选项卡：进项税转出科目为 22210105。

2. 存货核算系统科目设置

（1）存货科目设置。存货科目见表 3-14。

表 3-14　存货科目

存货分类	存货科目	分期收款发出商品科目	委托代销发出商品科目	直运科目
001 饮品	1405	1406	1406	1402
002 零食	1405	1406	1406	1402

（2）对方科目设置。对方科目见表 3-15。

表 3-15 对方科目

收发类别编码	收发类别名称	对方科目名称	暂估科目名称
101	采购入库	1402	220201
104	受托代销入库	2314	
105	盘盈入库	190101	
106	直运采购	1402	
201	销售出库	6401	
204	委托代销出库	6401	
205	盘亏出库	190101	
206	直运销售	6401	

3. 录入期初数据并记账

期初余额与库存管理系统期初结存数据一致，从库存管理系统取数至存货核算系统。

4. 跌价准备设置

设置第一大类存货的跌价准备科目为"1471 存货跌价准备"，计提费用科目为"6701 资产减值损失"。

知识储备

1. 存货核算系统

存货核算是用友 U8 系统的主要组成部分，存货核算是从资金的角度管理存货的出入库业务，主要用于核算企业的入库成本、出库成本、结余成本，反映和监督存货的收发、领退、保管情况以及存货资金的占用情况。

2. 初始设置

存货核算系统的初始设置是指在处理日常存货业务之前，确定存货业务的范围、类型以及对各种存货业务的核算要求，包括系统选项、科目设置、期初数据和存货单价、差异率设置，是存货核算系统初始化的一项重要工作。

3. 系统选项

存货核算系统选项主要包括常规选项、控制方式选项定义和其他设置。

4. 期初余额

初次使用存货核算系统时，应先输入全部末级存货的期初余额。如果系统中已有上年的数据，在执行上年第 12 会计月"月末结账"后，上年各存货结存将自动结转到下年。

岗位说明

以账套主管的身份，于 2024 年 1 月 1 日登录企业应用平台，进行存货核算系统的初始设置。

任务实施

1. 存货核算系统选项录入

（1）选择"供应链"→"存货核算"→"初始设置"→"选项"→"选项录入"，打开

"选项录入"窗口。

（2）在"选项录入"窗口，单击"核算方式"选项卡，根据工作任务要求勾选相关选项，如图3-42所示。

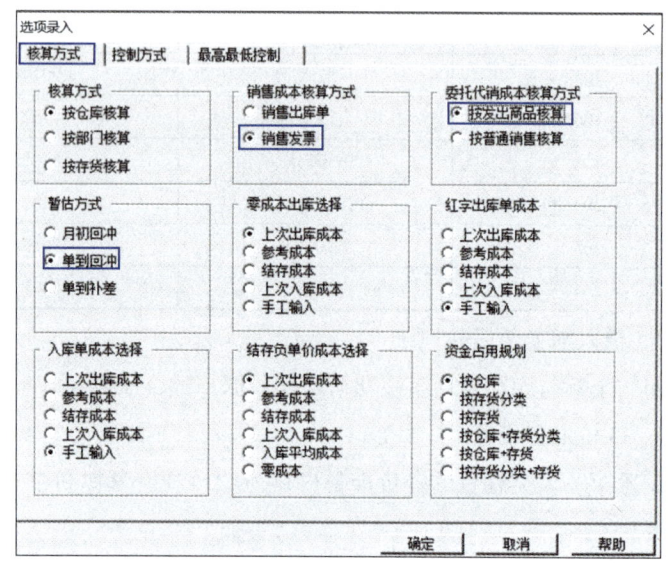

图3-42 选项录入——核算方式

（3）在"选项录入"窗口，单击"控制方式"选项卡，根据工作任务要求，在"进项税转出科目"框中录入"进项税额转出"，如图3-43所示。

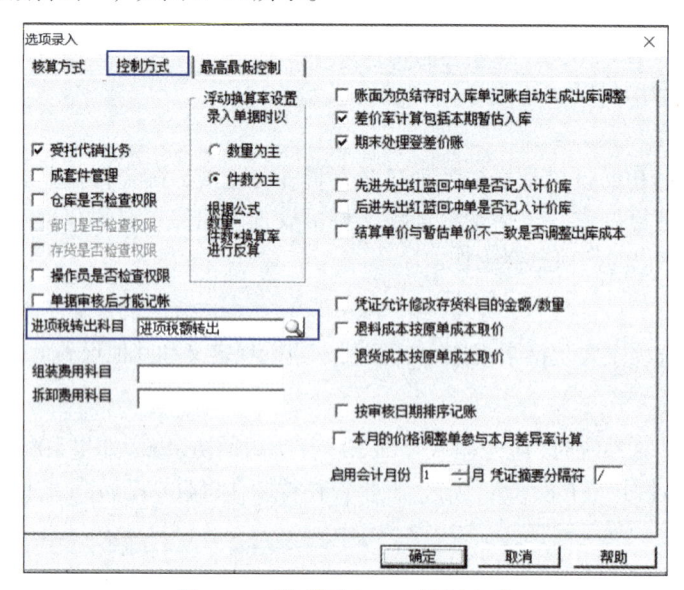

图3-43 选项录入——控制方式

（4）全部选项卡参数修改完毕后，单击"确定"按钮，退出"选项录入"窗口。

2. 存货核算系统科目设置

（1）存货科目设置。

1）选择"供应链"→"存货管理"→"初始设置"→"科目设置"→"存货科目"，打开

“存货科目”窗口。

2）在“存货科目”窗口，单击工具栏的“增加”按钮，根据表 3–14 要求录入存货科目，如图 3–44 所示。

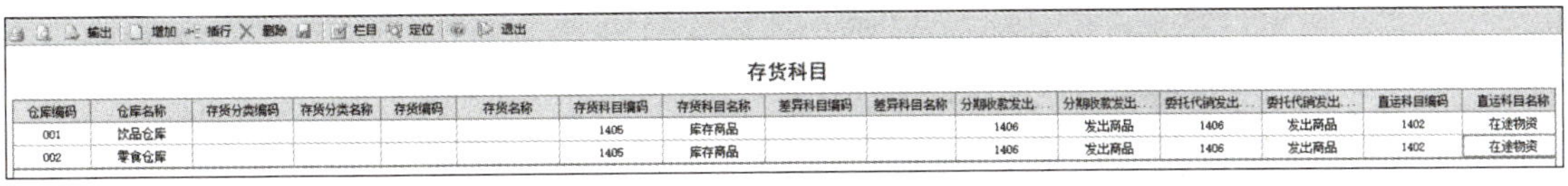

仓库编码	仓库名称	存货分类编码	存货分类名称	存货编码	存货名称	存货科目编码	存货科目名称	差异科目编码	差异科目名称	分期收款发出...	分期收款发出...	委托代销发出...	委托代销发出...	直运科目编码	直运科目名称
001	饮品仓库					1405	库存商品			1406	发出商品	1406	发出商品	1402	在途物资
002	零食仓库					1405	库存商品			1406	发出商品	1406	发出商品	1402	在途物资

图 3–44　存货科目设置

3）全部资料录入完毕后，单击工具栏“保存”按钮，退出“存货科目”窗口。

（2）对方科目设置。

1）选择“供应链”→“存货管理”→“初始设置”→“科目设置”→“对方科目”，打开“对方科目”窗口。

2）在“对方科目”窗口，单击工具栏的“增加”按钮，根据表 3–15 录入存货科目，如图 3–45 所示。

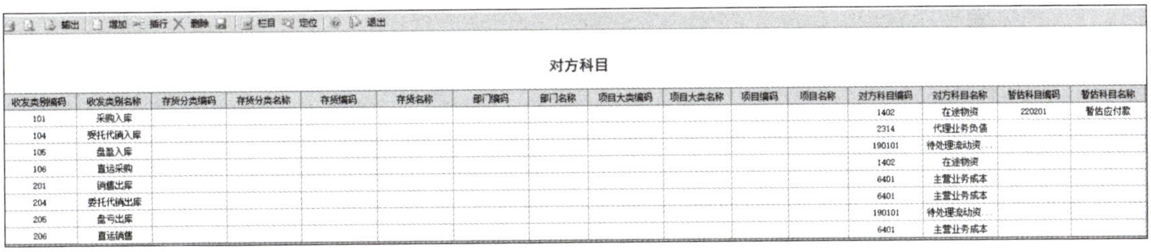

收发类别编码	收发类别名称	存货分类编码	存货分类名称	存货编码	存货名称	部门编码	部门名称	项目大类编码	项目大类名称	项目编码	项目名称	对方科目编码	对方科目名称	暂估科目编码	暂估科目名称
101	采购入库											1402	在途物资	220201	暂估应付款
104	委托代销入库											2314	代理业务负债		
105	盘盈入库											190101	待处理流动资...		
106	直运采购											1402	在途物资		
201	销售出库											6401	主营业务成本		
204	委托代销出库											6401	主营业务成本		
205	盘亏出库											190101	待处理流动资...		
206	直运销售											6401	主营业务成本		

图 3–45　对方科目设置

3）全部资料录入完毕后，单击工具栏“保存”按钮，退出“对方科目”窗口。

3. 录入期初数据并记账

（1）选择“供应链”→“存货管理”→“初始设置”→“期初数据”→“期初余额”，打开“期初余额”窗口。

（2）在“期初余额”窗口，在“仓库”选项中，选择“001 饮品仓库”，单击工具栏中的“取数”按钮，从库存管理系统取期初库存至存货核算系统，结果如图 3–46 所示。

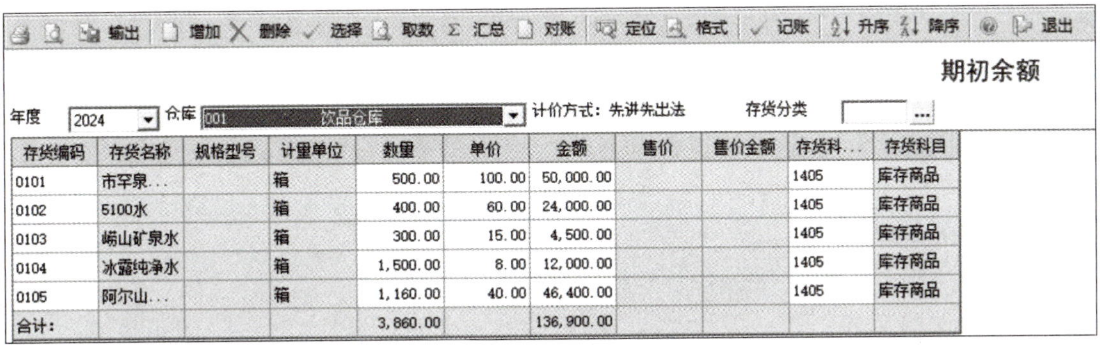

存货编码	存货名称	规格型号	计量单位	数量	单价	金额	售价	售价金额	存货科...	存货科目
0101	市罕泉...		箱	500.00	100.00	50,000.00			1405	库存商品
0102	5100水		箱	400.00	60.00	24,000.00			1405	库存商品
0103	崂山矿泉水		箱	300.00	15.00	4,500.00			1405	库存商品
0104	冰露纯净水		箱	1,500.00	8.00	12,000.00			1405	库存商品
0105	阿尔山...		箱	1,160.00	40.00	46,400.00			1405	库存商品
合计:				3,860.00		136,900.00				

图 3–46　期初余额——饮品仓库

（3）在"期初余额"窗口，在"仓库"选项中，选择"002 零食仓库"，单击工具栏中的"取数"按钮，从库存管理系统取期初库存至存货核算系统，结果如图 3-47 所示。

图 3-47　期初余额——零食仓库

（4）取数完毕后，单击工具栏中的"记账"按钮，系统提示"期初记账成功！"，单击"确定"按钮。

4. 跌价准备设置

（1）选择"供应链"→"存货管理"→"跌价准备"→"跌价准备设置"，打开"跌价准备设置"窗口。

（2）在"跌价准备设置"窗口，单击工具栏中的"增加"按钮，根据工作任务要求选择相应内容，如图 3-48 所示，然后单击工具栏中的"保存"按钮，退出窗口。

图 3-48　跌价准备设置

任务七　总账系统初始化

工作任务

1. 总账系统选项设置

"凭证"选项卡：取消"制单序时控制"。

2. 期初余额录入

根据表 3-16～表 3-18 录入总账系统期初余额。

表 3-16 总账系统期初余额表

会 计 科 目	方 向	辅 助 核 算	对 账 系 统	期 初 余 额
库存现金（1001）	借			26 180.00
银行存款（1002）	借			545 544.34
工行存款（100201）	借			545 544.34
其他货币资金（1012）	借			120 000.00
存出投资款（101201）	借			120 000.00
应收账款（1122）	借	客户往来	应收系统	46 200.00
预付账款（1123）	借	供应商往来	应付系统	10 620.00
其他应收款（1221）	借	个人往来		2 000.00
个人往来（122101）	借	个人往来		2 000.00
库存商品（1405）	借			221 500.00
固定资产（1601）	借			6 164 550.00
累计折旧（1602）	贷			264 277.30
短期借款（2001）	贷			200 000.00
应付票据（2201）	贷	供应商往来	应付系统	3 000.00
商业承兑汇票（220102）	贷	供应商往来	应付系统	3 000.00
应付账款（2202）	贷	供应商往来	应付系统	26 600.00
暂估应付账款（220201）	贷	供应商往来	应付系统	26 600.00
预收账款（2203）	贷	客户往来	应收系统	10 000.00
预收款项（220302）	贷	客户往来	应收系统	10 000.00
应交税费（2221）	贷			59 633.04
未交增值税（222102）	贷			38 932.00
应交企业所得税（222103）	贷			14 725.00
应交个人所得税（222104）	贷			1 305.00
应交城市维护建设税（222105）	贷			2 725.24
应交教育费附加（222106）	贷			1 167.46
应交地方教育费附加（222107）	贷			778.34
实收资本（4001）	贷			1 000 000.00
盈余公积（4101）	贷			86 834.00
利润分配（4104）	贷			5 486 250.00
未分配利润（410415）	贷			5 486 250.00

表 3-17 其他应收款——个人往来（122101）期初余额

日 期	凭证号	部 门	个 人	摘 要	方 向	金 额	票 号	票据日期
2023-12-25	25	销售部	陈路	期初余额	借	2 000		2023-12-25

表 3-18 应付账款——暂估应付账款（220201）期初余额

日 期	凭证号	供应商	业务员	摘 要	方 向	金 额	票 号	票据日期
2023-12-31	42	大爽食品	李玲	期初余额	贷	26 600	73223228	2023-12-28

知识储备

总账系统又称账务处理系统，是会计信息系统的重要组成部分。它以记账凭证为原始数据，通过对记账凭证的输入和处理，完成记账、结账以及对账工作，输出各种总分类账、日记账、明细账和有关辅助账。它反映了从取得和填制记账凭证到生成账簿的全过程，各种业务都可以在总账系统中进行制单及记账处理。

1. 初始设置

总账系统初始设置是指在处理日常总账业务之前，确定总账业务的范围、类型以及对各种总账业务的核算要求，包括期初余额、选项，是总账系统初始化的一项重要工作。

2. 系统选项

总账系统选项主要包括凭证、账簿、凭证打印、预算控制、权限、会计日历、其他、自定义项核算。

3. 期初余额

为了保持账簿资料的连续性，在进行日常业务操作前，需要将截止到总账启用日的各账户年初余额、累计发生额和期末余额录入新账套中。年初启用总账和年中启用总账需要准备的期初数据有所不同：如果是年初建账，只需准备各账户上年的期末余额作为新一年的年初余额，且年初余额和月初余额相同；如果是年中建账，则不仅要准备各账户上月的期末余额，还需要整理各账户从本年度年初到上月末的累计发生额。

岗位说明

以账套主管的身份，于2024年1月1日登录企业应用平台，进行总账系统的初始设置。

任务实施

1. 总账系统选项设置

（1）选择"财务会计"→"总账"→"设置"→"选项"，打开"选项"窗口。

（2）在"选项"窗口，单击下方"编辑"按钮，选择"凭证"选项卡，根据工作任务要求，取消"制单序时控制"，如图3-49所示，然后单击下方"确定"按钮，退出窗口。

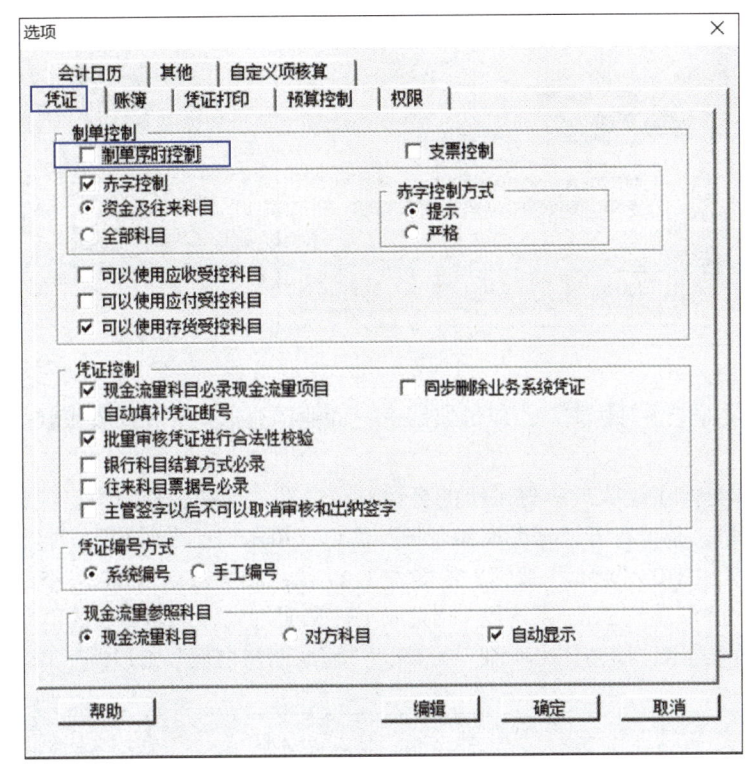

图 3-49 取消"制单序时控制"

2. 期初余额录入

（1）选择"财务会计"→"总账"→"设置"→"期初余额"，打开"期初余额"窗口。

（2）在"期初余额"窗口，根据表 3-16 录入相关会计科目的期初余额。

（3）引入受控系统科目期初余额。在"期初余额"窗口找到"应收账款"科目，双击该科目，系统打开"辅助期初余额"窗口，单击"往来明细"，打开"期初往来明细"窗口，单击工具栏中的"引入"按钮，系统提示"确定要引入期初吗？"，单击"是"，系统自动从应收系统引入期初往来明细，结果如图 3-50 所示。单击工具栏中的"汇总"按钮，系统弹出如图 3-51 所示的对话框，单击"是"，系统提示"完成了往来明细到辅助期初表的汇总！"，然后单击"确定"按钮，依次退出"期初往来明细"窗口、"辅助期初余额"窗口。

日期	凭证号	客户	业务员	摘要	方向	金额	票号	票据日期	年度
2023-12-19		深圳安吉	-	代垫运费	借	1,000.00	00000...	2023-12-19	2024
2023-12-31		深圳安吉	-	往来期初引入	借	45,200.00	00000...	2023-12-31	2024

图 3-50　期初往来明细——应收账款

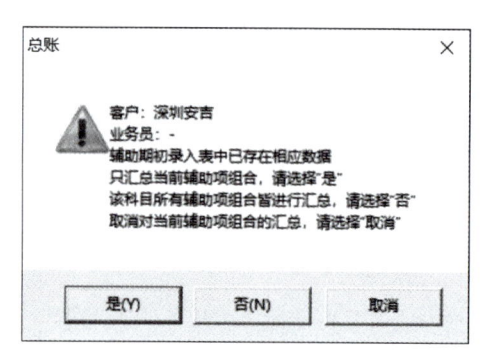

图 3-51 汇总提示

（4）按照（3）的方法录入"预付账款""应付票据——商业承兑汇票""预收账款——预收款项"科目辅助核算。

（5）设置辅助核算但不受控于应收或应付系统的会计科目。在"期初余额"窗口找到"其他应收款"科目，双击该科目，系统打开"辅助期初余额"窗口，单击"往来明细"，打开"期初往来明细"窗口，单击工具栏中的"增行"按钮，根据表 3-17 录入相关数据，如图 3-52 所示，录入完毕后，单击工具栏中的"汇总"按钮，系统提示"完成了往来明细到辅助期初表的汇总！"，然后单击"确定"按钮，依次退出"期初往来明细"窗口、"辅助期初余额"窗口。

日期	凭证号	部门	个人	摘要	方向	金额	票号	票据日期	年度
2023-12-25	25	销售部	陈路	期初余额	借	2,000.00		2023-12-25	2024

科目名称：122101 个人往来 期初往来明细

图 3-52 期初往来明细——个人往来

（6）按照（5）的方法，根据表 3-18 录入"应付账款——暂估应付账款"科目辅助核算。

（7）录入完毕，单击工具栏中的"试算"按钮，结果如图 3-53 所示。单击"确定"按钮，退出"期初余额录入"窗口。

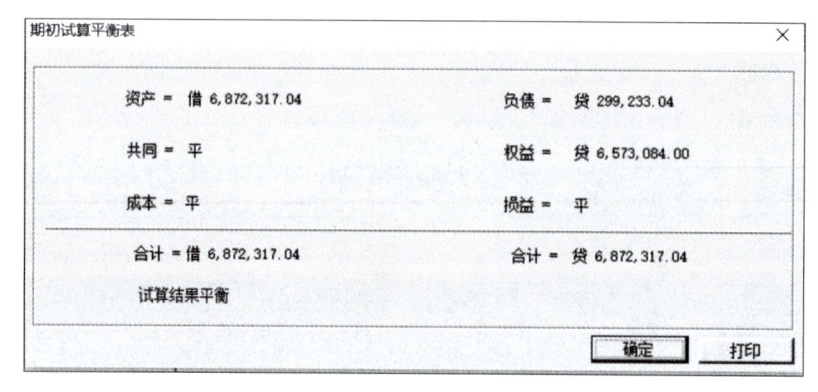

期初试算平衡表

资产 = 借 6,872,317.04　　　负债 = 贷 299,233.04

共同 = 平　　　　　　　　　权益 = 贷 6,573,084.00

成本 = 平　　　　　　　　　损益 = 平

合计 = 借 6,872,317.04　　　合计 = 贷 6,872,317.04

试算结果平衡

图 3-53 试算结果

特别提醒

◇ 灰色单元格对应会计科目的期初余额无须录入。

拓展阅读

《会计信息化发展规划（2021—2025 年）》解读——基于微观组织视角

【案例】为指导微观组织应用会计数据标准，推进会计数字化转型，支撑会计职能拓展，推动会计信息化工作，2021 年 12 月 30 日，财政部发布了《会计信息化发展规划（2021—2025 年）》（财会（2021）36 号）（以下简称《规划》）。《规划》在回顾"十三五"时期会计信息化工作和分析"十四五"时期会计信息化背景的基础上，提出构建国家会计信息化发展体系（以下简称"体系"）的具体任务。该"体系"包括标准规范层、数据层和应用层三个层级。标准规范层为会计信息化发展的制度支撑，数据层为会计信息化发展的数据标准支撑，应用层为会计信息化发展的具体应用方向。

"体系"的标准规范层涵盖三个会计信息化制度建设任务：推动修订《中华人民共和国会计法》、出台信息化工作规范和财务软件功能规范、建立会计信息化工作分级分类评估制度和财务软件功能第三方认证制度。通过上述制度建设，为单位会计信息化建设和会计数字化转型提供制度支撑。

"体系"数据层的核心内容为建立涵盖会计信息系统输入、处理和输出环节的会计数据标准。输入环节重点为制定电子凭证数据标准，发挥其在会计信息化中的基础作用。处理环节重点为制定会计软件底层会计数据标准，满足单位内部、监管部门和审计从企业生产系统中获取底层数据的需求。输出环节重点为制定财务报表数据标准，统一不同监管部门会计数据报送口径。此外，建立其他会计数据标准，如小微企业融资增信、审计函证数据标准，以支持会计职能拓展。

"体系"的应用层包括数字化转型、服务宏观政策与资源配置和会计数据共享与协同机制。应用层分别对单位会计、审计和会计管理工作提出数字化转型任务；提出拓展会计职能，利用大数据技术，整合会计数据与相关数据，推进企业会计信息系统数据架构一致性，发挥会计服务政策制定、政府监管和资源配置的职能；建立分布式国家会计数据管理模式、跨部门会计信息交换机制和共享平台以及各部间有效的协调机制，实现各监管部门在财务报表数据层面和关键数据交换层面上的数据共享和互认。

资料来源：《管理会计研究》2022 年第 2 期总第 23 期

● 启示

《规划》在梳理数字化转型概念的基础上，界定了会计数字化转型的内涵；分别从微观层面、中观层面和宏观层面探讨了会计的职能；运用组织转型的过程模型，提出微观组织会计数字化转型的路径。

考证导航

1+X 证书职业技能等级标准

项　目	任　务	证书（等级）	工作领域	工作任务	职业技能要求
项目三 业务子系统初始设置	任务一 采购管理系统初始化	业财一体信息化应用（中级）	业财一体信息化平台期初数据维护	2.2 业务期初数据维护	2.2.2 能依据采购期初业务数据，在信息化平台采购管理模块中准确录入期初采购入库单，并完成采购期初记账
	任务二 应付款管理系统初始化	业财一体信息化应用（初级）	业财一体信息化平台期初数据录入	2.1 财务期初数据录入	2.1.4 能依据整理完毕的应收款、应付款期初余额表，在信息化平台上准确地录入企业应收账款、预收账款、应收应付票据等期初金额及明细信息
	任务三 销售管理系统初始化	业财一体信息化应用（初级）	业财一体信息化平台期初数据录入	2.2 业务期初数据录入	2.2.2 能依据整理好的销售数据，在信息化平台销售管理模块中熟练、准确地录入期初发货单
	任务四 应收款管理系统初始化	业财一体信息化应用（初级）	业财一体信息化平台期初数据录入	2.1 财务期初数据录入	2.1.4 能依据整理完毕的应收款、应付款期初余额表，在信息化平台上准确地录入企业应收账款、预收账款、应收应付票据等期初金额及明细信息
	任务五 库存管理系统初始化	业财一体信息化应用（中级）	业财一体信息化平台期初数据维护	2.2 业务期初数据维护	2.2.3 能依据期初库存数据，在信息化平台库存管理模块中准确录入期初库存数据，包括仓库、货位等
	任务六 存货核算系统初始化	业财一体信息化应用（中级）	业财一体信息化平台期初数据维护	2.2 业务期初数据维护	2.2.4 能根据《企业会计准则》，依据财务库存数据，在信息化平台存货核算模块中准确维护期初库存数据，包括数量、单价、金额等
	任务七 总账系统初始化	业财一体信息化应用（初级）	业财一体信息化平台期初数据录入	2.1 财务期初数据录入	2.1.1 能依据整理完毕的期初余额表，将期初余额表中各项科目余额正确录入信息化平台 2.1.2 能根据《企业财务通则》，在信息化平台总账模块中进行期初对账及试算平衡，并确保正确
				2.3 业财期初数据核对	2.3.1 能在信息化平台上熟练核对应收、收款期初余额与总账对应的科目余额，并能修正错误以确保账账相符和账实相符 2.3.2 能在信息化平台上熟练核对应付、付款期初余额与总账对应的科目余额，并能修正错误以确保账账相符和账实相符 2.3.4 能在信息化平台上熟练核对存货期初余额与总账对应的科目余额，并能修正错误以确保账账相符和账实相符

知识导图

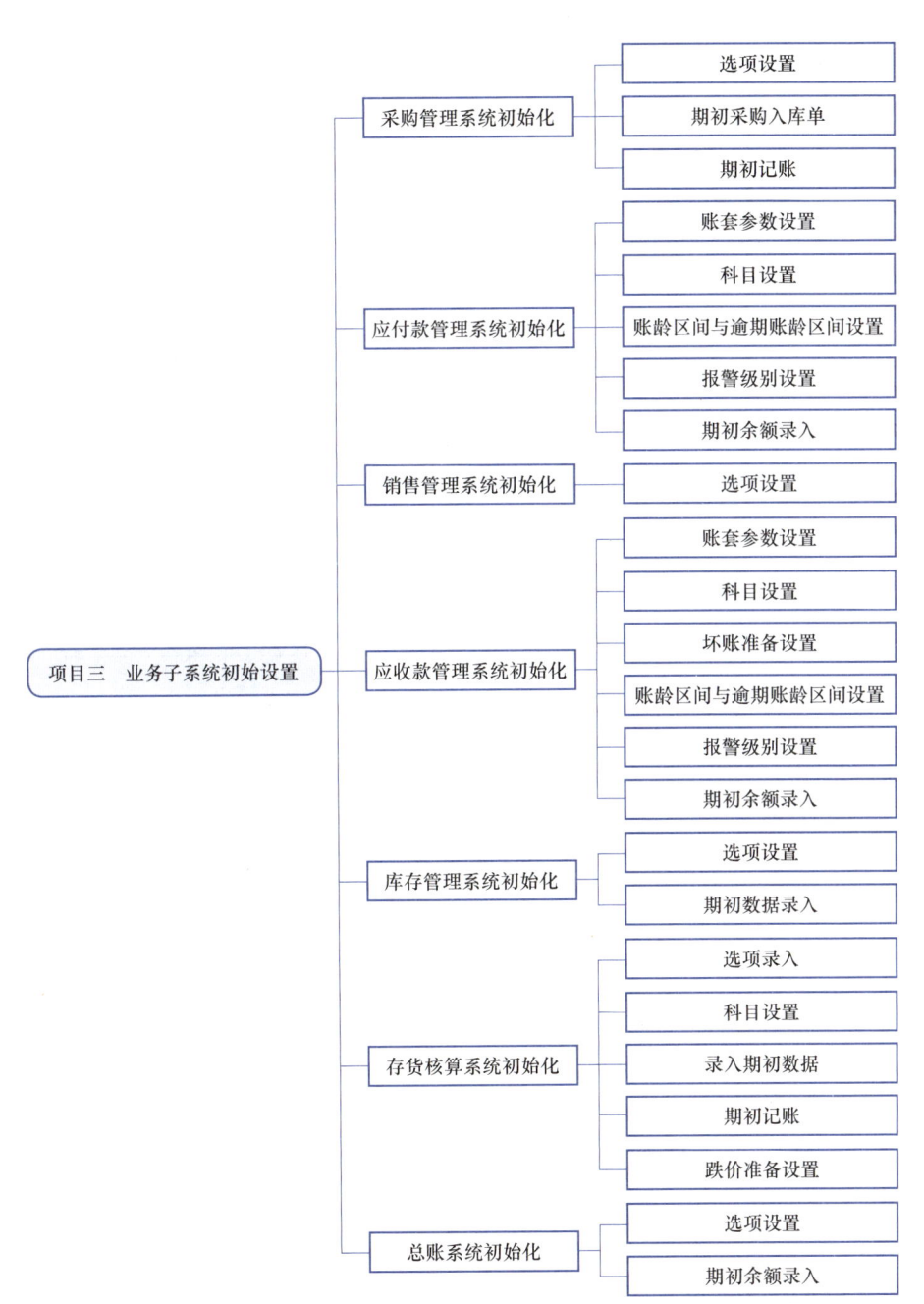

项目三 业务子系统初始设置
- 采购管理系统初始化
  - 选项设置
  - 期初采购入库单
  - 期初记账
- 应付款管理系统初始化
  - 账套参数设置
  - 科目设置
  - 账龄区间与逾期账龄区间设置
  - 报警级别设置
  - 期初余额录入
- 销售管理系统初始化
  - 选项设置
- 应收款管理系统初始化
  - 账套参数设置
  - 科目设置
  - 坏账准备设置
  - 账龄区间与逾期账龄区间设置
  - 报警级别设置
  - 期初余额录入
- 库存管理系统初始化
  - 选项设置
  - 期初数据录入
- 存货核算系统初始化
  - 选项录入
  - 科目设置
  - 录入期初数据
  - 期初记账
  - 跌价准备设置
- 总账系统初始化
  - 选项设置
  - 期初余额录入

项目实训　业务子系统初始设置

1. 采购管理系统初始化

（1）采购管理系统选项设置。

1)"业务及权限控制"选项卡:启用受托代销业务(需同时启用商品的受托代销属性)。

2)"公共及参照控制"选项卡:单据默认税率为13%。

(2)录入期初采购入库单。2024年3月26日,采购部张乐向新百丽鞋业有限公司采购百丽女鞋300双,不含税单价400元/双;采购百丽男鞋200双,不含税单价550元/双,采购发票未到,货款未付。

(3)采购管理系统期初记账。

2. 应付款管理系统初始化

(1)应付款管理系统账套参数设置。

1)"常规"选项卡:单据审核日期依据为单据日期;自动计算现金折扣。

2)"凭证"选项卡:受控科目制单方式为明细到单据。

(2)应付款管理系统科目设置。应付款管理系统科目设置见表3-19。

表3-19 应付款管理系统科目设置

科目类别	设置方式
基本科目设置	应付科目(本币):220202 应付账款——一般应付账款
	预付科目(本币):1123 预付账款
	现金折扣科目:6603 财务费用
	税金科目:22210101 进项税额
	银行承兑科目:220101 应付票据——银行承兑汇票
	商业承兑科目:220102 应付票据——商业承兑汇票
控制科目设置	应付科目:220202 应付账款——一般应付账款
	预付科目:1123 预付账款
产品科目设置	品牌女鞋: 采购科目:1402 在途物资 采购税金科目:22210101 进项税额
	品牌男鞋: 采购科目:1402 在途物资 采购税金科目:22210101 进项税额
	应税劳务: 采购科目:1402 在途物资 采购税金科目:22210101 进项税额
结算方式科目设置	结算方式为现金:1001 库存现金
	结算方式为现金支票:100201 工行存款
	结算方式为转账支票:100201 工行存款
	结算方式为银行承兑汇票:100201 工行存款
	结算方式为商业承兑汇票:100201 工行存款
	结算方式为电汇:100201 工行存款
	结算方式为同城特约委托收款:100201 工行存款
	结算方式为委托收款:100201 工行存款
	结算方式为托收承付:100201 工行存款

（3）账龄区间与逾期账龄区间设置。账龄区间与逾期账龄区间设置见表3-20。

表 3-20　账龄区间与逾期账龄区间设置

账龄区间			逾期账龄区间		
序　号	起止天数	总 天 数	序　号	起止天数	总 天 数
01	0～30	30	01	1～30	30
02	31～60	60	02	31～60	60
03	61～90	90	03	61～90	90
04	91～120	120	04	91～120	120
05	121以上		05	121以上	

（4）报警级别设置。报警级别设置见表3-21。

表 3-21　报警级别设置

级　别	A	B	C	D	E	F
总比率（供应商欠款余额占其信用额度的比例）	10%	20%	30%	40%	50%	
起止比率	0～10%	10%～20%	20%～30%	30%～40%	40%～50%	50%以上

（5）期初余额录入。根据表3-22和表3-23录入期初余额。

表 3-22　预付款期初余额明细

日　期	供应商	结算方式	金　额	票据号	业务员	摘　要
2024-3-15	威海金猴	转账支票	10 000	88930110		预付采购款

表 3-23　应付票据期初余额明细

日　期	票据类型	票据号	收票单位	金　额	票据到期日
2024-3-21	银行承兑汇票	68488532	青岛金羊	90000.00	2024-7-21

3. 销售管理系统初始化

销售管理系统选项设置。"业务控制"选项卡：有零售日报业务；有委托代销业务；有分期收款业务；有直运销售业务；取消"销售生成出库单"。

4. 应收款管理系统初始化

（1）应收款管理系统账套参数设置。

1）"常规"选项卡：单据审核日期依据为单据日期；坏账处理方式为应收余额百分比法；自动计算现金折扣。

2）"凭证"选项卡：受控科目制单方式为明细到单据。

（2）应收款管理系统科目设置。应收款管理系统科目设置见表3-24。

表 3-24 应收款管理系统科目设置

科 目 类 别	设 置 方 式
基本科目设置	应收科目（本币）：1122 应收账款
	预收科目（本币）：220302 预收账款——预收款项
	代垫费用科目：1001 库存现金
	现金折扣科目：6603 财务费用
	税金科目：22210106 销项税额
	银行承兑科目：112101 应收票据——银行承兑汇票
	商业承兑科目：112102 应收票据——商业承兑汇票
控制科目设置	应收科目：1122 应收账款
	预收科目：220302 预收账款——预收款项
产品科目设置	品牌女鞋： 销售收入科目：6001 应交增值税科目：22210106 销售退回科目：6001
	品牌男鞋： 销售收入科目：6001 应交增值税科目：22210106 销售退回科目：6001
	应税劳务： 销售收入科目：6051 应交增值税科目：22210106 销售退回科目：6051
结算方式科目设置	结算方式为现金：1001 库存现金
	结算方式为现金支票：100201 工行存款
	结算方式为转账支票：100201 工行存款
	结算方式为银行承兑汇票：100201 工行存款
	结算方式为商业承兑汇票：100201 工行存款
	结算方式为电汇：100201 工行存款
	结算方式为同城特约委托收款：100201 工行存款
	结算方式为委托收款：100201 工行存款
	结算方式为托收承付：100201 工行存款

（3）坏账准备设置。坏账准备设置见表 3-25。

表 3-25 坏账准备设置

控 制 参 数	参 数 设 置
提取比例	0.5%
坏账准备期初余额	0
坏账准备科目	1231（坏账准备）
对方科目	6702（信用减值损失）

（4）账龄区间与逾期账龄区间设置。账龄区间与逾期账龄区间设置见表3-26。

表3-26　账龄区间与逾期账龄区间设置

账龄区间			逾期账龄区间		
序　号	起止天数	总天数	序　号	起止天数	总天数
01	0～30	30	01	1～30	30
02	31～60	60	02	31～60	60
03	61～90	90	03	61～90	90
04	91～120	120	04	91～120	120
05	121以上		05	121以上	

（5）报警级别设置。报警级别设置见表3-27。

表3-27　报警级别设置

级　别	A	B	C	D	E	F
总比率（供应商欠款余额占其信用额度的比例）	10%	20%	30%	40%	50%	
起止比率	0～10%	10%～20%	20%～30%	30%～40%	40%～50%	50%以上

（6）期初余额录入。根据表3-28～表3-30录入期初余额。

表3-28　预收款期初余额明细

日　期	客　户	结算方式	金　额	票据号	业务员	摘　要
2024-3-15	银座商贸	转账支票	10 000	66735429	张秀	预收销售款

表3-29　销售专用发票期初余额明细

日　期	单据名称	方　向	发票号	开票单位	存货名称	数　量	单价（不含税）	价税合计	税　率
2024-3-19	销售专用发票	正	35692845	华日商贸	百丽男鞋	200	900	203400	13%
2024-3-24	销售专用发票	正	53285492	宏达商贸	金羊女鞋	50	500	28250	13%

表3-30　其他应收单期初余额明细

日　期	部　门	客　户	科　目	金　额	摘　要
2024-3-19	销售部	华日商贸	应收账款	2300	代垫运费
2024-3-24	销售部	宏达商贸	应收账款	1220	代垫运费

5. 库存管理系统初始化

（1）库存管理系统选项设置。

1)"通用设置"选项卡：采购入库审核时改现存量；销售出库审核时改现存量；其他出入库单审核时改现存量。

2)"专用设置"选项卡：允许超发货单出库；允许超采购到货单入库；自动带出单价的单据有其他出库单、盘点单。

（2）库存管理系统期初数据录入。根据表3-31录入库存管理系统期初数据，入库类别为"采购入库"，部门为"采购部"。

表 3-31 库存商品期初结存

仓库名称	存货编码	存货名称	数量	单价	金额
品牌女鞋	0101	百丽女鞋	500	400	20 000
	0102	他她女鞋	400	350	140 000
	0103	金羊女鞋	300	240	72 000
	0104	金猴女单鞋	450	240	108 000
	0105	金猴女棉鞋	160	285	45 600
品牌男鞋	0201	百丽男鞋	650	550	357 500
	0202	他她男鞋	500	500	250 000
	0203	金羊男鞋	400	300	120 000
	0204	金猴男单鞋	350	250	87 500
	0205	金猴男棉鞋	200	295	59 000

6. 存货核算系统初始化

（1）存货核算系统选项录入。

1）"核算方式"选项卡：暂估方式选择单到回冲；销售成本核算方式为销售发票；委托代销成本核算方式为按发出商品核算。

2）"控制方式"选项卡：进项税转出科目为22210105。

（2）存货核算系统科目设置。

1）存货科目设置。存货科目见表3-32。

表 3-32 存货科目

存货分类	存货科目	分期收款发出商品科目	委托代销发出商品科目	直运科目
001 品牌女鞋	1405	1406	1406	1402
002 品牌男鞋	1405	1406	1406	1402

2）对方科目设置。对方科目见表3-33。

表 3-33 对方科目

收发类别编码	收发类别名称	对方科目名称	暂估科目名称
101	采购入库	1402	220201
104	受托代销入库	2314	
105	盘盈入库	190101	
106	直运采购	1402	
201	销售出库	6401	
204	委托代销出库	6401	
205	盘亏出库	190101	
206	直运销售	6401	

（3）录入期初数据并记账。期初余额与库存管理系统期初结存数据一致，从库存管理系统取数至存货核算系统。

（4）跌价准备设置。设置第一大类存货的跌价准备科目为"1471 存货跌价准备"，计提费用科目为"6701 资产减值损失"。

7. 总账系统初始化

（1）总账系统选项设置。"凭证"选项卡：取消"制单序时控制"。

（2）期初余额录入。根据表 3–34～表 3–36 录入总账系统期初余额。

表 3-34　总账系统期初余额表

科目编码	科目名称	辅助核算	方　向	对账系统	期初余额
1001	库存现金	日记	借		9 800.00
1002	银行存款	银行日记	借		1 169 845.85
100201	建行存款	银行日记	借		1 169 845.85
1012	其他货币资金		借		300 000.00
101201	存出投资款		借		300 000.00
1122	应收账款	客户往来	借	应收系统	235 170.00
112201	人民币	客户往来	借	应收系统	235 170.00
1123	预付账款	供应商往来	借	应付系统	10 000.00
1221	其他应收款	个人往来	借		3 000.00
122101	个人往来	个人往来	借		3 000.00
1231	坏账准备		贷		1 175.85
1405	库存商品		借		1 259 600.00
1601	固定资产		借		815 200.00
1602	累计折旧		贷		282 946.14
2001	短期借款		贷		100 000.00
2201	应付票据	供应商往来	贷	应付系统	90 000.00
220101	银行承兑汇票	供应商往来	贷	应付系统	90 000.00
220102	商业承兑汇票	供应商往来	贷	应付系统	
2203	预收账款	客户往来	贷	应收系统	10 000.00
220302	预收款项	客户往来	贷	应收系统	10 000.00
2202	应付账款	供应商往来	贷	应付系统	228 700.00
220201	一般应付款	供应商往来	贷	应付系统	128 700.00
220202	暂估应付款	供应商往来	贷	应付系统	79 100.00
2211	应付职工薪酬		贷		69 342.00
221101	短期薪酬		贷		57 382.00
22110101	工资		贷		41 080.00
22110102	住房公积金		贷		10 400.00
22110103	医疗保险		贷		5 200.00
22110104	生育保险		贷		442.00
22110105	工伤保险		贷		260.00

（续）

科目编码	科目名称	辅助核算	方向	对账系统	期初余额
221102	离职后福利		贷		11 960.00
22110201	养老保险		贷		10 400.00
22110202	失业保险		贷		1 560.00
2221	应交税费		贷		109 705.62
222102	应交所得税		贷		80 000.00
222103	应交个人所得税		贷		585.62
222104	未交增值税		贷		26 000.00
222107	应交城建税		贷		1 820.00
222108	应交教育费附加		贷		780.00
222109	应交地方教育费附加		贷		520.00
4001	实收资本		贷		1 700 000.00
4002	资本公积		贷		80 000.00
4101	盈余公积		贷		243 602.00
410101	法定盈余公积		贷		243 602.00
4103	本年利润		贷		100 146.24
4104	利润分配		贷		786 998.00
410401	未分配利润		贷		543 396.00
410402	提取法定盈余公积		贷		243 602.00

表3-35 其他应收款——个人往来（122101）期初余额

日期	凭证号	部门	个人	摘要	方向	金额	票号	票据日期
2024-3-25	15	销售部	李扬	期初余额	借	3 000		2024-3-25

表3-36 应付账款——暂估应付款（220202）期初余额

日期	凭证号	供应商	业务员	摘要	方向	金额	票号	票据日期
2024-3-28	35	新百丽	张乐	期初余额	贷	79 100	64223228	2024-3-28

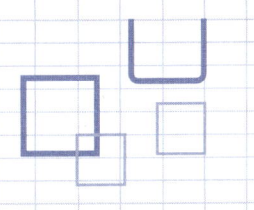

项目四

采购管理系统业务处理

知识目标

> - 了解采购与付款流程包含的典型业务场景。
> - 理解采购与付款流程与其他业务流程之间的关系。
> - 掌握采购与应付款管理子系统的应用流程和功能。
> - 掌握采购管理系统业务的处理流程和处理方法。

技能目标

> - 能根据原始单据准确判断采购业务类型。
> - 能熟练填写采购和应付款管理系统的各类单据并审核。
> - 能熟练掌握各种采购业务的操作流程,并生成相关凭证。
> - 能熟练掌握采购和应付款管理系统的逆向操作和单据查询。

素质目标

> - 培养团队合作和沟通能力,使其能够与供应商、采购部门和其他相关部门有效地协作。
> - 培养风险意识和决策能力,使其能够在采购过程中识别和应对潜在的风险和问题。
> - 培养职业道德和诚信意识,使其能够遵守采购合同和法律法规,维护企业的声誉和利益。
> - 培养持续学习和适应变化的能力,使其能够跟随技术发展和市场变化,不断更新和提升采购管理系统的知识和技能。

任务一 普通采购业务处理(含运费)

工作任务

2024年1月3日,采购部李玲与北京东阳泰达商贸有限公司签订采购合同。相关凭证如图4-1~图4-4所示。

购销合同

合同编号：10266179

购货单位（甲方）：浙江安祥商贸有限公司
供货单位（乙方）：北京东阳泰达商贸有限公司

根据《中华人民共和国民法典》及国家相关法律、法规之规定，甲乙双方本着平等互利的原则，就甲方购买乙方货物一事达成以下协议。

一、货物的名称、数量及价格：

货物名称	规格型号	单位	数量	单价	金额	税率	价税合计
市罕泉天然苏打水		箱	200	105.00	21,000.00	13%	23,730.00
5100 水		箱	200	60.00	12,000.00	13%	13,560.00
合计（大写）叁万柒仟贰佰玖拾元整							￥37,290.00

二、交货方式和费用承担：交货方式：<u>供货方送货</u>，交货时间：<u>2024年01月10日</u>前，
交货地点：<u>浙江安祥商贸有限公司</u>，运费由<u>购货方</u>承担。
三、付款时间与付款方式：<u>购货单位收货并验收合格后于月底前向供货单位支付货款</u>
_____。
四、质量异议期：订货方对供货方的货物质量有异议时，应在收到货物后 <u>15日</u> 内提出，逾期视为货物质量合格。
五、未尽事宜经双方协商可作补充协议，与本合同具有同等效力。
六、本合同自双方签字、盖章之日起生效；本合同壹式贰份，甲乙双方各执壹份。

甲方（签章）：	乙方（签章）：
授 权 代 表：张伟	授 权 代 表：孙姿
地　　　址：杭州市纬文路729号	地　　　址：北京市海淀区中关村科技城二楼8
电　　　话：0571-88009354	电　　　话：010-38397640
日　　　期：2024 年 01 月 03 日	日　　　期：2024 年 01 月 03 日

图 4-1 购销合同

北京增值税专用发票

1100191140
No 73915467　1100191140 73915467

机器编号：982888812388　　开票日期：2024年01月03日

购买方	名　　称：浙江安祥商贸有限公司 纳税人识别号：91330101M505277347 地　址、电　话：杭州市纬文路729号0571-88009354 开户行及账号：工商银行杭州市美馨路支行1426353731728338244	密码区	473->264>363>-7*4%%9#-63#%0* 9616%012#6477736%152#4#75633 *47%4340721#268994333-%#1711 084838*55>854059>880>>714*3#

货物或应税劳务、服务名称	规格型号	单位	数量	单价	金额	税率	税额
市罕泉天然苏打水		箱	200	105.00	21,000.00	13%	2,730.00
5100 水		箱	200	60.00	12,000.00	13%	1,560.00
合　　　计					￥33,000.00		￥4,290.00
价税合计（大写）	⊗叁万柒仟贰佰玖拾元整				（小写）￥37,290.00		

销售方	名　　称：北京东阳泰达商贸有限公司 纳税人识别号：91110106M920120015 地　址、电　话：北京市海淀区中关村科技城二楼8号010-38397640 开户行及账号：中国招商银行北京市海淀区支行6228746535386374	备注	校验码 52118 03...

收款人：　　　复核：赵微松　　　开票人：刘舰壮　　　销售方：（章）

图 4-2 采购商品的增值税专用发票

图 4-3 运费的增值税专用发票

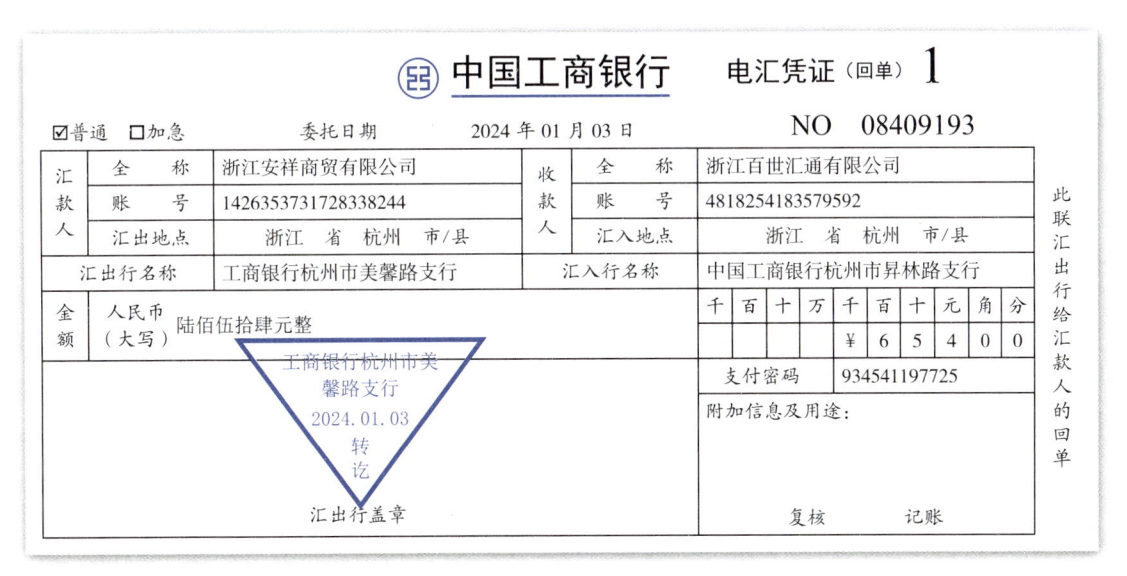

图 4-4 电汇凭证（回单）

2024 年 1 月 10 日，收到北京东阳泰达商贸有限公司发来的饮用水，验收合格入库，并向对方支付价税款。

相关凭证如图 4-5 和图 4-6 所示。

商品入库单

供应单位：北京东阳泰达商贸有限公司　　　　　　　　　　　发票号码：73915467
收发类别：外购　　　　　　　　　　　　　　　　　　　　　收料单编号：
地址：　　　　　　　　　　2024年01月10日　　　　　　　　收料仓库：饮品

编号	名称	规格	单位	数量		买价		实际成本		
				应收	实收	单价	金额	运杂费	其他	合计
	市罕泉天然苏打水		箱	200	200	105.00	21,000.00	381.82		21,381.82
	5100水		箱	200	200	60.00	12,000.00	218.18		12,218.18
	合计						¥33,000.00	¥600.00		¥33,600.00
	备注									

采购员：李玲　　　检验员：　　　记账员：林彬　　　保管员：

图4-5　入库单

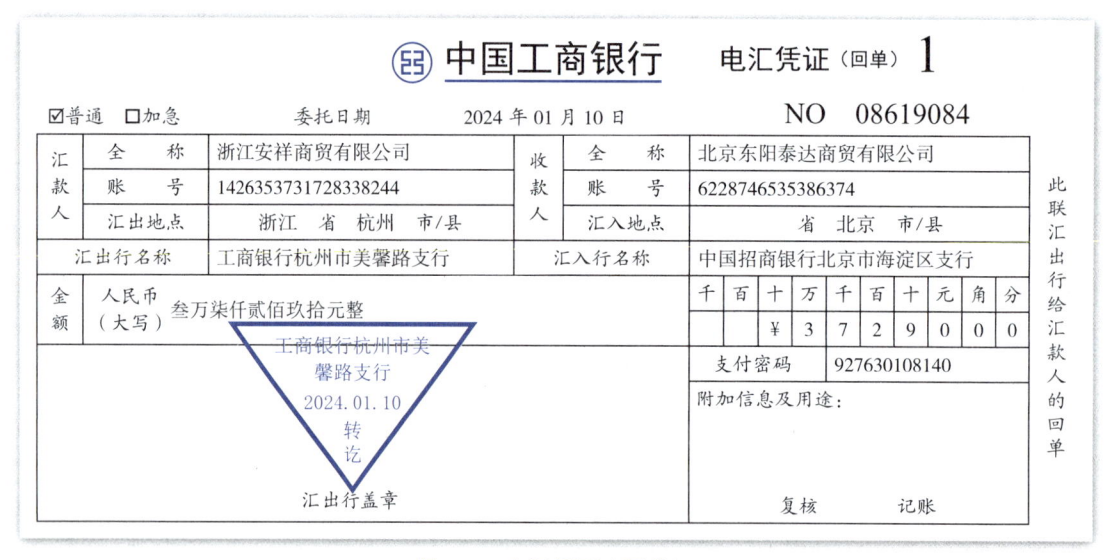

中国工商银行　电汇凭证（回单）1

☑普通　□加急　　委托日期　2024年01月10日　　NO 08619084

汇款人	全称	浙江安祥商贸有限公司	收款人	全称	北京东阳泰达商贸有限公司
	账号	1426353731728338244		账号	6228746535386374
	汇出地点	浙江　省　杭州　市/县		汇入地点	省　北京　市/县
	汇出行名称	工商银行杭州市美馨路支行		汇入行名称	中国招商银行北京市海淀区支行

金额　人民币（大写）　叁万柒仟贰佰玖拾元整　　　￥ 3 7 2 9 0 0 0（千百十万千百十元角分）

支付密码：927630108140

附加信息及用途：

汇出行盖章：工商银行杭州市美馨路支行 2024.01.10 转讫

复核　　记账

此联汇出行给汇款人的回单

图4-6　电汇凭证（回单）

知识储备

根据货物和发票到达时间的不同，普通采购业务可分为单货同行、货到票未到、票到货未到三种类型。

1. 单货同行

单货同行即发票和货物同时到达企业，是采购业务中最常见、最典型的一种情况。单货同行的"同"即物流和资金流同步，主要通过采购结算来体现，因此，采购结算是处理此类业务的关键步骤。

仓库收到货物并验收入库后，在库存管理系统录入采购订单，生成采购入库单并审核；采购结算后，入库单上写入实际采购单价，才能进入存货核算系统进行记账，将入库单信息记入存货明细账。存货核算系统对入库单制单，自动生成确认采购成本的记账凭证，以反映物流产生的财务结果，并传递到总账。

采购员在采购管理系统中录入采购发票，并进行采购结算。经过采购结算后，确定了入库数量及其金额，采购发票才能进入应付款系统进行审核，从而确认应付款项。应付款管理系统对此发票制单，自动生成确认应付账款的凭证，以反映资金流产生的财务结果，并传递到总账。

2. 货到票未到

货到票未到即暂估业务，是指当月货物已到达，而月末发票仍未到达的采购业务。此类采购业务和单货同行的采购业务相比，最大的不同在于物流和资金流不同步，货物入库和采购结算的处理跨月进行，从而多了暂估过程和冲回过程。对暂估业务，用友 U8 系统提供月初回冲、单到回冲、单到补差三种方式。

货物验收入库后，由于没有收到相应发票，也就无法进行采购结算，只能在入库单中写入暂估价并据以记账，再对暂估记账的入库单制单生成暂估凭证。待发票到达，进行采购结算后，需要在存货核算系统对结算成本进行暂估处理，自动生成红字回冲单以及蓝字回冲单。前者制单后生成红冲凭证，用以冲销以前所记暂估凭证；后者制单生成以实际采购价确认采购成本的凭证。在资金流中，该业务处理和单货同行业务的处理一致。

3. 票到货未到

对于当月收到采购发票，而货物未到的采购业务，一般对发票采用压单处理，待货物到达后再进入用友 U8 系统视同单货同行业务处理。如果需要实时统计在途货物，可以当月录入采购发票，待货物到达后，再录入入库单并进行采购结算。要注意的是，由于发票录入在先，此时只能进行手工结算，不能进行自动结算。

岗位说明

本任务的操作流程概览见表 4-1。

表 4-1 操作流程概览

序　号	操 作 日 期	操 作 员	子　系　统	操 作 内 容
1	2024-01-03	301 李玲	采购管理	填制采购订单
2	2024-01-03	301 李玲	采购管理	参照采购订单生成采购专用发票
3	2024-01-03	301 李玲	采购管理	填制运费专用发票并现付
4	2024-01-03	105 林彬	应付款管理	审核发票并制单处理（不合并制单）
5	2024-01-10	301 李玲	采购管理	参照采购订单生成到货单
6	2024-01-10	201 陈萱	库存管理	参照到货单生成采购入库单
7	2024-01-10	301 李玲	采购管理	采购结算
8	2024-01-10	106 钟灵	应付款管理	填制付款单
9	2024-01-10	105 林彬	应付款管理	审核付款单、核销，合并制单
10	2024-01-10	105 林彬	存货核算	正常单据记账并生成凭证

任务实施

1. 填制采购订单

（1）以采购员"301 李玲"的身份，于 2024 年 1 月 3 日登录企业应用平台。

（2）选择"供应链"→"采购管理"→"采购订货"→"采购订单"，打开"采购订单"窗口。单击工具栏"增加"按钮，根据图4-1填制采购订单，如图4-7所示。

图4-7 采购订单

（3）填写完毕，单击工具栏的"保存"按钮，保存该单据。再单击工具栏的"审核"按钮，审核该订单。关闭并退出该窗口。

2. 参照采购订单生成采购专用发票

（1）选择"采购发票"→"专用采购发票"，打开"专用发票"窗口。单击工具栏"增加"按钮，选择"生单"下拉列表中的"采购订单"，打开"查询条件选择—采购订单列表过滤"对话框，单击"确定"按钮，打开"拷贝并执行"窗口。

（2）在"拷贝并执行"窗口，双击"发票拷贝订单表头列表"中10266179订单最左侧的"选择"单元格，选中本业务记录，如图4-8所示。

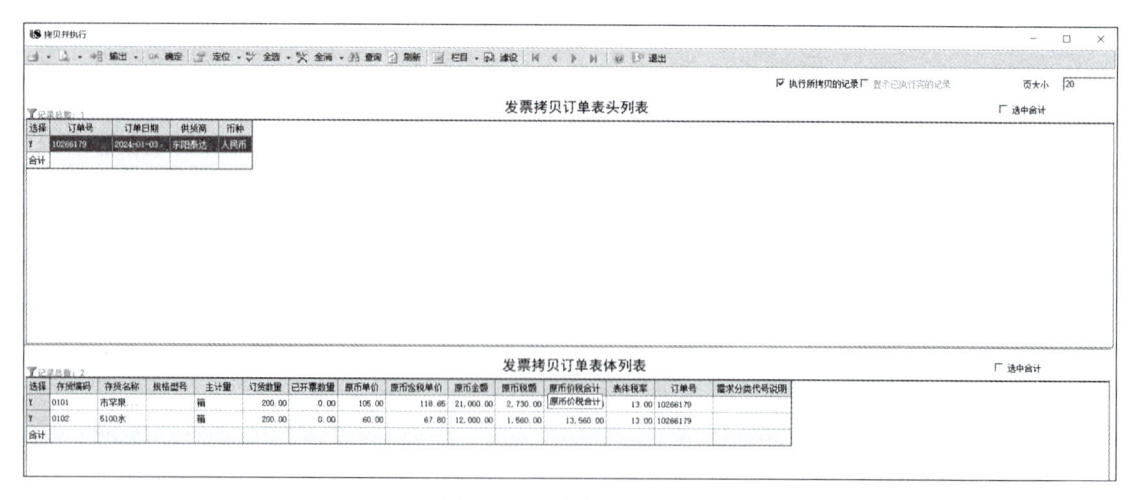

图4-8 选中本业务记录

（3）单击工具栏"确定"按钮，生成一张采购专用发票。根据图4-2将发票号修改为"73915467"，再单击工具栏"保存"按钮，保存该单据，结果如图4-9所示。关闭并退出该窗口。

图 4-9　采购专用发票

3. 填制运费专用发票并现付

（1）选择"采购发票"→"专用采购发票"，打开"专用发票"窗口。单击工具栏"增加"按钮，根据图4-3填制一张运费专用发票。填写完毕，单击工具栏的"保存"按钮，保存该单据，结果如图4-10所示。

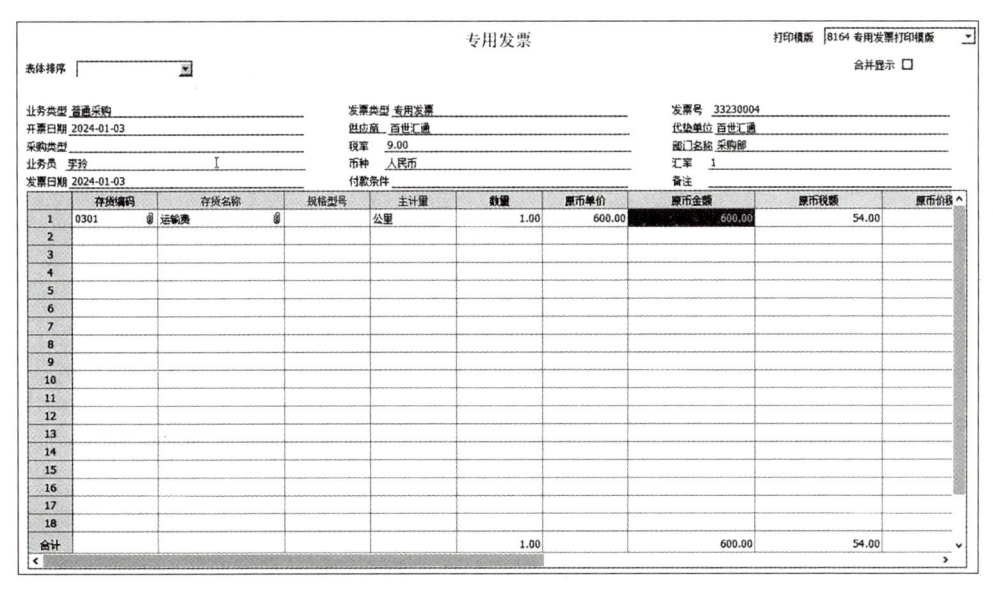

图 4-10　运费专用发票

（2）再单击工具栏的"现付"按钮，打开"采购现付"窗口。根据图4-4录入电汇信息，结果如图4-11所示。单击"确定"按钮，关闭并退出该窗口。

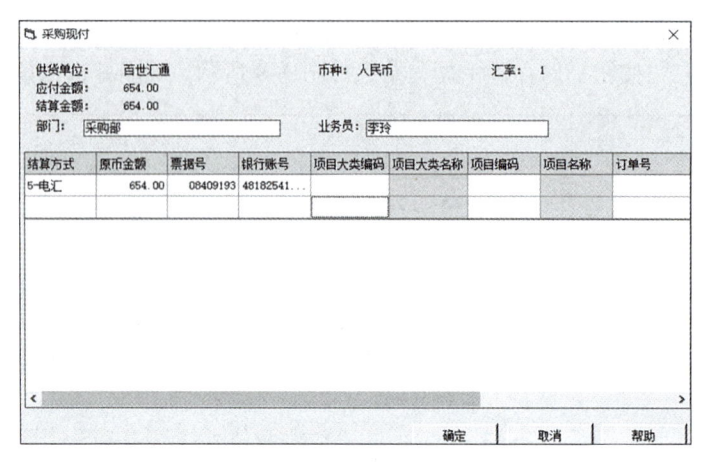

图 4-11 录入电汇信息

4. 审核发票并制单处理（不合并制单）

（1）以会计"105 林彬"的身份，于 2024 年 1 月 3 日登录企业应用平台。

（2）选择"财务会计"→"应付款管理"→"应付单据处理"→"应付单据审核"，打开"应付单查询条件"对话框，勾选"包含已现结发票"和"未完全报销"，单击"确定"按钮，打开"单据处理"窗口，如图 4-12 所示。

图 4-12 "单据处理"窗口

（3）双击"应付单据列表"中最左侧的"选择"单元格，选中两张单据，单击工具栏"审核"按钮，完成两张采购专用发票的审核。关闭并退出该窗口。

（4）选择"制单处理"，打开"制单查询"对话框，勾选"发票制单"和"现结制单"，如图 4-13 所示。

图 4-13 勾选"发票制单"和"现结制单"

（5）单击"确定"按钮，打开"制单"窗口，在"应付制单"最左侧的"选择标志"单元格中，分别输入"1"和"2"，凭证类别为"记账凭证"，制单日期为"2024-01-03"，单击工具栏"制单"按钮，系统自动打开"填制凭证"窗口，单击工具栏"保存"按钮，先保存第一张凭证。再单击工具栏"下一张凭证"按钮，单击工具栏"保存"按钮。结果如图4-14和图4-15所示。关闭并退出该窗口。

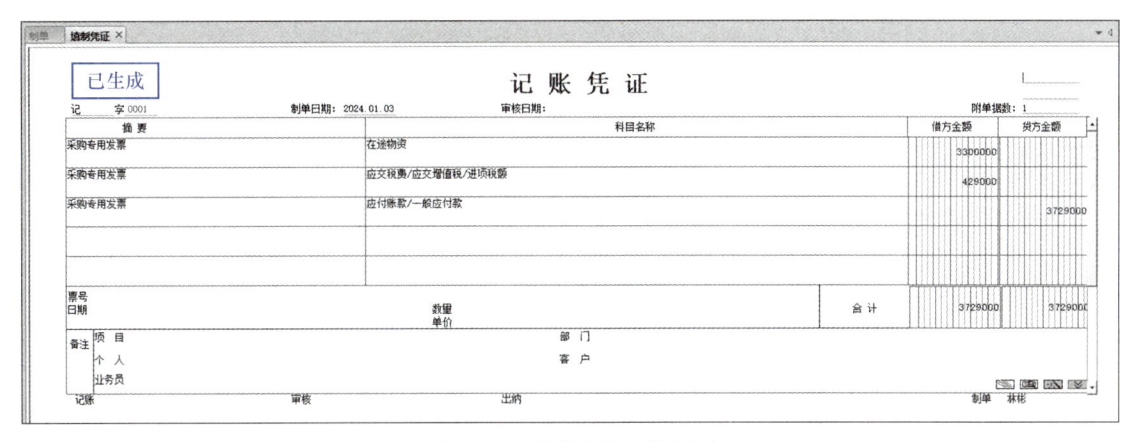

图4-14 采购商品记账凭证

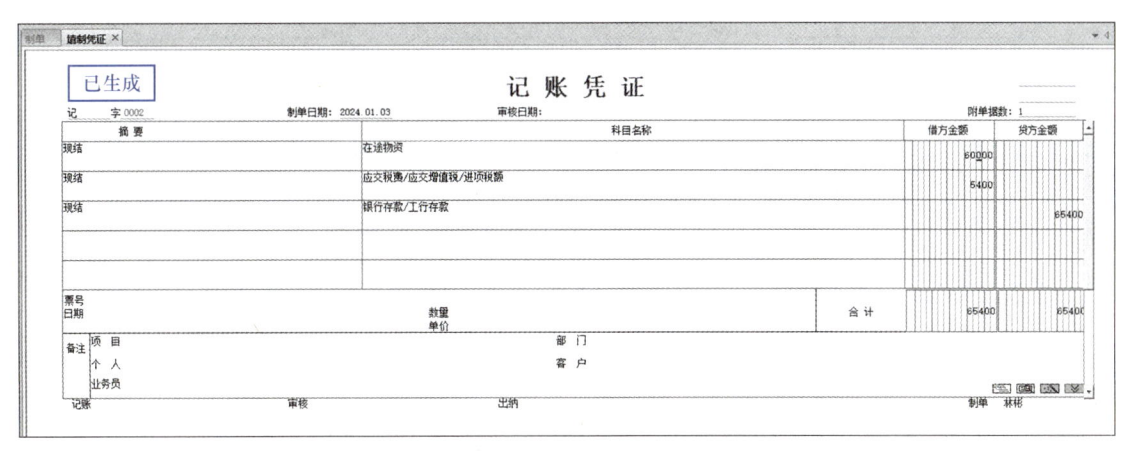

图4-15 支付运费记账凭证

5. 参照采购订单生成到货单

（1）以采购员"301 李玲"的身份，于2024年1月10日登录企业应用平台。

（2）选择"供应链"→"采购管理"→"采购到货"→"到货单"，打开"到货单"窗口。单击工具栏"增加"按钮，选择"生单"下拉列表中的"采购订单"，打开"查询条件选择—采购订单列表过滤"对话框，单击"确定"按钮，进入"拷贝并执行"窗口。

普通采购业务处理（含运费）5～10

（3）在"拷贝并执行"窗口，双击"到货单拷贝订单表头列表"中"10266179"号订单最左侧的"选择"单元格，选中本业务记录，如图4-16所示。

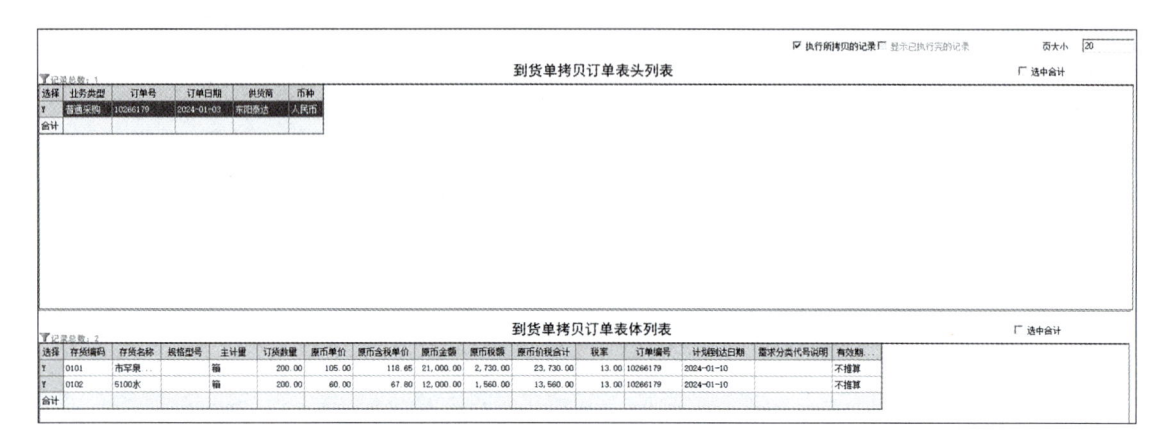

图 4-16　选中本业务记录

（4）单击工具栏"确定"按钮，生成一张采购到货单。单击工具栏"保存"按钮，再单击工具栏的"审核"按钮，保存、审核该单据，结果如图 4-17 所示。关闭并退出该窗口。

图 4-17　到货单

6. 参照到货单生成采购入库单

（1）以库管员"201 陈萱"的身份，于 2024 年 1 月 10 日登录企业应用平台。

（2）选择"供应链"→"库存管理"→"入库业务"→"采购入库单"，打开"采购入库单"窗口，选择"生单"下拉列表中的"采购到货单（蓝字）"，打开"查询条件选择—采购到货单列表"对话框，单击"确定"按钮，打开"到货单生单列表"窗口。

（3）在"到货单生单列表"窗口，双击"到货单生单表头"最左侧的"选择"单元格，选中本业务记录，如图 4-18 所示。

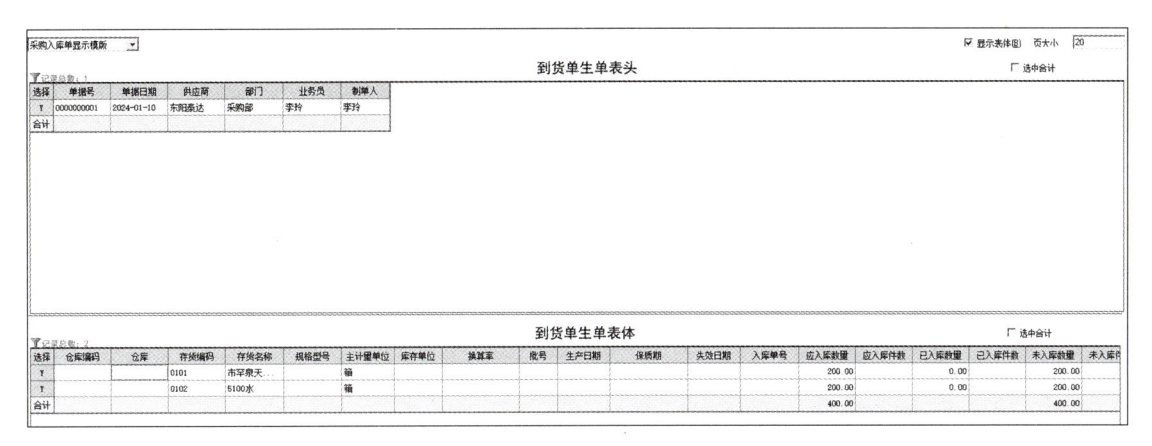

图 4-18 选中本业务记录

（4）单击工具栏"确定"按钮，生成一张采购入库单。根据图 4-5，仓库选择"饮品仓库"，入库类别选择"采购入库"，保存并审核该入库单，结果如图 4-19 所示。关闭并退出该窗口。

图 4-19 采购入库单

7. 采购结算

（1）以采购员"301 李玲"的身份，于 2024 年 1 月 10 日登录企业应用平台。

（2）选择"供应链"→"采购管理"→"采购结算"→"自动结算"，打开"查询条件选择—采购自动结算"对话框，结算模式选择"入库单和发票"，单击"确定"按钮，系统自动进行两笔业务的结算处理，结果如图 4-20 所示。单击"确定"按钮，关闭并退出该窗口。

图 4-20　自动结算

8. 填制付款单

（1）以出纳"106 钟灵"的身份，于 2024 年 1 月 10 日登录企业应用平台。

（2）选择"财务会计"→"应付款管理"→"付款单据处理"→"付款单据录入"，打开"收付款单录入"窗口，单击工具栏"增加"按钮，根据图 4-6 填制一张付款单，填制完毕单击"保存"按钮，结果如图 4-21 所示。

图 4-21　付款单

9. 审核付款单、核销，合并制单

（1）以会计"105 林彬"的身份，于 2024 年 1 月 10 日登录企业应用平台。

（2）选择"财务会计"→"应付款管理"→"付款单据处理"→"付款单据审核"，打开"付款单查询条件"对话框，单击"确定"按钮，打开"收付款单列表"窗口，选中并审核该付款单，结果如图4-22所示。关闭并退出该窗口。

图 4-22 审核付款单

（3）选择"核销处理"→"手工核销"，打开"核销条件"对话框，供应商选择"东阳泰达"，单击"确定"按钮，打开"单据核销"窗口，在采购专用发票的"本次结算"栏输入"37290"，如图4-23所示，单击"保存"按钮。关闭并退出该窗口。

图 4-23 输入本次结算额

（4）选择"制单处理"，打开"制单查询"对话框，勾选"收付款单制单"和"核销制单"，如图4-24所示。

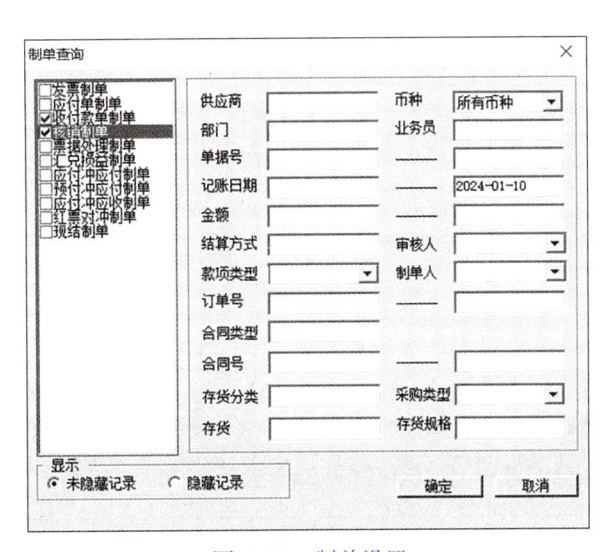

图 4-24 制单设置

（5）单击"确定"按钮，打开"制单"窗口，依次单击工具栏"全选""合并""制单"按钮，生成一张记账凭证，单击"保存"按钮，结果如图4-25所示。关闭并退出该窗口。

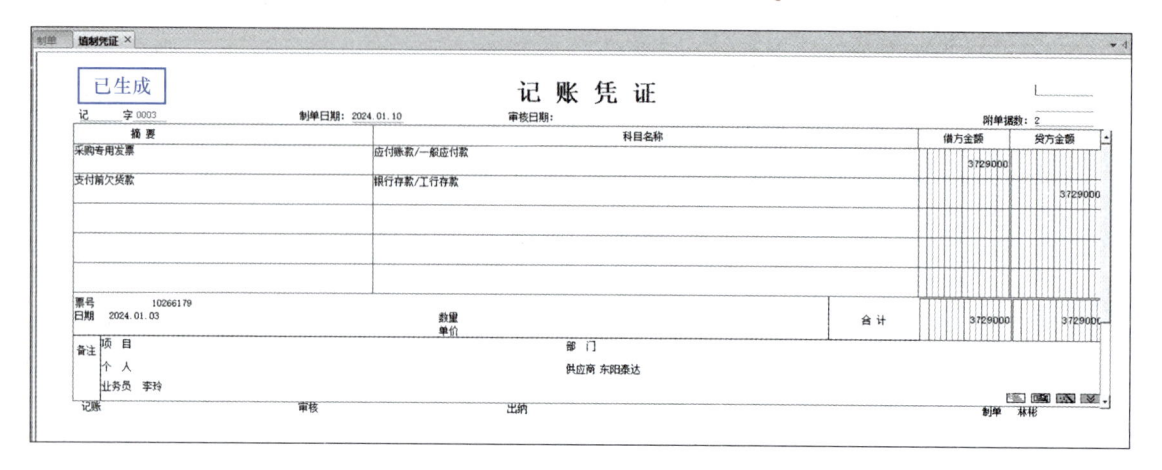

图4-25 支付货款记账凭证

10. 正常单据记账并生成凭证

（1）选择"供应链"→"存货核算"→"业务核算"→"正常单据记账"，打开"查询条件选择"对话框，再单击"确定"按钮，系统打开"未记账单据一览表"窗口，如图4-26所示。单击工具栏"全选"按钮，再单击"记账"按钮，系统弹出信息框提示记账成功，单击"确定"按钮，完成记账工作。关闭并退出该窗口。

图4-26 "未记账单据一览表"窗口

（2）选择"财务核算"→"生成凭证"，打开"生成凭证"窗口。单击工具栏"选择"按钮，系统弹出"查询条件"对话框，单击"确定"按钮，系统打开"选择单据"窗口，如图4-27所示。

图4-27 "选择单据"窗口

（3）单击工具栏"全选"按钮，选中已记账的采购入库单，再单击工具栏"确定"按钮，系统自动关闭"选择单据"窗口，同时打开"生成凭证"窗口，如图4-28所示。单击工具栏"生成"按钮，系统自动生成凭证，单击工具栏"保存"按钮，保存该凭证，结果如图4-29所示。关闭并退出该窗口。

图4-28 "生成凭证"窗口

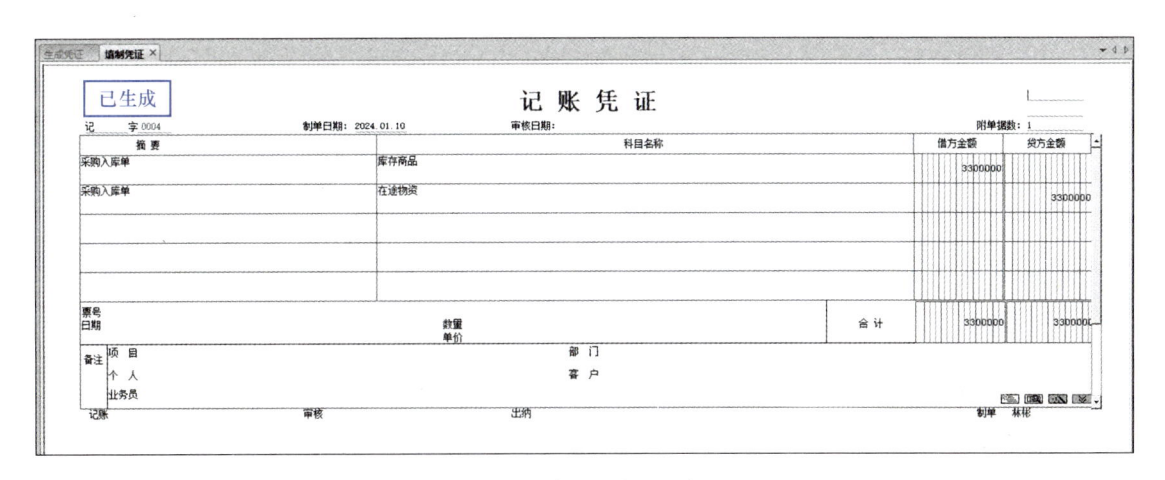

图4-29 采购入库记账凭证

任务二 特殊采购业务处理（合理损耗）

工作任务

1月11日，采购部李玲与南京市江宁区永泉食品商行签订购销合同。

相关凭证如图4-30～图4-33所示。

购销合同

合同编号：10882297

购货单位（甲方）：浙江安祥商贸有限公司
供货单位（乙方）：南京永泉食品商行

根据《中华人民共和国民法典》及国家相关法律、法规之规定，甲乙双方本着平等互利的原则，就甲方购买乙方货物一事达成以下协议：

一、货物的名称、数量及价格：

货物名称	规格型号	单位	数量	单价	金额	税率	价税合计
渝记椒派手磨豆干		袋	300	9.00	2,700.00	13%	3,051.00
奥利奥夹心饼干		袋	300	10.00	3,000.00	13%	3,390.00
琥珀牛羊香辣味		袋	500	14.00	7,000.00	13%	7,910.00
合计（大写）壹万肆仟叁佰伍拾壹元整							¥14,351.00

二、交货方式和费用承担：交货方式：供货方送货，交货时间：2024年01月11日前，交货地点：浙江安祥商贸有限公司，运费由 供货方 承担。

三、付款时间与付款方式：购货单位在收到货物后立即支付货款

四、质量异议期：订货方对供货方的货物质量有异议时，应在收到货物后 15日 内提出，逾期视为货物质量合格。

五、未尽事宜经双方协商可作补充协议，与本合同具有同等效力。

六、本合同自双方签字、盖章后即起生效；本合同壹式贰份，甲乙双方各执壹份。

甲方（签章）：
授权代表：张伟
地　　址：杭州市纳文路729号
电　　话：0571-88009354
日　　期：2024 年 01 月 11 日

乙方（签章）：
授权代表：林以修
地　　址：江苏省南京市江宁区东齐鲁B区876号
电　　话：025-58670948
日　　期：2024 年 01 月 11 日

图 4-30 购销合同

江苏增值税专用发票

3200191140　　No 81699265　　3200191140　81699265

机器编号：982888812388　　开票日期：2024年01月11日

购买方
名　　称：浙江安祥商贸有限公司
纳税人识别号：91330101M505277347
地址、电话：杭州市纳文路729号0571-88009354
开户行及账号：工商银行杭州市美馨路支行1426353731728338244

密码区：
14%448>8#4-#70940751787%055>
%7812%%-9-*2-3*62603-761-925
#85100844*7>9149-#63%#-9%-#9
>710>6*0-0777*674-0-8926%*9-

货物或应税劳务、服务名称	规格型号	单位	数　量	单　价	金　额	税率	税　额
渝记椒派手磨豆干		袋	300	9.00	2,700.00	13%	351.00
奥利奥夹心饼干		袋	300	10.00	3,000.00	13%	390.00
琥珀牛羊香辣味		袋	500	14.00	7,000.00	13%	910.00
合　　计					¥12,700.00		¥1,651.00

价税合计（大写）：⊗壹万肆仟叁佰伍拾壹元整　　（小写）¥14,351.00

销售方
名　　称：南京永泉食品商行
纳税人识别号：91320101M186508948
地址、电话：江苏省南京市江宁区东齐鲁B区876号025-58670948
开户行及账号：中国招商银行南京市江宁区支行6228393743826686

备注：校验码 52118 02517 98208 65139

收款人：　　复核：高义鹤　　开票人：何舰壮　　销售方：（章）

图 4-31 采购专用发票

商品入库单

供应单位：南京永泉食品商行　　　　　　　　　　　发票号码：81699265
收发类别：外购　　　　　　　　　　　　　　　　　收料单编号：
地　　址：　　　　　　　2024 年 01 月 11 日　　　收料仓库：零食

编号	名称	规格	单位	数量 应收	数量 实收	实际成本 买价 单价	实际成本 买价 金额	运杂费	其他	合计
	渝记椒派手磨豆干		袋	300	300	9.00	2,700.00			2,700.00
	奥利奥夹心饼干		袋	300	260	10.00	2,600.00		400.00	3,000.00
	琥珀牛羊香辣味		袋	500	500	14.00	7,000.00			7,000.00
	合　计						¥12,300.00		¥400.00	¥12,700.00
	备　注			经查明，奥利奥夹心饼干毁损40袋，属于合理损耗。						

采购员：李玲　　　检验员：　　　　　　记账员：林彬　　　　保管员：

图 4-32　入库单

中国工商银行
转账支票存根
10201120
73629442

附加信息 _____
_____
_____

出票日期 2024 年 01 月 11 日

收款人：	南京永泉食品商行
金　额：	¥14,351.00
用　途：	购买商品

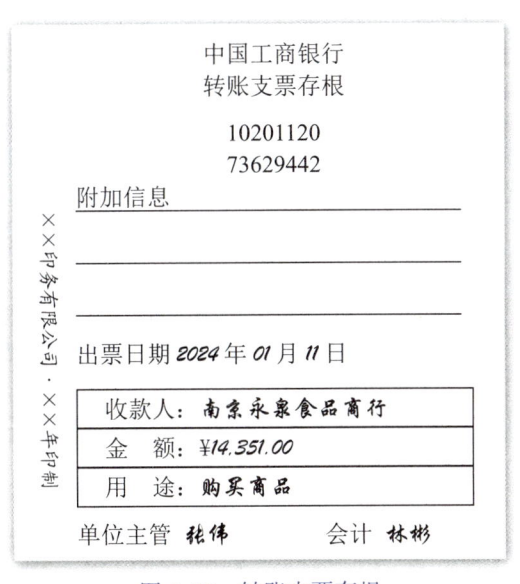

单位主管　张伟　　　会计　林彬

图 4-33　转账支票存根

知识储备

在企业的实际经营过程中，货物损耗是不可避免的。货物损耗会导致入库数量小于发票数量。这种损耗分为合理损耗和非合理损耗。

1. 合理损耗

由于货物本身易挥发、易变质等原因，企业在采购和生产等过程中容易发生损耗，这种损耗便是合理损耗。合理损耗要计入存货的成本，进项税额不得转出，不单独做账务处理。合理损耗体现在入库单的货物数量上，根据实际入库数录入，在采购结算时只能采用手工结算而不能自动结算，结算后会回写入库单单价，也就是说，结算以后的入库单，所显示的单价是已经分摊运费和损耗之后的价格。

2. 非合理损耗

非合理损耗是指由于运输部门或供货单位等人为原因造成的非合理损失，这时应根据情况的不同单独进行账务处理。非合理损耗需要相关责任部门和责任人赔偿，需要增加"非合理损耗类型"；非合理损耗导致存货成本和增值税进项税额需要转出，结算后存货单价成本不会发生改变。

岗位说明

本任务的操作流程概览见表4-2。

表4-2 操作流程概览

序号	操作日期	操作员	子系统	操作内容
1	2024-01-11	301 李玲	采购管理	填制采购订单
2	2024-01-11	301 李玲	采购管理	参照采购订单生成到货单
3	2024-01-11	201 陈萱	库存管理	参照到货单生成采购入库单
4	2024-01-11	301 李玲	采购管理	参照采购订单生成采购专用发票（现付）
5	2024-01-11	301 李玲	采购管理	采购结算
6	2024-01-11	105 林彬	应付款管理	审核发票并制单处理
7	2024-01-11	105 林彬	存货核算	正常单据记账并生成凭证

任务实施

1. 填制采购订单

（1）以采购员"301李玲"的身份，于2024年1月11日登录企业应用平台。

（2）选择"供应链"→"采购管理"→"采购订货"→"采购订单"，打开"采购订单"窗口。单击工具栏"增加"按钮，根据图4-30填制采购订单，结果如图4-34所示。

特殊采购业务处理（合理损耗）1～4

图4-34 采购订单

（3）填写完毕，单击工具栏的"保存"按钮，保存完毕，再单击工具栏的"审核"按钮，审核该订单。关闭并退出该窗口。

2. 参照采购订单生成到货单

（1）选择"采购到货"→"到货单"，打开"到货单"窗口。单击工具栏"增加"按钮，选择"生单"下拉列表中的"采购订单"，打开"查询条件选择—采购订单列表过滤"对话框，单击"确定"按钮，打开"拷贝并执行"窗口。

（2）在"拷贝并执行"窗口，双击"到货单拷贝订单表头列表"中"10882297"订单最左侧的"选择"单元格，选中本业务记录，如图4-35所示。

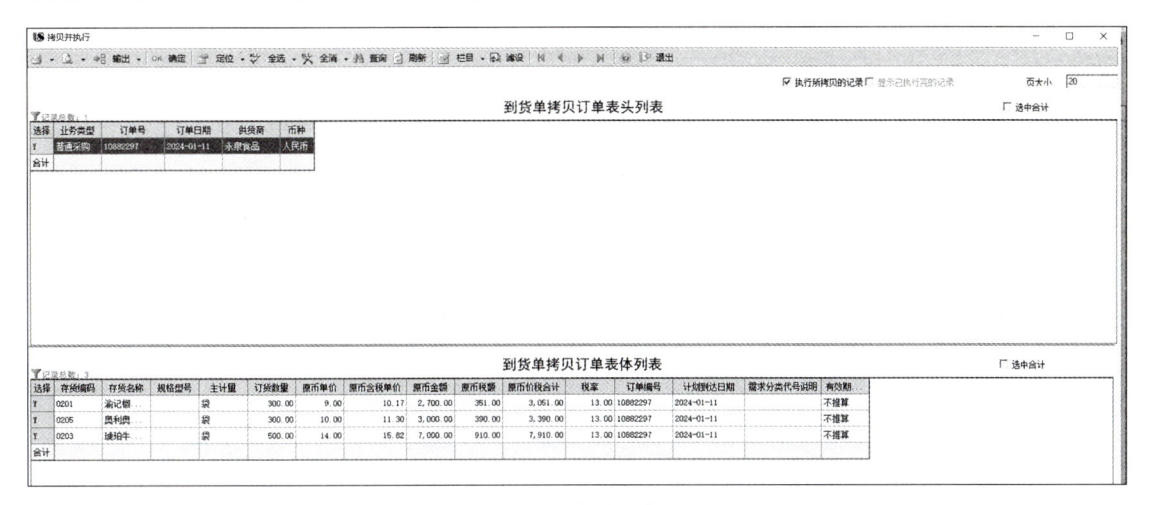

图4-35　选中本业务记录

（3）单击工具栏"确定"按钮，生成一张采购到货单。单击工具栏"保存"按钮，再单击工具栏"审核"按钮，保存、审核该单据，结果如图4-36所示。关闭并退出该窗口。

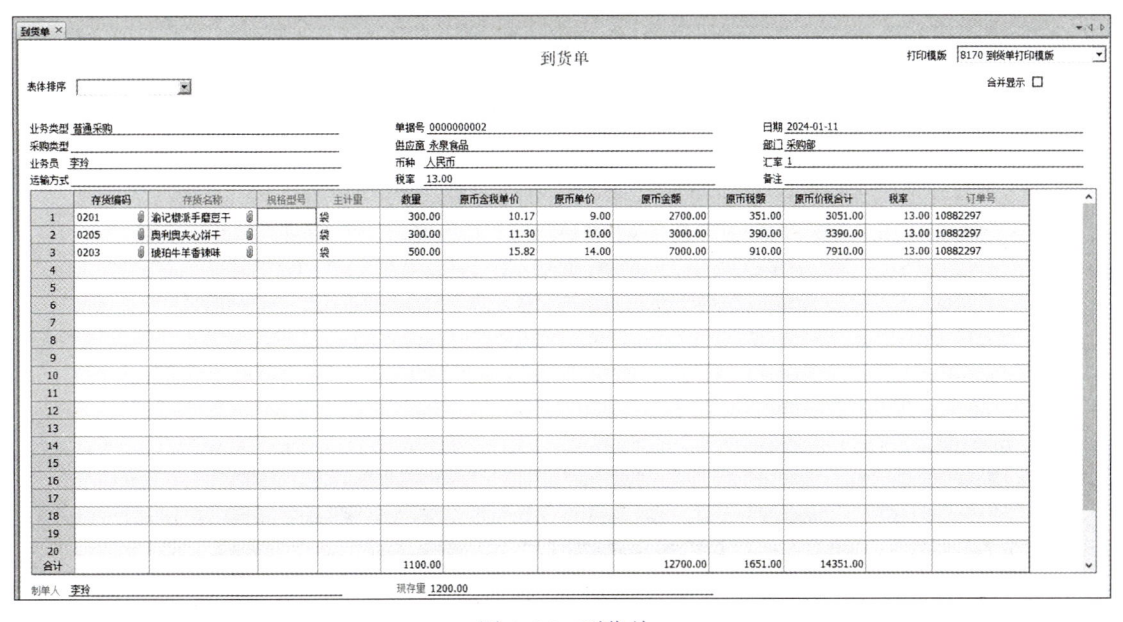

图4-36　到货单

3. 参照到货单生成采购入库单

（1）以库管员"201 陈萱"的身份，于 2024 年 1 月 11 日登录企业应用平台。

（2）选择"供应链"→"库存管理"→"入库业务/采购入库单"，打开"采购入库单"窗口，选择"生单"下拉列表中的"采购到货单（蓝字）"，打开"查询条件选择—采购到货单列表"对话框，单击"确定"按钮，打开"到货单生单列表"窗口。

（3）在"到货单生单列表"窗口，双击"到货单生单表头"最左侧的"选择"单元格，选中本业务记录，如图 4-37 所示。

图 4-37 选中本业务记录

（4）单击工具栏"确定"按钮，生成一张采购入库单。根据图 4-32，仓库选择"零食仓库"，入库类别选择"采购入库"，奥利奥夹心饼干的入库数量修改为"260"，保存并审核该入库单，结果如图 4-38 所示。关闭并退出该窗口。

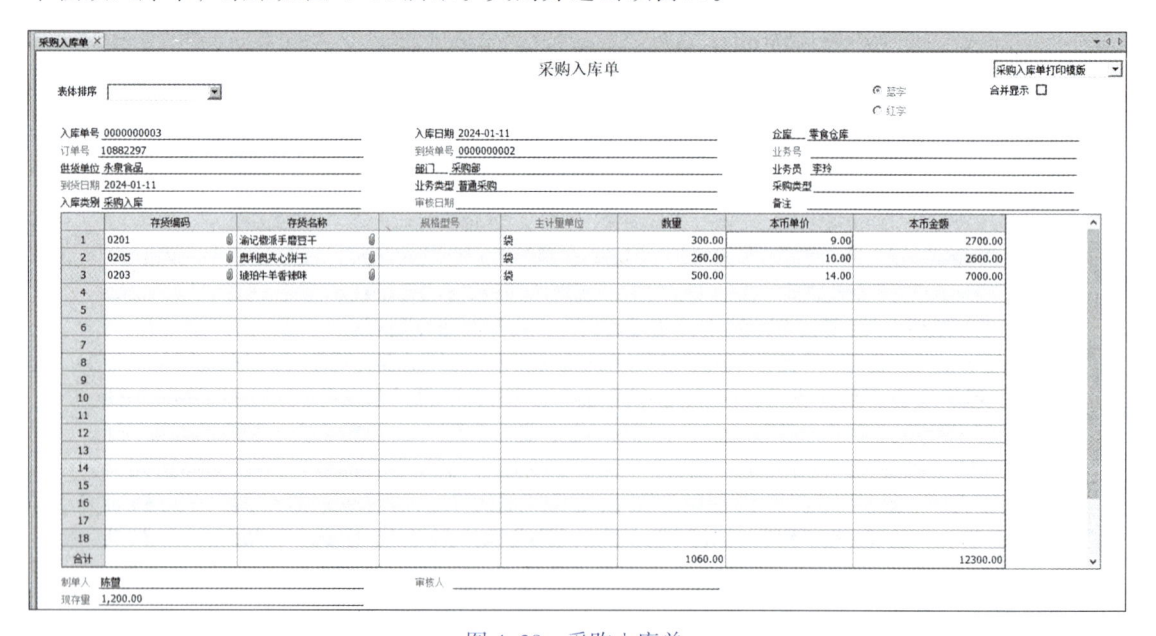

图 4-38 采购入库单

4. 参照采购订单生成采购专用发票（现付）

（1）以采购员"301 李玲"的身份，于 2024 年 1 月 11 日登录企业应用平台。

（2）选择"供应链"→"采购管理"→"采购发票"→"专用采购发票"，打开"专用发票"窗口。单击工具栏"增加"按钮，选择"生单"下拉列表中的"采购订单"，打开"查询条件选择—采购订单列表过滤"对话框，单击"确定"按钮，打开"拷贝并执行"窗口。

（3）在"拷贝并执行"窗口，双击"发票拷贝订单表头列表"中 10882297 订单最左侧的"选择"单元格，选中本业务记录，如图 4-39 所示。

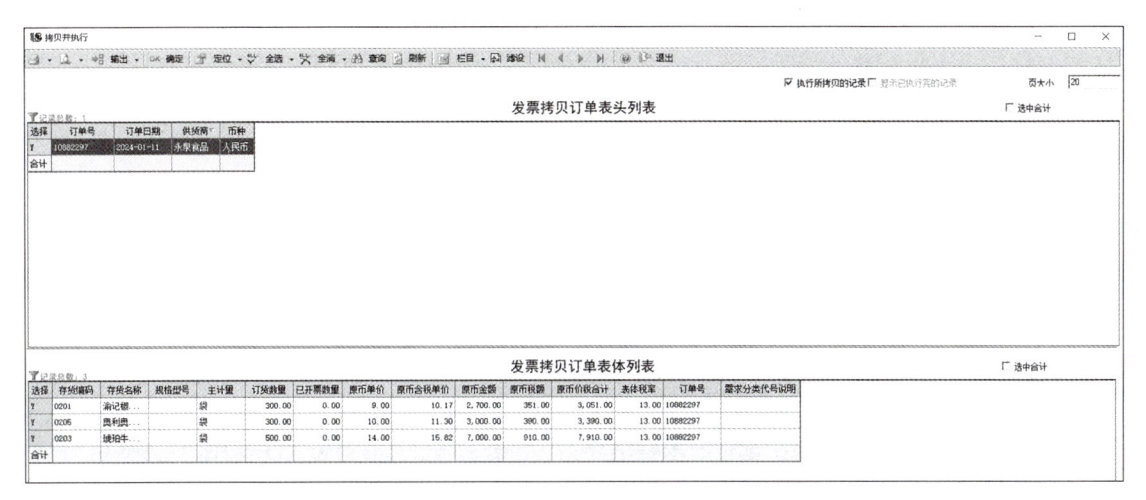

图 4-39 选中本业务记录

（4）单击工具栏"确定"按钮，生成一张采购专用发票。根据图 4-31，将发票号修改为"81699265"，单击工具栏"保存"按钮，保存该单据，结果如图 4-40 所示。关闭并退出该窗口。

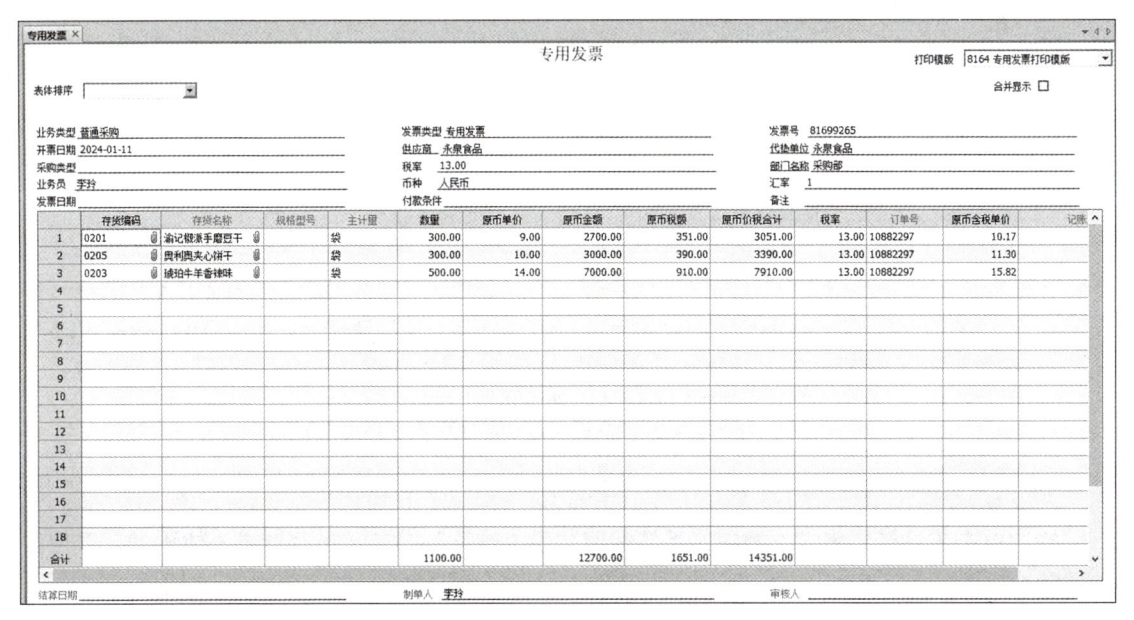

图 4-40 采购专用发票

（5）单击工具栏中的"现付"按钮，打开"采购现付"窗口。根据图4-33录入转账支票信息，如图4-41所示。单击"确定"按钮，关闭并退出该窗口。

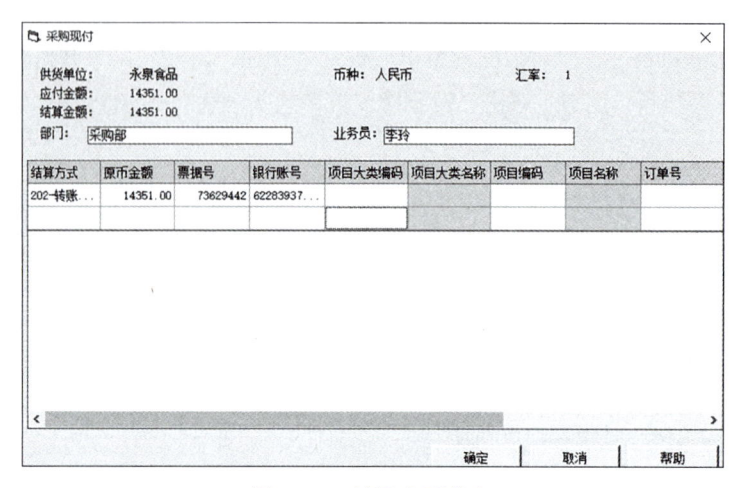

图4-41　转账支票信息

5. 采购结算

（1）选择"采购结算"→"手工结算"，打开"手工结算"窗口。单击"选单"按钮，打开"结算选单"窗口，单击"查询"按钮，打开"查询条件选择—采购手工结算"对话框。单击"确定"按钮，双击选择11日的永泉食品的"采购发票"和"入库单"记录，如图4-42所示。

特殊采购业务处理（合理损耗）5～7

图4-42　选中"采购发票"和"入库单"记录

（2）单击工具栏"确定"按钮，系统返回"手工结算"窗口，奥利奥夹心饼干的"合理损耗"输入"40"，如图4-43所示，单击"结算"按钮，完成结算。关闭并退出该窗口。

图 4-43 输入合理损耗

6. 审核发票并制单处理

(1)以会计"105 林彬"的身份,于 2024 年 1 月 11 日登录企业应用平台。

(2)选择"财务会计"→"应付款管理"→"应付单据处理"→"应付单据审核",打开"应付单查询条件"对话框,勾选"包含已现结发票"和"未完全报销",单击"确定"按钮,打开"单据处理"窗口,选中并审核该应付款单,如图 4-44 所示。关闭并退出该窗口。

图 4-44 审核应付款单

(3)选择"制单处理",打开"制单查询"对话框,勾选"现结制单",单击"确定"按钮,打开"制单"窗口。依次单击工具栏"全选""制单"按钮,生成一张记账凭证,单击"保存"按钮,结果如图 4-45 所示。关闭并退出该窗口。

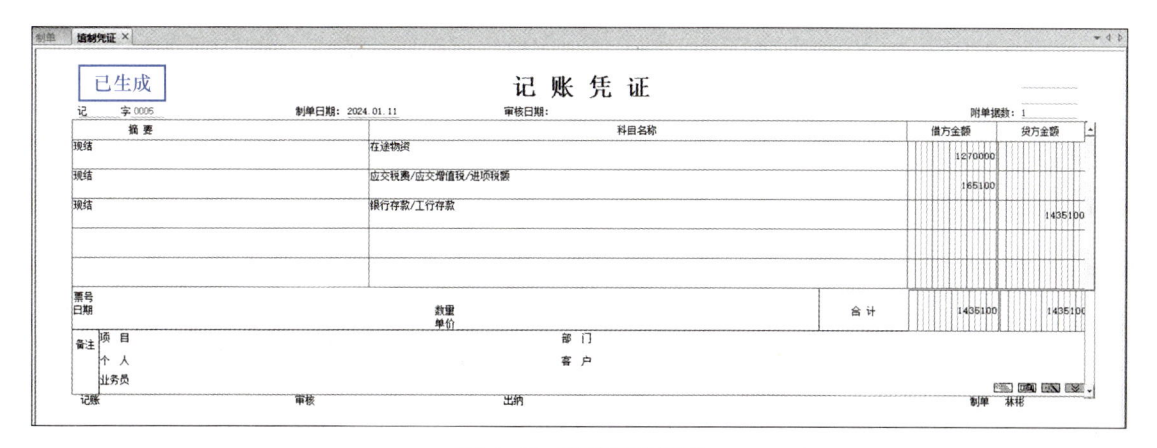

图 4-45 采购记账凭证

7. 正常单据记账并生成凭证

（1）选择“业务工作”→“供应链”→“存货核算”→“业务核算”→“正常单据记账”，打开“查询条件选择”对话框，再单击“确定”按钮，系统打开“未记账单据一览表”窗口。单击工具栏“全选”按钮，再单击“记账”按钮，系统弹出信息框提示记账成功，如图 4–46 所示。单击“确定”按钮，完成记账工作，关闭并退出该窗口。

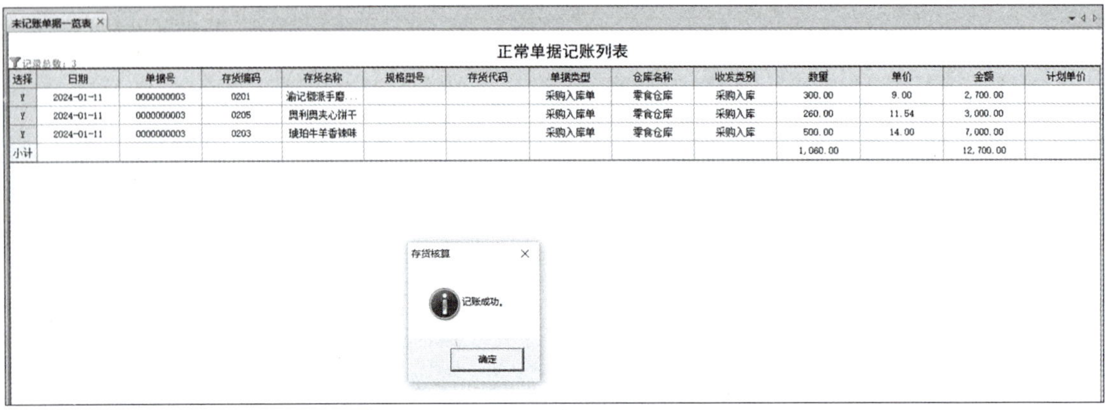

选择	日期	单据号	存货编码	存货名称	规格型号	存货代码	单据类型	仓库名称	收发类别	数量	单价	金额	计划单价
Y	2024-01-11	0000000003	0201	渝记椒派手磨...			采购入库单	零食仓库	采购入库	300.00	9.00	2,700.00	
Y	2024-01-11	0000000003	0205	奥利奥夹心饼干			采购入库单	零食仓库	采购入库	260.00	11.54	3,000.00	
Y	2024-01-11	0000000003	0203	琥珀牛羊香辣味			采购入库单	零食仓库	采购入库	500.00	14.00	7,000.00	
小计										1,060.00		12,700.00	

图 4–46　记账成功

（2）选择“财务核算”→“生成凭证”，打开“生成凭证”窗口。单击工具栏“选择”按钮，系统弹出“查询条件”对话框，单击“确定”按钮，系统打开“选择单据”窗口，如图 4–47 所示。

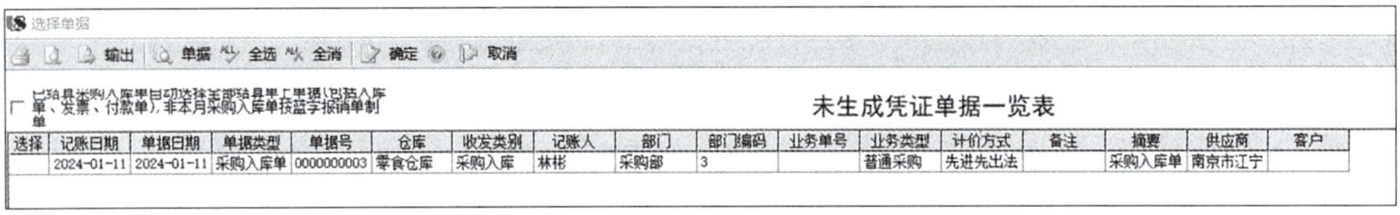

选择	记账日期	单据日期	单据类型	单据号	仓库	收发类别	记账人	部门	部门编码	业务单号	业务类型	计价方式	备注	摘要	供应商	客户
	2024-01-11	2024-01-11	采购入库单	0000000003	零食仓库	采购入库	林彬	采购部	3		普通采购	先进先出法		采购入库单	南京市江宁	

图 4–47　“选择单据”窗口

（3）单击工具栏“全选”按钮，选中已记账的采购入库单，再单击工具栏“确定”按钮，系统自动关闭“选择单据”窗口，同时打开“生成凭证”窗口，如图 4–48 所示。单击工具栏“生成”按钮，系统自动生成凭证，单击工具栏“保存”按钮，保存该凭证，结果如图 4–49 所示。关闭并退出该窗口。

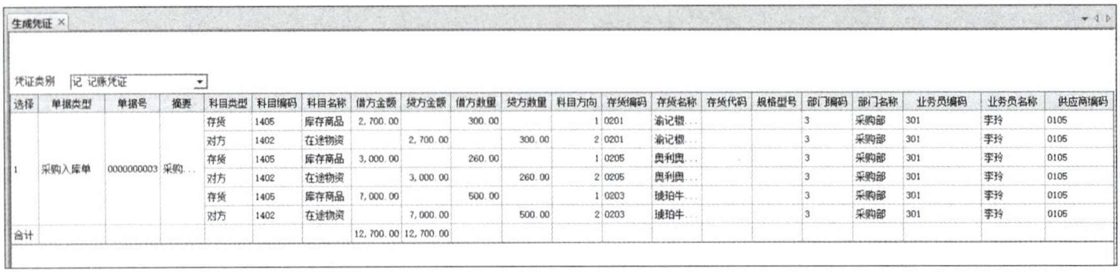

选择	单据类型	单据号	摘要	科目类型	科目编码	科目名称	借方金额	贷方金额	借方数量	贷方数量	科目方向	存货编码	存货名称	存货代码	规格型号	部门编码	部门名称	业务员编码	业务员名称	供应商编码
1	采购入库单	0000000003	采购...	存货	1405	库存商品	2,700.00		300.00		1	0201	渝记椒...			3	采购部	301	李玲	0105
				对方	1402	在途物资		2,700.00		300.00	2	0201	渝记椒...			3	采购部	301	李玲	0105
				存货	1405	库存商品	3,000.00		260.00		1	0205	奥利奥...			3	采购部	301	李玲	0105
				对方	1402	在途物资		3,000.00		260.00	2	0205	奥利奥...			3	采购部	301	李玲	0105
				存货	1405	库存商品	7,000.00		500.00		1	0203	琥珀牛...			3	采购部	301	李玲	0105
				对方	1402	在途物资		7,000.00		500.00	2	0203	琥珀牛...			3	采购部	301	李玲	0105
合计							12,700.00	12,700.00												

图 4–48　“生成凭证”窗口

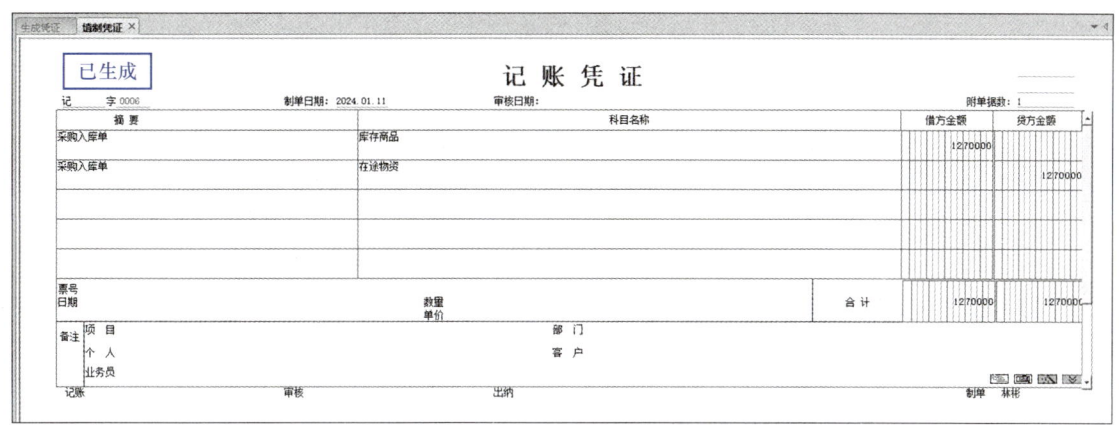

图 4-49　采购入库记账凭证

任务三　采购暂估业务处理

工作任务

2024 年 1 月 13 日，收到上月已入库商品的增值税专用发票，当日以电汇方式向对方支付全部价税款。

2024 年 1 月 13 日，处理本月单到回冲业务。

相关凭证如图 4-50 和图 4-51 所示。

图 4-50　采购专用发票

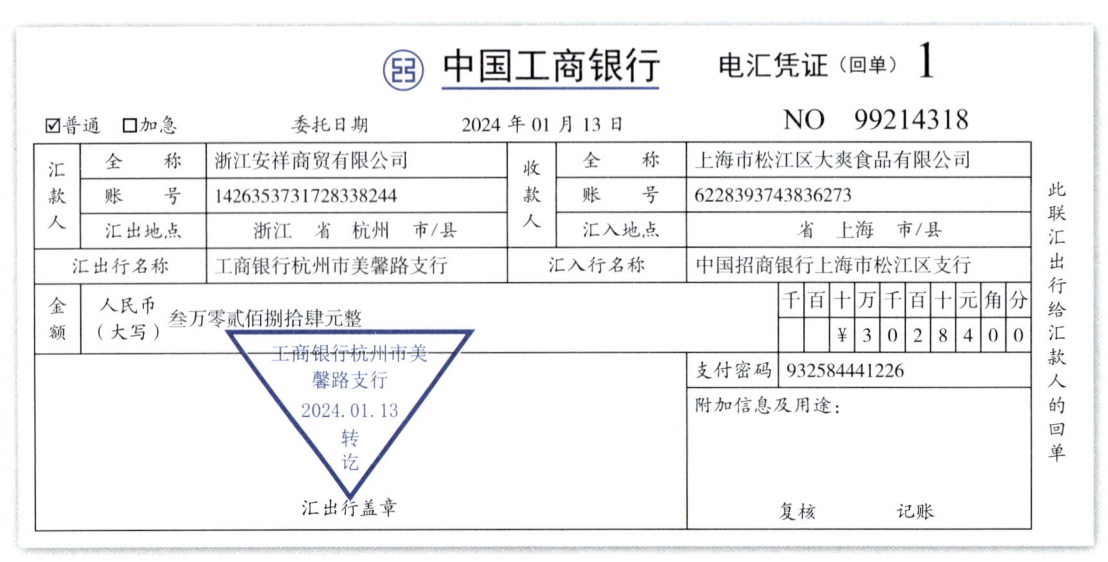

图4-51 电汇凭证（回单）

中国工商银行　电汇凭证（回单）　1

☑普通 □加急		委托日期 2024年01月13日		NO 99214318	
汇款人	全称	浙江安祥商贸有限公司	收款人	全称	上海市松江区大爽食品有限公司
	账号	1426353731728338244		账号	6228393743836273
	汇出地点	浙江省 杭州市/县		汇入地点	省 上海市/县
	汇出行名称	工商银行杭州市美馨路支行		汇入行名称	中国招商银行上海市松江区支行
金额	人民币（大写）	叁万零贰佰捌拾肆元整		¥ 3 0 2 8 4 0 0	

支付密码 932584441226

（盖章：工商银行杭州市美馨路支行 2024.01.13 转讫）

2024年1月15日，采购部李玲与上海德扬食品有限公司签订购销合同。当日货物验收入库，发票尚未收到，货款未付。

2024年1月15日（视同月末），处理本月暂估入库业务。

相关凭证如图4-52和图4-53所示。

购销合同

合同编号：79985346

购货单位（甲方）：浙江安祥商贸有限公司
供货单位（乙方）：上海德扬食品有限公司

根据《中华人民共和国民法典》及国家相关法律、法规之规定，甲乙双方本着平等互利的原则，就甲方购买乙方货物一事达成以下协议。

一、货物的名称、数量及价格：

货物名称	规格型号	单位	数量	单价	金额	税率	价税合计
奥利奥夹心饼干		袋	100	9.00	900.00	13%	1,017.00
琥珀牛羊香辣味		袋	100	13.00	1,300.00	13%	1,469.00
合计（大写）贰仟肆佰捌拾陆元整							¥2,486.00

二、交货方式和费用承担：交货方式：<u>供货方送货</u>，交货时间：<u>2024年01月15日</u>前，交货地点：<u>浙江安祥商贸有限公司</u>，运费由<u>供货方</u>承担。

三、付款时间与付款方式：<u>购货单位在收到货物后立即支付货款</u>。

四、质量异议期：订货方对供货方的货物质量有异议时，应在收到货物后<u>15日</u>内提出，逾期视为货物质量合格。

五、未尽事宜经双方协商可作补充协议，与本合同具有同等效力。

六、本合同自双方签字、盖章后生效；本合同壹式贰份，甲乙双方各执壹份。

甲方（签章）：	乙方（签章）：
授权代表：张伟	授权代表：李欣怡
地 址：杭州市××路29号	地 址：上海市××区合川路38×号
电 话：0571-88069354	电 话：021-58372674
日 期：2024年01月15日	日 期：2024年01月15日

图4-52 购销合同

商 品 入 库 单

供应单位：上海德杨食品有限公司　　　　　　　　　发票号码：
收发类别：外购　　　　　　　　　　　　　　　　　收料单编号：
地址：　　　　　　　　　2024 年 01 月 15 日　　　收料仓库：零食

| 编号 | 名称 | 规格 | 单位 | 数量 | | 实际成本 | | | | |
| | | | | 应收 | 实收 | 买价 | | 运杂费 | 其他 | 合计 |
						单价	金额			
	奥利奥饼干		袋	100	100	9.00	900.00			900.00
	琥珀牛羊香辣味		袋	100	100	13.00	1,300.00			1,300.00
	合　计						¥2,200.00			¥2,200.00
	备　注									

采购员：李玲　　　检验员：　　　记账员：林彬　　　保管员：

图 4-53　商品入库单

知识储备

1. 暂估成本

暂估成本是指采购系统所购存货已入库，但发票未到或未报销时入库单上的估算成本；当已报销后，需进行成本处理。

2. 月初回冲

进入下月后，核算模块在存货明细账自动生成与暂估入库单完全相同的"红字回冲单"，冲回存货明细账中上月的暂估入库；对"红字回冲单"制单，冲回上月的暂估凭证。收到采购发票后，录入采购发票，对采购入库单和采购发票做采购结算。结算完毕后，进入核算模块，执行"暂估处理"功能，进行暂估处理后，系统根据发票自动生成一张"蓝字回冲单"，其上面的金额为发票上的报销金额；同时登记存货明细账，使库存增加。对"蓝字回冲单"制单，生成采购入库凭证。

3. 单到回冲

下月初不做处理，采购发票收到后，在采购模块中录入并进行采购结算；再到核算模块中进行"暂估处理"，系统自动生成红字回冲单、蓝字回冲单，同时据以登记存货明细账。红字回冲单的入库金额为上月暂估金额，蓝字回冲单的入库金额为结算单上的报销金额。一般常使用的方法是单到回冲。

4. 单到补差

下月初不做处理，采购发票收到后，在采购模块中录入并进行采购结算；再到核算模块中进行"暂估处理"，在存货明细账中根据报销金额与暂估金额的差额生成调整单，自动记入存货明细账；最后对"调整单"制单，生成凭证，传递到总账。

特别提醒

◆ 对于暂估业务，要注意在月末暂估入库单记账前对所有的没有结算的入库单填入暂估单价，然后才能记账。

岗位说明

本任务的操作流程概览见表4-3。

表4-3 操作流程概览

业　务	序　号	操作日期	操作员	子系统	操作内容
单到回冲业务	1	2024-01-13	301 李玲	采购管理	参照期初入库单生成采购专用发票（现付）
	2	2024-01-13	105 林彬	应付款管理	审核发票并制单处理
	3	2024-01-13	105 林彬	存货核算	结算成本处理
	4	2024-01-13	105 林彬	存货核算	生成凭证
暂估入库业务	1	2024-01-15	301 李玲	采购管理	填制采购订单
	2	2024-01-15	301 李玲	采购管理	参照采购订单生成到货单
	3	2024-01-15	201 陈萱	库存管理	参照到货单生成采购入库单
	4	2024-01-15	105 林彬	存货核算	正常单据记账并生成凭证

任务实施

一、单到回冲业务

1. 参照期初入库单生成采购专用发票（现付）

（1）以采购员"301 李玲"的身份，于2024年1月13日登录企业应用平台。

（2）选择"供应链"→"采购管理"→"采购发票"→"专用采购发票"，打开"专用发票"窗口。单击工具栏"增加"按钮，再选择"生单"下拉列表中"入库单"，打开"查询条件选择—采购入库单列表过滤"对话框，单击"确定"按钮，打开"拷贝并执行"窗口。

（3）在"拷贝并执行"窗口，双击"发票拷贝入库单表头列表"中"0000000001"号入库单最左侧的"选择"单元格，选中本业务记录，如图4-54所示。

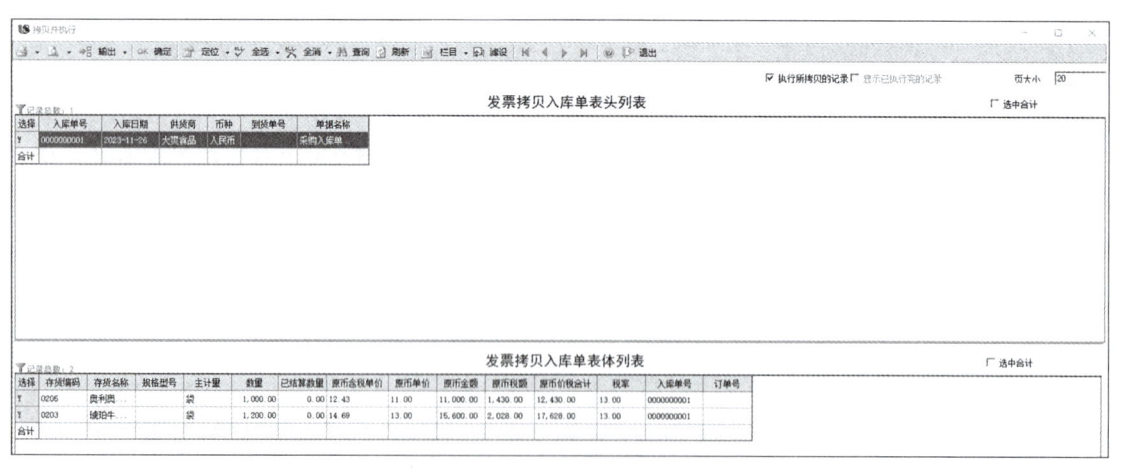

图4-54 选中本业务记录

（4）单击工具栏"确定"按钮，生成一张采购专用发票。根据图4-50修改发票号为"70415203"，将奥利奥夹心饼干的单价修改为"10"，琥珀牛羊香辣味的单价修改为"14"，其他项默认，依次单击工具栏的"保存""结算"按钮，结果如图4-55所示。关闭并退出该窗口。

（5）单击工具栏的"现付"按钮，打开"采购现付"窗口。根据图4-51录入电汇信息，如图4-56所示。单击"确定"按钮，关闭并退出该窗口。

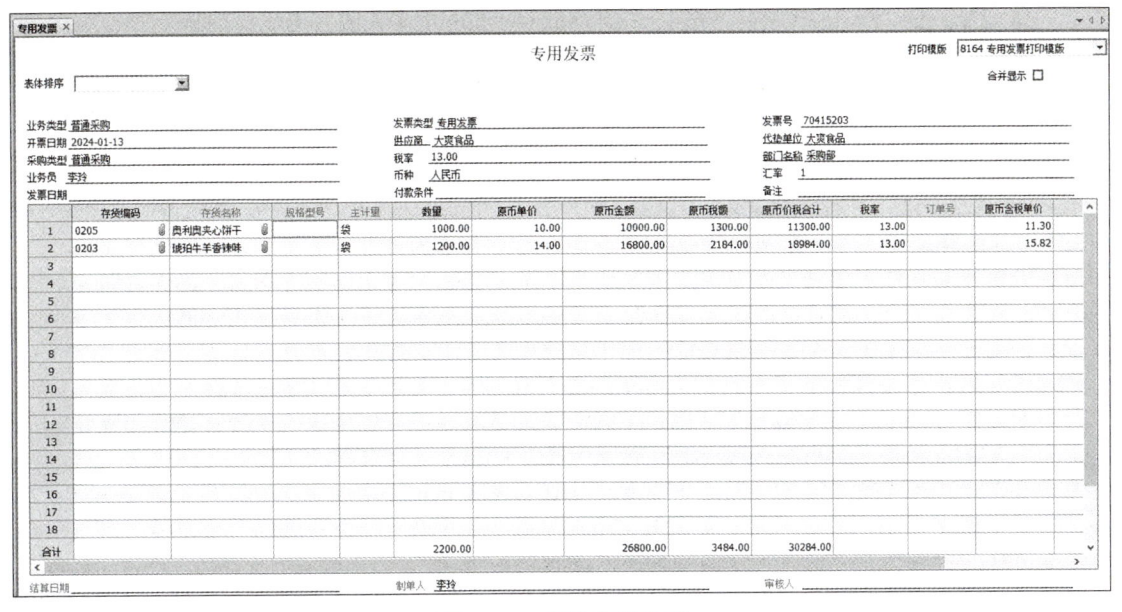

图4-55 采购专用发票

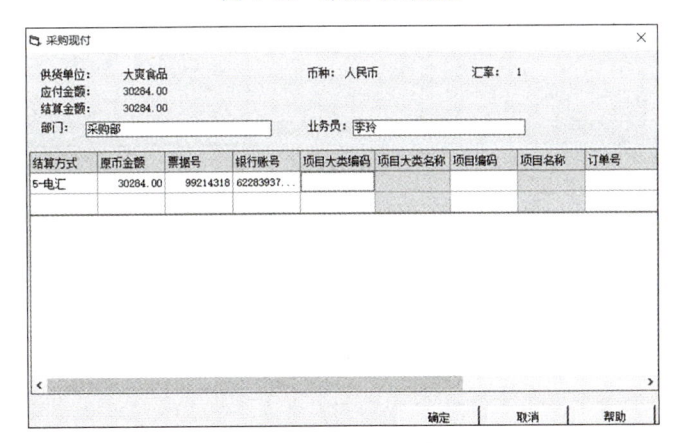

图4-56 录入电汇信息

2. 审核发票并制单处理

（1）以会计"105 林彬"的身份，于2024年1月13日登录企业应用平台。

（2）选择"财务会计"→"应付款管理"→"应付单据处理"→"应付单据审核"，打开"应付单查询条件"对话框，勾选"包含已现结发票"和"未完全报销"，单击"确定"按钮，打开"单据处理"窗口，选中并审核该应付款单，结果如图4-57所示。关闭并退出该窗口。

图4-57 审核应付款单

（3）选择"财务会计"→"应付款管理"→"制单处理"，打开"制单查询"对话框，勾选"现结制单"，单击"确定"按钮，打开"制单"窗口。依次单击工具栏"全选""制单"按钮，生成一张记账凭证，单击"保存"按钮，结果如图4-58所示。关闭并退出该窗口。

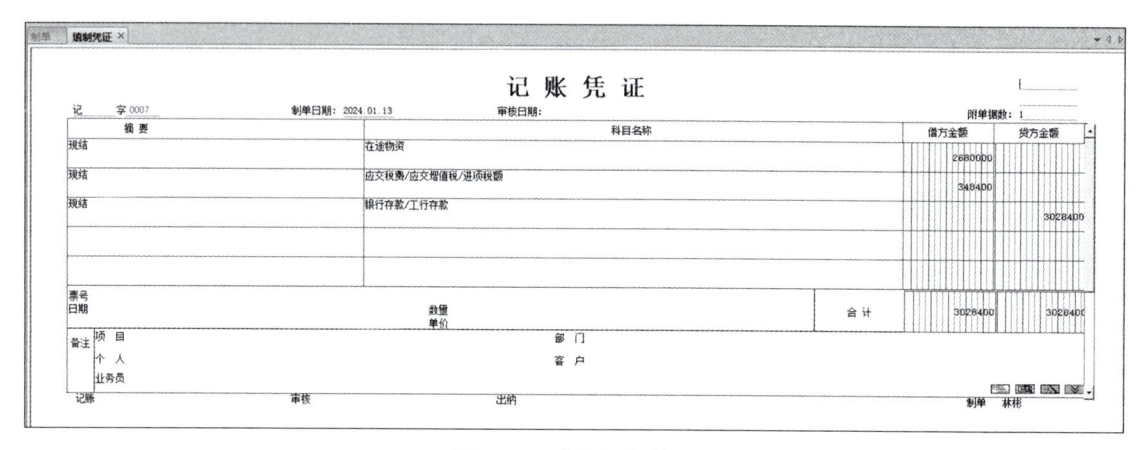

图4-58 采购记账凭证

3. 结算成本处理

（1）选择"供应链"→"存货核算"→"业务核算"→"结算成本处理"，打开"暂估处理查询"对话框，仓库选择"零食仓库"，单击"确定"按钮，系统打开"结算成本处理"窗口。

（2）单击工具栏"全选"按钮，再单击"暂估"按钮，完成暂估处理，结果如图4-59所示。关闭并退出该窗口。

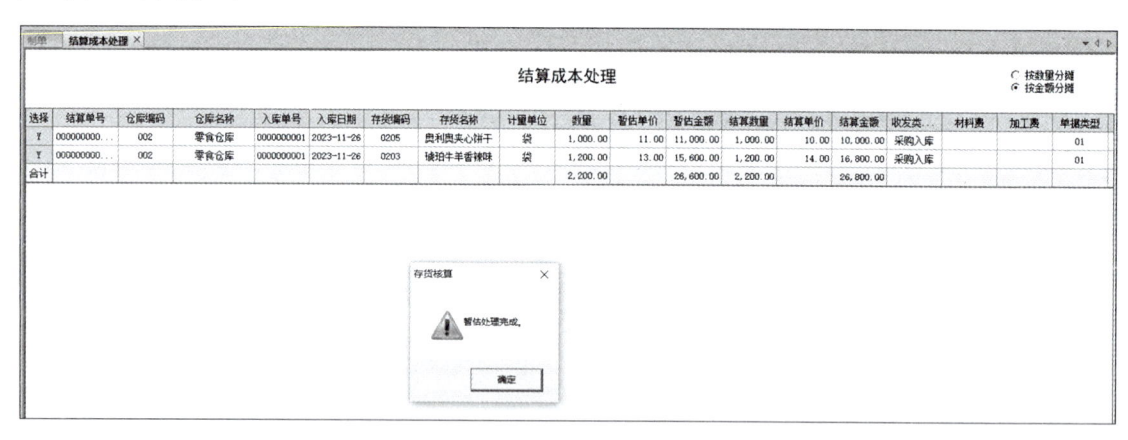

图4-59 完成暂估处理

4. 生成凭证

（1）选择"财务核算"→"生成凭证"，打开"生成凭证"窗口。单击工具栏"选择"按钮，系统弹出"查询条件"对话框，单击"确定"按钮，打开"选择单据"窗口，在红字回冲单、蓝字回冲单左侧的"选择"栏分别输入"1"和"2"，如图4-60所示。

（2）单击工具栏"确定"按钮，系统自动关闭"选择单据"窗口，同时打开"生成凭证"窗口，如图4-61所示。

（3）依次单击工具栏"合成""生成"按钮，系统自动生成两张凭证，单击工具栏"保存"按钮，保存这两张凭证，结果如图4-62、图4-63所示。关闭并退出该窗口。

图 4-60 选择单据

图 4-61 "生成凭证"窗口

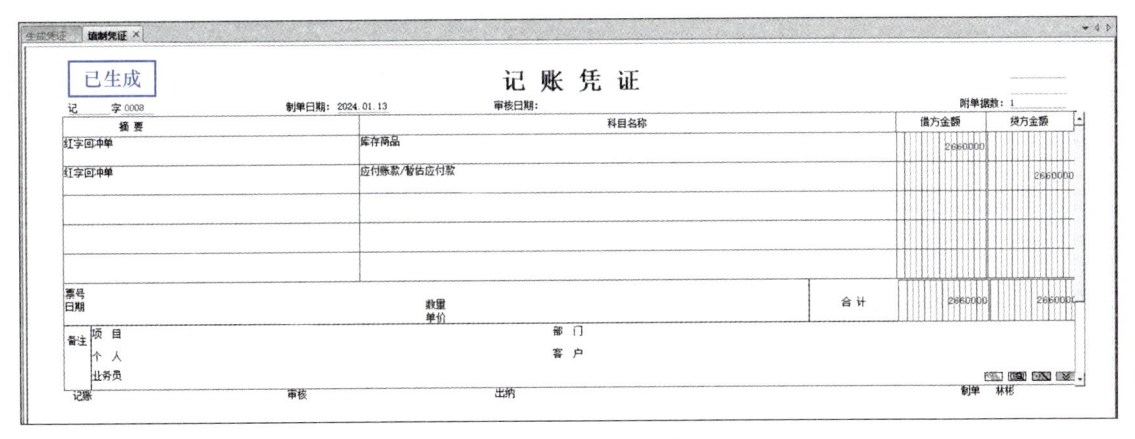

图 4-62 红字回冲记账凭证

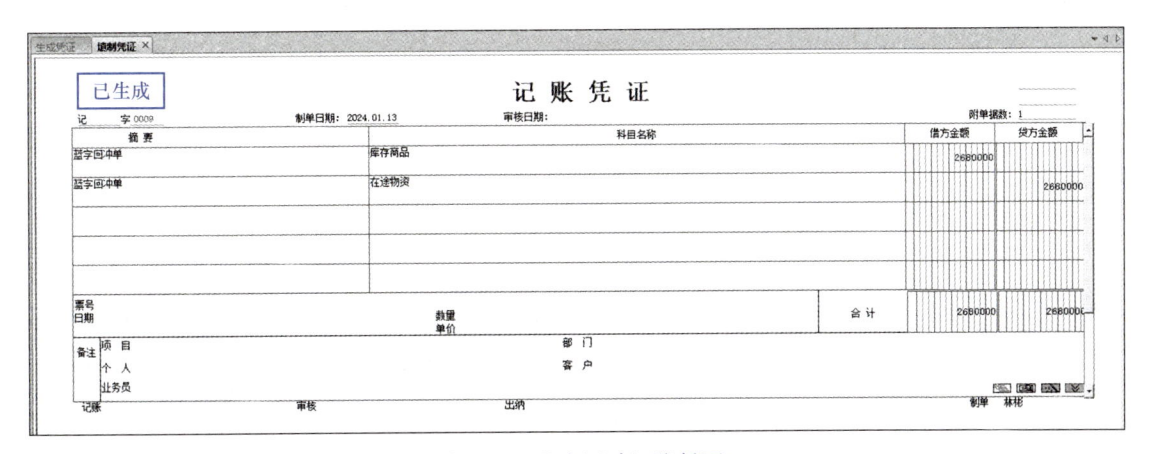

图 4-63 蓝字回冲记账凭证

二、暂估入库业务

暂估业务处理（暂估入库业务）

1. 填制采购订单

（1）以采购员"301 李玲"的身份，于 2024 年 1 月 15 日登录企业应用平台。

（2）选择"供应链"→"采购管理"→"采购订货"→"采购订单"，打开"采购订单"窗口。单击工具栏"增加"按钮，根据图 4-52 填制采购订单，结果如图 4-64 所示。

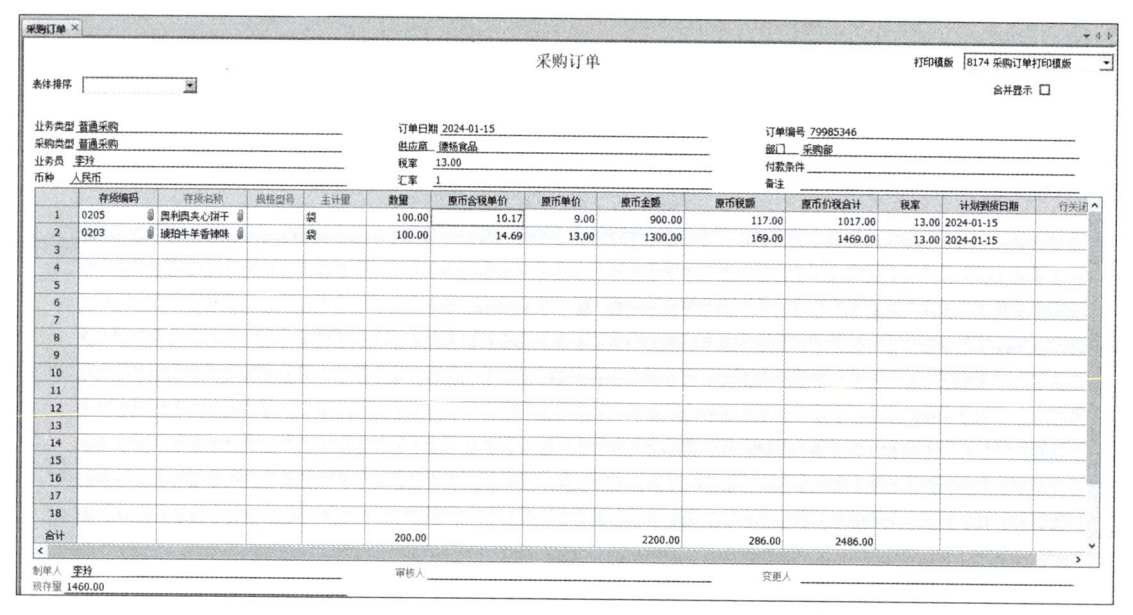

行号	存货编码	存货名称	规格型号	主计量	数量	原币含税单价	原币单价	原币金额	原币税额	原币价税合计	税率	计划到货日期
1	0205	奥利奥夹心饼干		袋	100.00	10.17	9.00	900.00	117.00	1017.00	13.00	2024-01-15
2	0203	琥珀牛羊香脆味		袋	100.00	14.69	13.00	1300.00	169.00	1469.00	13.00	2024-01-15
合计					200.00			2200.00	286.00	2486.00		

制单人：李玲 现存量：1460.00

图 4-64 采购订单

（3）填写完毕后，单击工具栏的"保存"按钮，保存完毕，再单击工具栏的"审核"按钮，审核该订单。关闭并退出该窗口。

2. 参照采购订单生成到货单

（1）选择"采购到货"→"到货单"命令，打开"到货单"窗口。单击工具栏"增加"按钮，选择"生单"下拉列表中的"采购订单"，打开"查询条件选择—采购订单列表过滤"对话框，单击"确定"按钮，打开"拷贝并执行"窗口。

（2）在"拷贝并执行"窗口，双击"到货单拷贝订单表头列表"中"79985346"号订单最左侧的"选择"单元格，选中本业务记录，如图 4-65 所示。

（3）单击工具栏"确定"按钮，生成一张采购到货单。依次单击工具栏的"保存""审核"按钮，保存、审核该单据，结果如图 4-66 所示。关闭并退出该窗口。

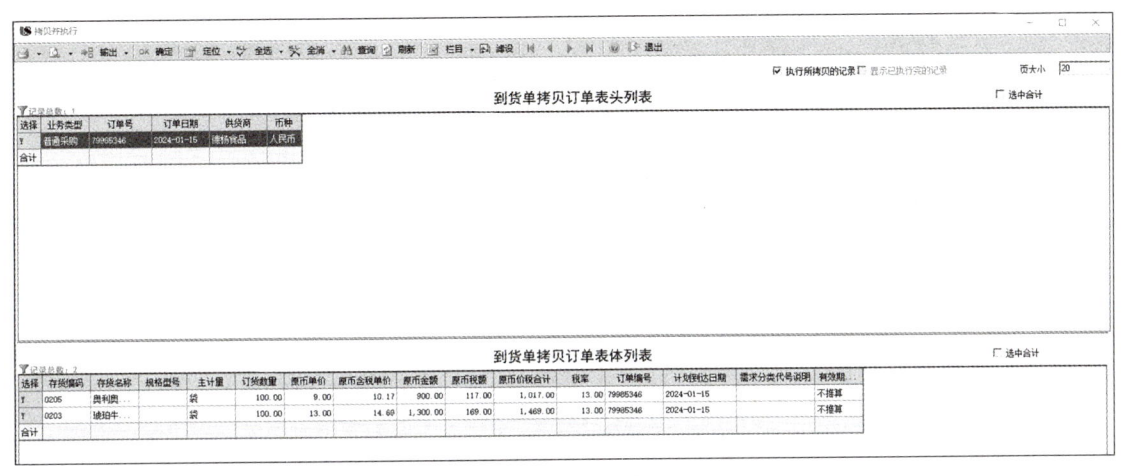

图 4-65　选中本业务记录

图 4-66　到货单

3. 参照到货单生成采购入库单

（1）以库管员"201 陈萱"的身份，于 2024 年 1 月 15 日登录企业应用平台。

（2）选择"供应链"→"库存管理"→"入库业务"→"采购入库单"，打开"采购入库单"窗口，选择"生单"下拉列表中的"采购到货单（蓝字）"，打开"查询条件选择—采购到货单列表"对话框，单击"确定"按钮，打开"到货单生单列表"窗口。

（3）在"到货单生单列表"窗口，选中单据号为"0000000003"的到货单，双击其最左侧的"选择"单元格，如图 4-67 所示。

（4）单击工具栏"确定"按钮，生成一张采购入库单。根据图 4-53，仓库选择"零食仓库"，保存并审核该入库单，结果如图 4-68 所示。关闭并退出该窗口。

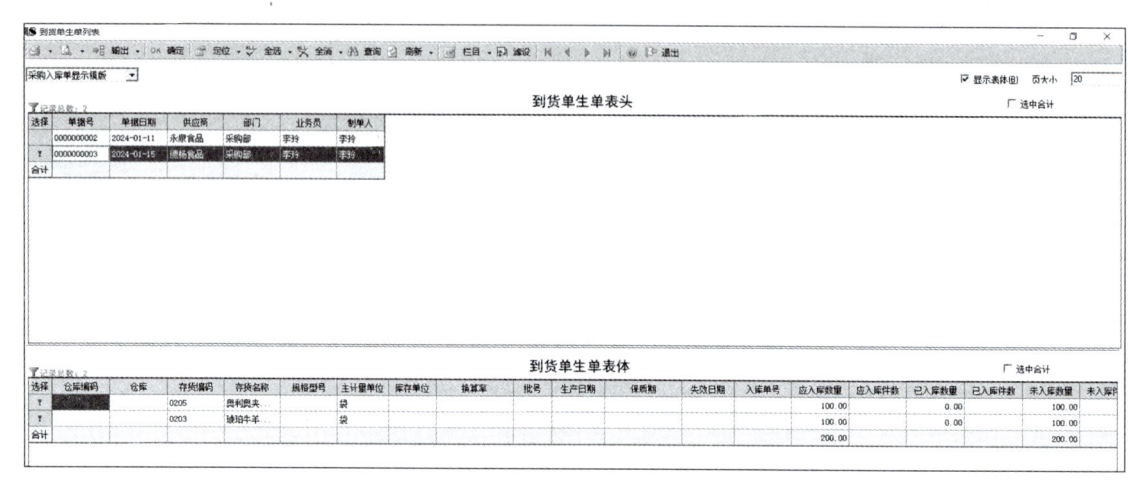

图 4-67　选中本业务记录

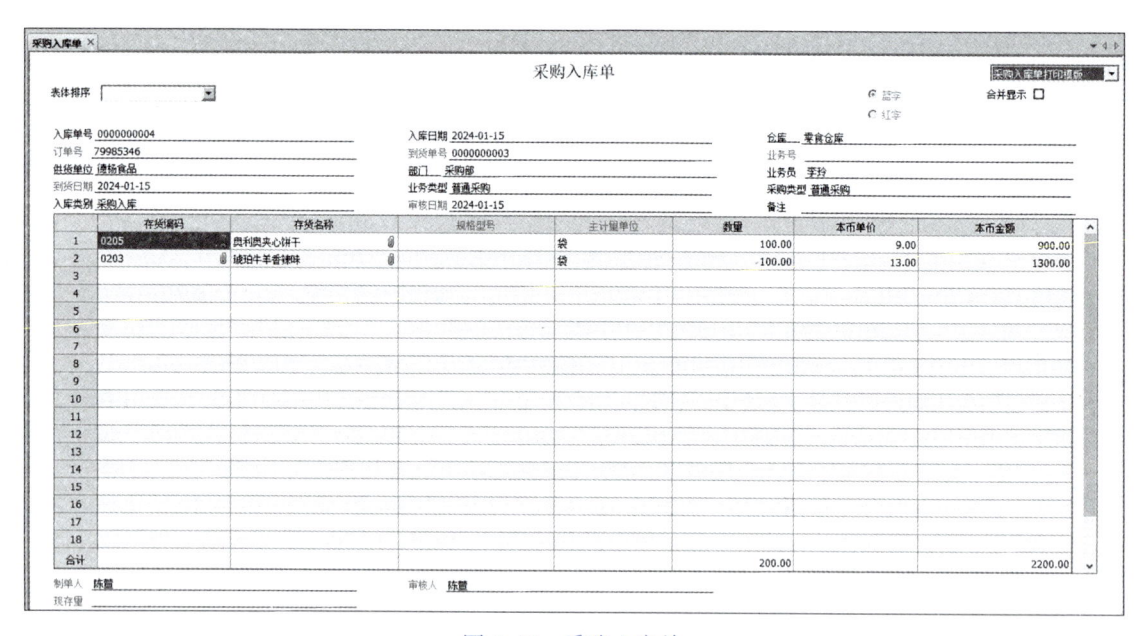

图 4-68　采购入库单

4. 正常单据记账并生成凭证

（1）以会计"105 林彬"的身份，于 2024 年 1 月 15 日登录企业应用平台。

（2）选择"供应链"→"存货核算"→"业务核算"→"正常单据记账"，打开"查询条件选择"对话框，单击"确定"按钮，系统打开"未记账单据一览表"窗口。单击工具栏"全选"按钮，再单击"记账"按钮，系统弹出信息框提示记账成功，如图 4-69 所示。单击"确定"按钮，完成记账工作。关闭并退出该窗口。

（2）选择"财务核算"→"生成凭证"，打开"生成凭证"窗口。单击工具栏"选择"按钮，系统弹出"查询条件"对话框，单击"确定"按钮，打开"选择单据"窗口。单击工具栏"全选"按钮，选中已记账的采购入库单记录，如图 4-70 所示。

图 4-69 记账成功

图 4-70 选中已记账的采购入库单记录

（4）单击工具栏"确定"按钮，系统自动关闭"选择单据"窗口，同时打开"生成凭证"窗口，如图 4-71 所示。

图 4-71 "生成凭证"窗口

（5）单击工具栏"生成"按钮，系统自动生成凭证，单击工具栏"保存"按钮，保存该凭证，结果如图 4-72 所示。关闭并退出该窗口。

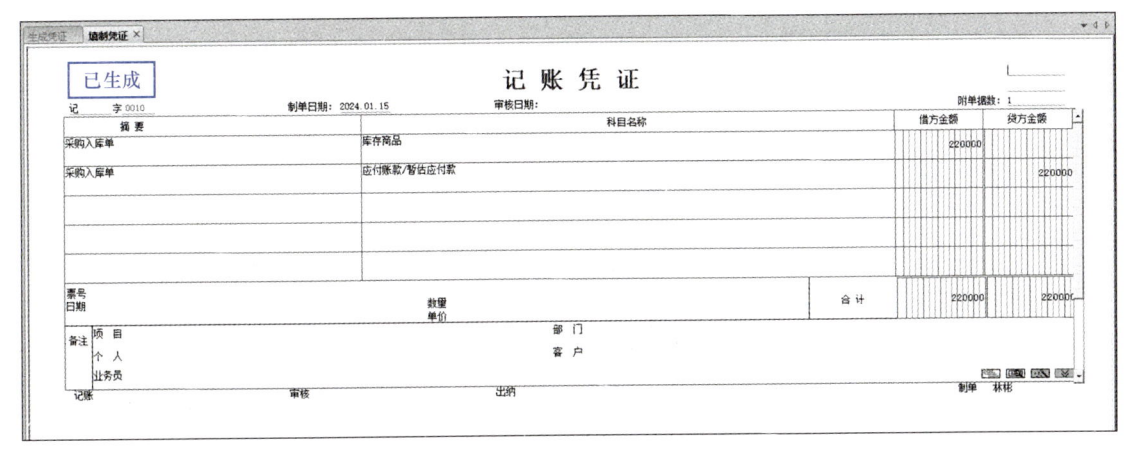

图 4-72 暂估入库记账凭证

任务四　采购退货业务处理

工作任务

1月15日，发现上月向上海市松江区大爽食品有限公司购买的琥珀牛羊香辣味有10袋存在质量问题。经与对方协商后即日办理退货，当日收到对方开具的负数增值税专用发票及货款。

相关凭证如图4-73～图4-75所示。

商品入库单

供应单位：上海市松江区大爽食品有限公司　　　　发票号码：17826045
收发类别：外购
地址：　　　　　　　2024年01月15日　　　　收料单编号：
　　　　　　　　　　　　　　　　　　　　　　收料仓库：零食

| 编号 | 名称 | 规格 | 单位 | 数量 | | 实际成本 | | | | |
| | | | | 应收 | 实收 | 买价 | | 运杂费 | 其他 | 合计 |
						单价	金额			
	琥珀牛羊香辣味		袋	-10	-10					
	合　计									
	备　注		质量问题，同意退货							

采购员：李玲　　检验员：　　记账员：林彬　　保管员：

图4-73　入库单

上海增值税专用发票

3100191140　　　　　　　　　　　　　　　No 17826045　3100191140
　　　　　　　　　　　　　　发票联　　　　　　　　　　　　　17826045
机器编号：982888812388　　　　　　　　　开票日期：2024年01月15日

购买方	名　称：浙江安祥商贸有限公司	密码区	>9*418641-%208>3>82862431384
	纳税人识别号：91330101M505277347		-63#—4#%41923-868-58>1089>#
	地　址、电　话：杭州市纳文路729号0571-88009354		2>40>77730%##61#32076%%327-9
	开户行及账号：工商银行杭州市美馨路支行14263537317283382244		*01%25-8%4*42725>>#%0*9-840>

货物或应税劳务、服务名称	规格型号	单位	数量	单价	金额	税率	税额
琥珀牛羊香辣味		袋	-10	14.00	-140.00	13%	-18.20
						13%	
合　计					￥-140.00		￥-18.20
价税合计（大写）	⊗（负数）壹佰伍拾捌元贰角整				（小写）￥-158.20		

销售方	名　称：上海市松江区大爽食品有限公司	备注	校验码 52118
	纳税人识别号：91310101M472413771		
	地　址、电　话：上海市松江区齐彩大道路78号021-58372674		
	开户行及账号：中国招商银行上海市松江区支行6228393743836273		

收款人：　　复核：胡妩　　开票人：杨伟　　销售方：（章）

图4-74　退货发票

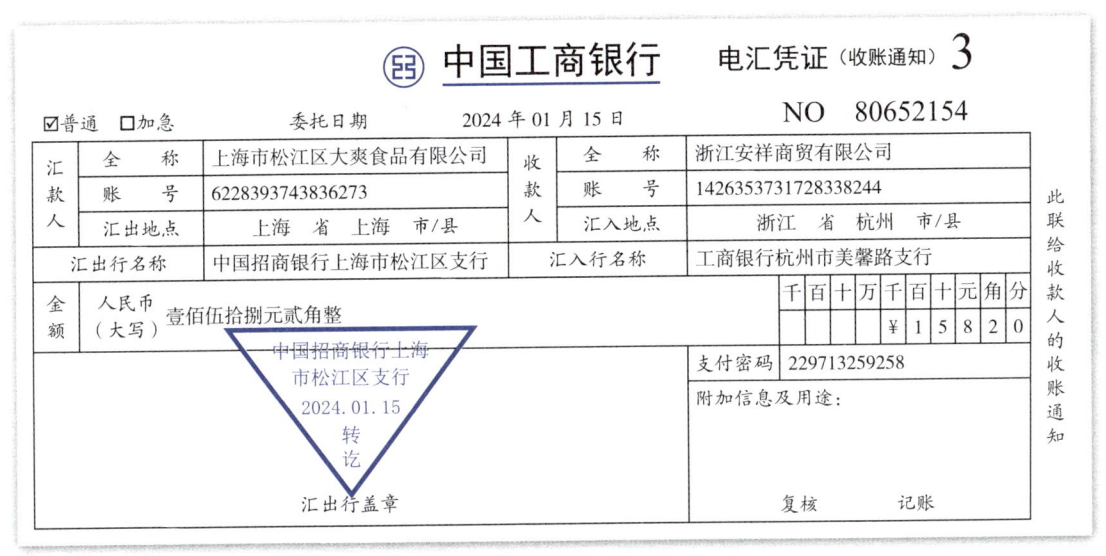

图 4-75　电汇凭证（收账通知）

知识储备

采购退货是指客户在收货过程中或收货后，因所购货物质量、品种规格等方面与合同不符或其他原因需要将所购货物退回给供应商的一种业务行为。采购退货可以按业务结算的时间不同分为结算前全额退货、结算前部分退货和结算后退货三种情形。

1. 结算前全额退货

结算前全额退货即已录入采购入库单但未进行采购结算，并且全额退货。采购人员需填制一张全额数量的红字采购入库单，再把这张红字采购入库单与原入库单进行结算，冲抵原入库单数据。

2. 结算前部分退货

结算前部分退货即已录入采购入库单但未进行采购结算，并且部分退货。采购人员需要填制一张部分数量的红字采购入库单，填制一张相对应的采购发票，其中发票上的数量＝原入库单数量－红字入库单数量，再把这张红字入库单与原入库单、采购发票进行结算，冲抵原入库单数据。

3. 结算后退货

结算后退货即已录入采购入库单、采购发票，并且已进行了采购结算，然后发生退货事项。采购人员需要填制一张红字采购入库单，再填制一张红字发票，把这张退货单与红字发票进行结算，冲抵原入库单数据。当收到供货单位开具的红字（负数）发票，可分以下情况进行结算：

（1）货物未入库的红字发票结算：没有对应的入库单，采用"手工结算"，不选入库单，直接选择原蓝字发票和红字发票进行结算。

（2）货物已退的红字发票结算：在取得供货单位的退货发票后，进行结算。如果退货单与退货发票一致，可以"自动结算"，否则采用"手工结算"。

岗位说明

本任务的操作流程概览见表 4-4。

表 4-4 操作流程概览

序　号	操作日期	操作员	子系统	操作内容
1	2024-01-15	301 李玲	采购管理	填制采购退货单
2	2024-01-15	201 陈萱	库存管理	参照采购退货单生成负数采购入库单
3	2024-01-15	301 李玲	采购管理	参照负数采购入库单生成红字采购专用发票（现付）
4	2024-01-15	105 林彬	应付款管理	审核发票并制单处理
5	2024-01-15	105 林彬	存货核算	正常单据记账并生成凭证

任务实施

1. 填制采购退货单

（1）以采购员"301 李玲"的身份，于 2024 年 1 月 15 日登录企业应用平台。

（2）选择"供应链"→"采购管理"→"采购到货"→"采购退货单"，打开"采购退货单"窗口。单击工具栏"增加"按钮，根据图 4-73 和图 4-74 填制采购退货单，采购类型选择"采购退货"。填写完毕，依次单击工具栏的"保存""审核"按钮，结果如图 4-76 所示。关闭并退出该窗口。

图 4-76　采购退货单

2. 参照采购退货单生成负数采购入库单

（1）以库管员"201 陈萱"的身份，于 2024 年 1 月 15 日登录企业应用平台。

（2）选择"供应链"→"库存管理"→"入库业务"→"采购入库单"，打开"采购入库单"窗口，单击"生单"下拉列表中"采购到货单（红字）"，打开"查询条件选择—采购到货单列表"对话框，单击"确定"按钮，打开"到货单生单列表"窗口。

（3）在"到货单生单列表"窗口，选中单据号为"0000000004"的到货单，双击其最左侧的"选择"单元格，如图 4-77 所示。

（4）单击工具栏"确定"按钮，生成一张红字采购入库单。根据图 4-73，仓库选择"零食仓库"，依次单击工具栏"保存""审核"按钮，结果如图 4-78 所示。关闭并退出该窗口。

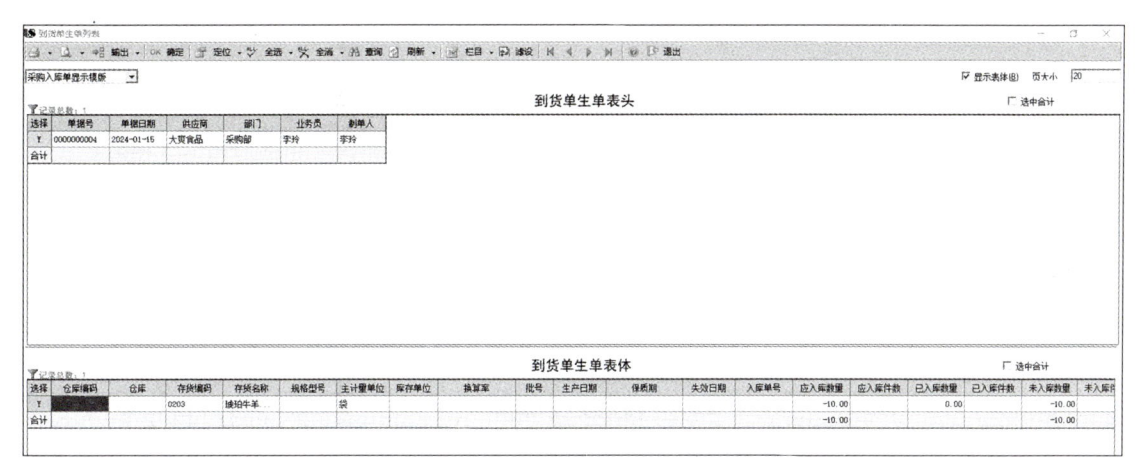

图 4-77 选中本业务记录

图 4-78 红字采购入库单

3. 参照负数采购入库单生成红字采购专用发票（现付）

（1）以采购员"301 李玲"的身份，于 2024 年 1 月 15 日登录企业应用平台。

（2）选择"供应链"→"采购管理"→"采购发票"→"红字专用采购发票"命令，打开"专用发票"窗口。单击工具栏"增加"按钮，选择"生单"下拉列表中的"入库单"，打开"查询条件选择—采购入库单列表过滤"对话框，单击"确定"按钮，打开"拷贝并执行"窗口。

（3）在"拷贝并执行"窗口，双击"发票拷贝入库单表头列表"中"0000000005"号入库单最左侧的"选择"单元格，选中本业务记录，如图 4-79 所示。

（4）单击工具栏"确定"按钮，生成一张采购专用发票。根据图 4-74，将发票号修改为"17826045"，其他项默认，依次单击工具栏的"保存""结算"按钮，结果如图 4-80 所示。关闭并退出该窗口。

（5）单击工具栏的"现付"按钮，打开"采购现付"窗口。根据图 4-75，录入结算方式"电汇"、原币金额"-158.20"、票据号"80652154"等信息，如图 4-81 所示。单击"确定"按钮，关闭并退出该窗口。

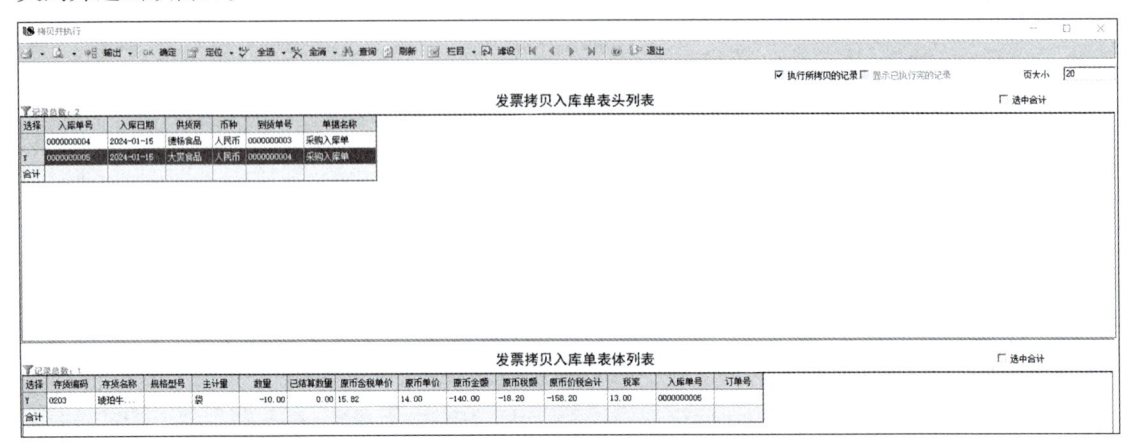

图 4-79 选中本业务记录

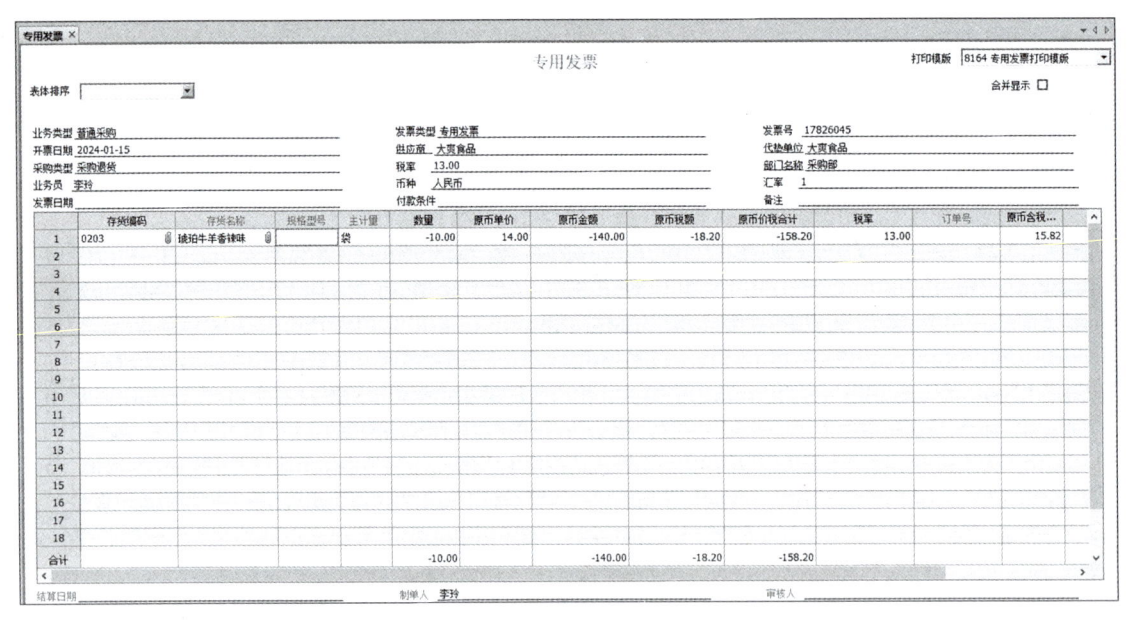

图 4-80 采购专用发票

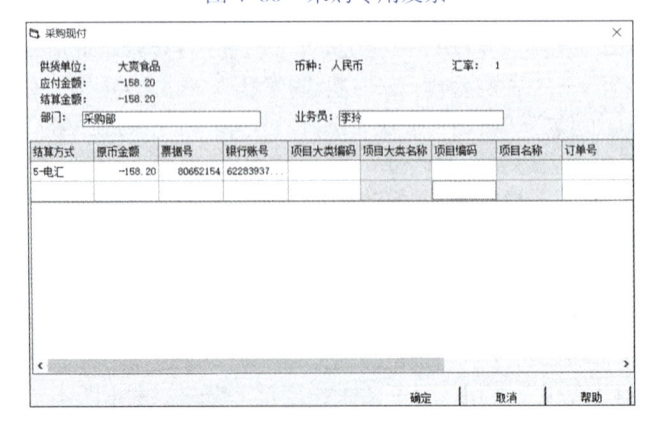

图 4-81 录入电汇信息

4. 审核发票并制单处理

（1）以会计"105 林彬"的身份，于 2024 年 1 月 15 日登录企业应用平台。

（2）选择"财务会计"→"应付款管理"→"应付单据处理"→"应付单据审核"，打开"应付单查询条件"对话框，勾选"包含已现结发票"和"未完全报销"，单击"确定"按钮，打开"单据处理"窗口，选中并审核该应付款单，如图 4-82 所示。关闭并退出该窗口。

图 4-82　审核应付款单

（3）选择"制单处理"，打开"制单查询"对话框，勾选"现结制单"，单击"确定"按钮，打开"制单"窗口。依次单击工具栏"全选""制单"按钮，生成一张记账凭证，单击"保存"按钮，结果如图 4-83 所示。关闭并退出该窗口。

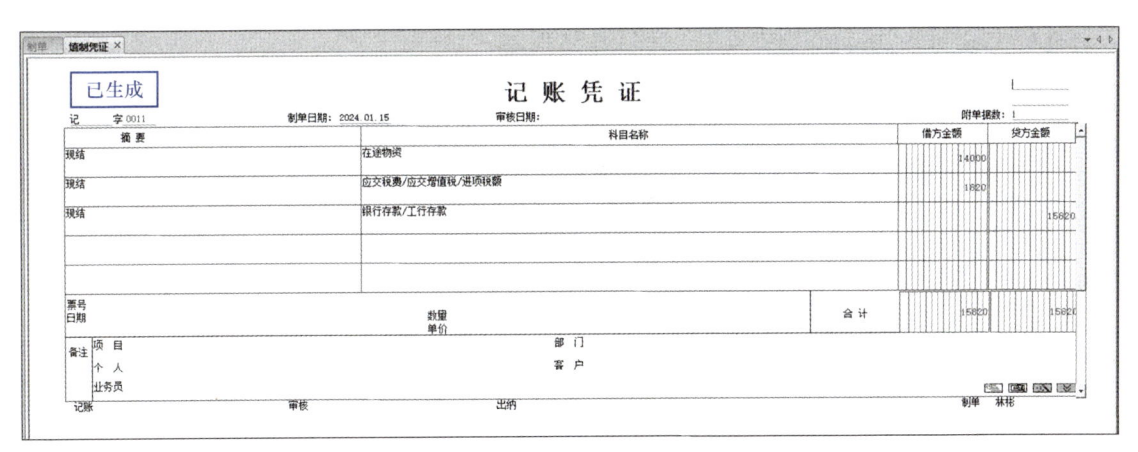

图 4-83　采购退款记账凭证

5. 正常单据记账并生成凭证

（1）选择"供应链"→"存货核算"→"业务核算"→"正常单据记账"，打开"查询条件选择"对话框，再单击"确定"按钮，系统打开"未记账单据一览表"窗口。单击工具栏"全选"按钮，再单击"记账"按钮，系统弹出信息框提示记账成功，如图 4-84 所示。单击"确定"按钮，完成记账工作。关闭并退出该窗口。

（2）选择"财务核算"→"生成凭证"，打开"生成凭证"窗口。单击工具栏"选择"按钮，系统弹出"查询条件"对话框，单击"确定"按钮，打开"选择单据"窗口。单击工具栏"全选"按钮，选中已记账的红字采购入库单记录，如图 4-85 所示。

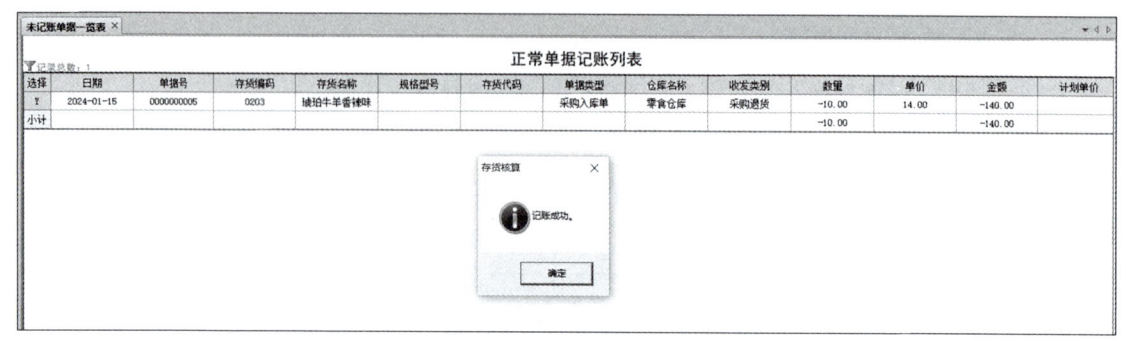

图 4-84 记账成功

图 4-85 选中已记账的红字采购入库单记录

（3）单击工具栏"确定"按钮，系统自动关闭"选择单据"窗口，同时打开"生成凭证"窗口，补充对方科目"1402 在途物资"，如图 4-86 所示。

图 4-86 补充对方科目

（4）单击工具栏"生成"按钮，系统自动生成凭证，单击工具栏"保存"按钮，保存该凭证，结果如图 4-87 所示。关闭并退出该窗口。

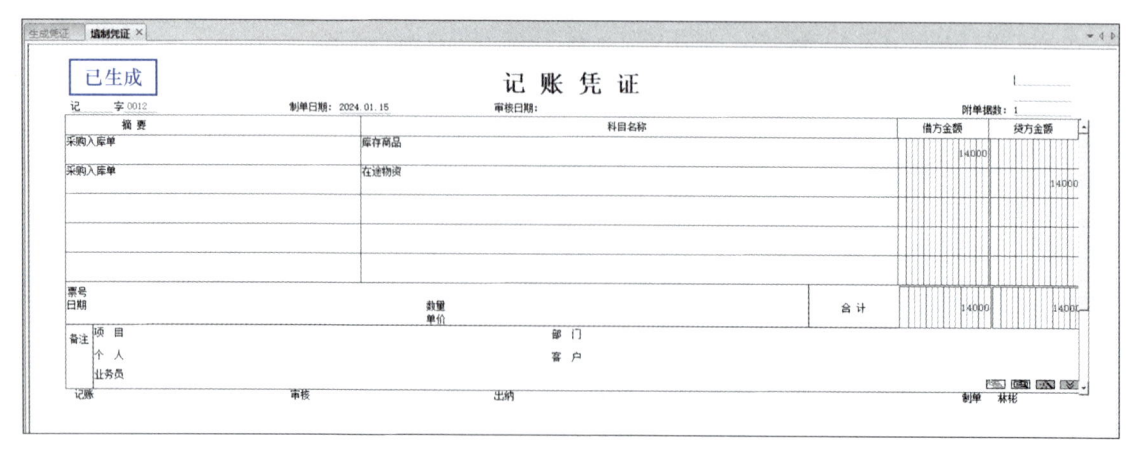

图 4-87 采购退货记账凭证

任务五　受托代销业务处理（收取手续费方式）

工作任务

2024年1月15日，采购部与黑龙江舒达饮品有限公司签订委托代销合同。当日收到代销商品。相关凭证如图4-88和图4-89所示。

委托代销合同　　　　合同编号　47345047

委托方（甲方）：黑龙江舒达饮品有限公司

代销方（乙方）：浙江安祥商贸有限公司

根据《中华人民共和国民法典》及国家相关法律、法规之规定，甲乙双方本着平等互利的原则，就甲方委托乙方销售货物一事达成以下协议。

一、甲方委托乙方代销下列商品：

商品名称	规格型号	单位	供应单位	数量	代销单价	备注
阿尔山矿泉水		箱		500	40	
冰露纯净水		箱		800	10	

二、上列代销价格按以下办法执行：采用收手续费的方式由委托方委托受托方代销货物，即受托方只能按照合同规定的价格进行销售。受托方将代销的商品销售后，按总价款（不含增值税）的10%给予受托方手续费，商品销售款归委托方所有，每月底结算一次货款和代销手续费。

三、交货方式和费用承担：交货方式：　委托方送货上门　，交货时间：　签订合同当日　前，交货地点：　浙江安祥商贸有限公司　，运费由　委托方　承担。

四、代销商品发货数量必须根据乙方通知。

五、手续费收取与结算按下列办法：乙方按销货款总额　10　%收取手续费，待乙方收到货款后，即给甲方结算费用。

六、甲方代销商品应与样品相符，保质保量，代销数量、规格、价格，有效期内如有变更，甲方必须及时通知乙方，通知到达前，已由乙方签出的合同，应照旧履行。如因质量或供应脱节而造成的损失和费用（包括手续费），均由甲方负责。

七、未尽事宜经双方协商可作补充协议，与本合同具有同等效力。

八、本合同自双方签字、盖章之日起生效；本合同壹式贰份，甲乙双方各执壹份。

甲方（签章）：　　　　　　　　　　　　乙方（签章）：
授权代表：陈梅　　　　　　　　　　　　授权代表：张伟
地　　址：黑龙江省哈尔滨市二道区荣环路2期　　　地　　址：杭州市纳文路729号
电　　话：0431-89619597　　　　　　　电　　话：0571-88009354
日　　期：2024年01月05日　　　　　　 日　　期：2024年01月05日

图4-88　委托代销合同（收取手续费方式）

商品入库单

供应单位：黑龙江舒达饮品有限公司
收发类别：受托代销
地址：
发票号码：87189231
收料单编号：
收料仓库：受托代销

2024 年 01 月 05 日

| 编号 | 名称 | 规格 | 单位 | 数量 | | 实际成本 | | | | |
| | | | | 应收 | 实收 | 买价 | | 运杂费 | 其他 | 合计 |
						单价	金额			
	阿尔山矿泉水		箱	500	500					
	冰露纯净水		箱	800	800					
	合计									
	备注									

采购员：李玲　　检验员：　　记账员：林彬　　保管员：

图 4-89　入库单

2024 年 1 月 23 日，销售部与深圳安吉饮水产业公司签订购销合同。当日，安祥商贸公司开具发票并发出货物，同时收到货款。

相关凭证如图 4-90 ～图 4-93 所示。

购销合同

合同编号：40135335

购货单位（甲方）：深圳安吉饮水产业集团有限公司
供货单位（乙方）：浙江安祥商贸有限公司

根据《中华人民共和国民法典》及国家相关法律、法规之规定，甲乙双方本着平等互利的原则，就甲方购买乙方货物一事达以下协议：

一、货物的名称、数量及价格：

货物名称	规格型号	单位	数量	单价	金额	税率	价税合计
阿尔山矿泉水		箱	500	40.00	20,000.00	13%	22,600.00
冰露纯净水		箱	800	10.00	8,000.00	13%	9,040.00
合计（大写）叁万壹仟陆佰肆拾元整							¥31,640.00

二、交货方式和费用承担：交货方式：<u>供货方送货</u>，交货时间：<u>2024年01月23日</u>前，交货地点：<u>深圳安吉饮水产业集团有限公司</u>，运费由<u>购货方</u>承担。

三、付款时间与付款方式：<u>购货单位在收到货物后立即支付货款</u>。

四、质量异议期：订货方对供货方的货物质量有异议时，应在收到货物后 <u>15日</u> 内提出，逾期视为货物质量合格。

五、未尽事宜经双方协商可作补充协议，与本合同具有同等效力。

六、本合同自双方签字、盖章之日生效；本合同壹式贰份，甲乙双方各执壹份。

甲方（签章）：　　　　　　　　　　　乙方（签章）：
授权代表：朱笑琲　　　　　　　　　　授权代表：张伟
地　　址：广东省深圳市宝安区新吉街道　地　　址：杭州市网文路729号
电　　话：0755-29816999　　　　　　　电　　话：0571-88009354
日　　期：2024 年 01 月 23 日　　　　　日　　期：2024 年 01 月 23 日

图 4-90　购销合同

浙江增值税专用发票

No 39027393
3300191140
39027393

机器编号：982888812388 开票日期：2024年01月23日

购买方	名称：深圳安吉饮水产业集团有限公司 纳税人识别号：91440301M151254040 地址、电话：广东省深圳市宝安区石岩街道0755-29816999 开户行及账号：中国招商银行深圳市宝安区支行6228393746379866	密码区	80>96*6%#33912%142%669>3976% 15078*27580971*%7*>0>#*34774 1*99%86442>41*-8*09264#9053 #*565182*80096#829>046868#33

货物或应税劳务、服务名称	规格型号	单位	数量	单价	金额	税率	税额
阿尔山矿泉水		箱	500	40.00	20,000.00	13%	2,600.00
冰露纯净水		箱	800	10.00	8,000.00	13%	1,040.00
合计					¥28,000.00		¥3,640.00

价税合计（大写） ⊗叁万壹仟陆佰肆拾元整　　　　　（小写）¥31,640.00

销售方	名称：浙江安祥商贸有限公司 纳税人识别号：91330101M505277347 地址、电话：杭州市纳文路729号0571-88009354 开户行及账号：工商银行杭州市美馨路支行1426353731728338244	备注	校验码 52118 02817 08248 65199

收款人：　　　　复核：林彬　　　　开票人：钟灵　　　　销售方：（章）

图 4-91　销售专用发票

中国工商银行 转账支票

10204420
23203353

出票日期（大写）：贰零贰肆 年 零壹 月 贰拾叁 日
付款行名称：中国招商银行深圳市宝安区支行
收款人：浙江安祥商贸有限公司
出票人账号：6228393746379866

人民币（大写）：叁万壹仟陆佰肆拾元整　　　¥31640.00

用途：采购商品　　密码：6562353505675833

上列款项请从我账户内支付

出票人签章：（深圳安吉饮水产业集团有限公司 财务专用章）　　复核：玮印　　记账：朱笑

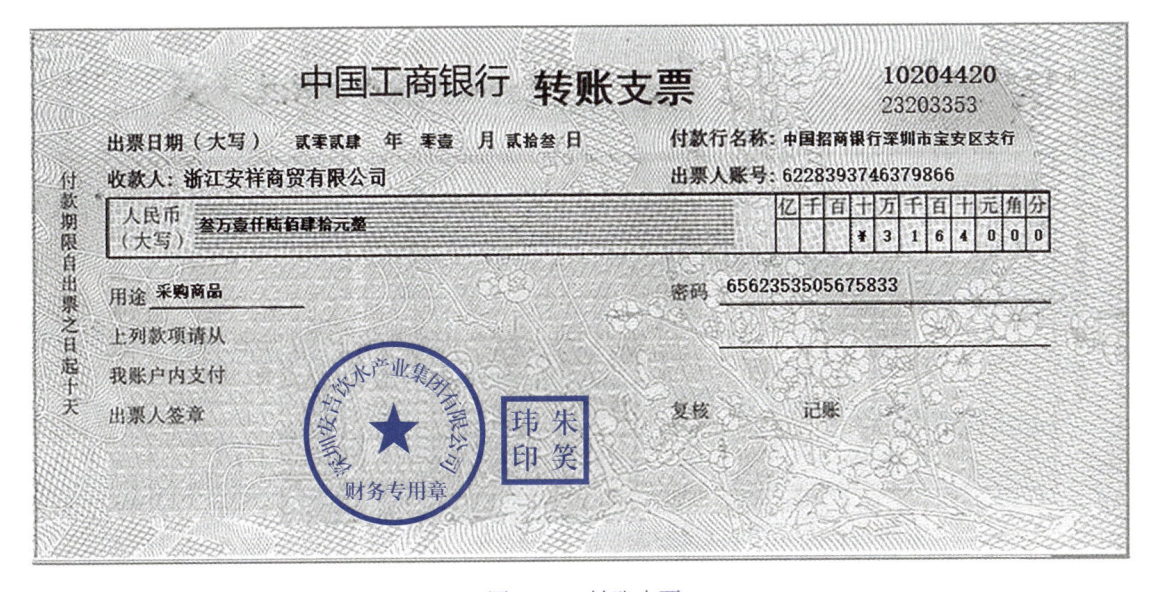

付款期限自出票之日起十天

图 4-92　转账支票

出库单

No. 79068629

购货单位：深圳安吉饮水产业集团有限公司　　2024年01月23日

编号	品名	规格	单位	数量	单价	金额	备注
	阿尔山矿泉水		箱	500			
	冰露纯净水		箱	800			
	合　计						

仓库主管：陈萱　　记账：林彬　　保管：　　经手人：　　制单：

第一联 存根联

图4-93　出库单

2024年1月26日，采购部李玲根据本月货物销售情况与舒达饮品办理代销结算（代销手续费采用负向应付单处理）。

相关凭证如图4-94～图4-98所示。

商品代销清单

No. 49834798

结算日期：2024年01月26日

	委托方	黑龙江舒达饮品有限公司	受托方	浙江安祥商贸有限公司
	账　号	6228748373636951	账　号	1426353731728338244
	开户银行	中国招商银行长春市二道区支行	开户银行	工商银行杭州市美馨路支行

代销货物	代销货物名称	规格型号	计量单位	数　量	单价（不含税）
	阿尔山矿泉水		箱	500	40.00
	冰露纯净水		箱	800	10.00

代销方式	收取手续费方式
代销款结算时间	每月底结算
代销款结算方式	结转支票

本月代销货物销售情况	代销货物名称	数量	计量单位	单价（不含税）	金额（不含税）	税率	税额
	阿尔山矿泉水	500	箱	40.00	20,000.00	13%	2,600.00
	冰露纯净水	800	箱	10.00	8,000.00	13%	1,040.00
	价税合计	大写：叁万壹仟陆佰肆拾元整			小写：¥31,640.00		
	本月代销款结算金额	大写：叁万壹仟陆佰肆拾元整			小写：¥31,640.00		

主管：韩寒　　审核：韩寒　　制单：林彬　　受托方（盖章）

第三联：受托方记账联

图4-94　商品代销清单

黑龙江增值税普通发票

发票联　　No 87189231　　2300191140　87189231

机器编号：982888812388　　开票日期：2024年01月26日

购买方	名　称：浙江安祥商贸有限公司 纳税人识别号：91330101M505277347 地　址、电　话：杭州市纳文路729号0571-88009354 开户行及账号：工商银行杭州市美馨路支行1426353731728338244	密码区	8>29335%1>*%4>%797*0470%58*8 9>>15317%1363#9%15*450>05%-2 8515293>706798-52>-058*767*8 -#8>827*-*2413-5%70354*72279

货物或应税劳务、服务名称	规格型号	单位	数量	单价	金额	税率	税额
阿尔山矿泉水		箱	500	40.00	20,000.00	13%	2,600.00
冰露纯净水		箱	800	10.00	8,000.00	13%	1,040.00
合　计					¥28,000.00		¥3,640.00

价税合计（大写）　⊗叁万壹仟陆佰肆拾元整　　（小写）¥31,640.00

销售方	名　称：黑龙江舒达饮品有限公司 纳税人识别号：91230101M446087501 地　址、电　话：黑龙江省哈尔滨市二道区荣环路2期0431-89619597 开户行及账号：中国招商银行长春市二道区支行6228748373636951	备注	校验码 52118 0281 7082 4509

收款人：　　复核：何华　　开票人：杨伟　　销售方：（章）

图 4-95　采购专用发票

中国工商银行
转账支票存根

10201120
80826354

附加信息

出票日期 2024 年 01 月 26 日

收款人	黑龙江舒达饮品有限公司
金　额	¥31,640.00
用　途	支付委托代销款

单位主管　张伟　　会计　林彬

图 4-96　转账支票存根

图 4-97 代销手续费发票

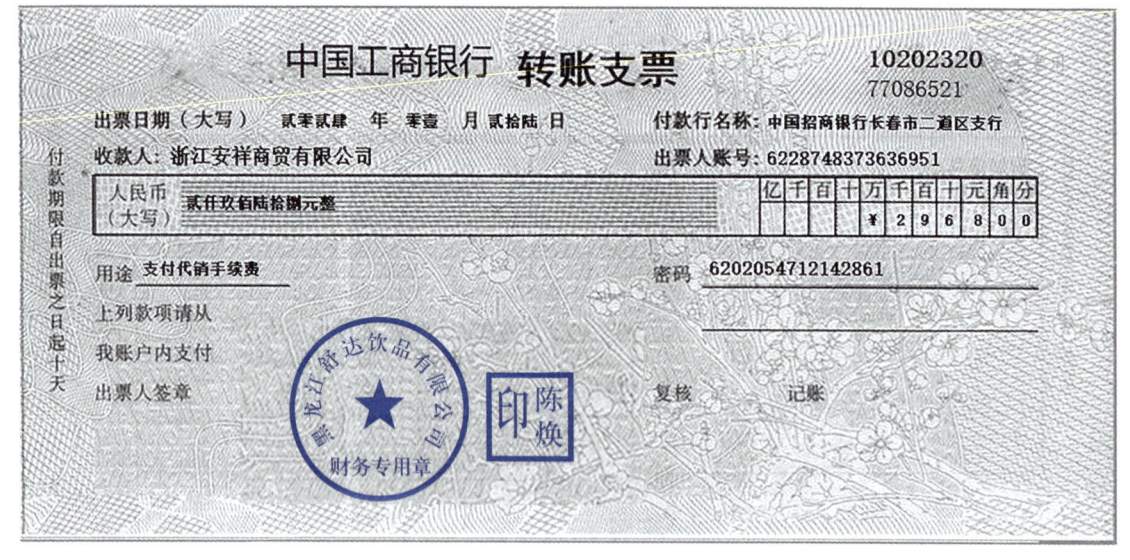

图 4-98 转账支票

知识储备

1. 受托代销业务

受托代销业务是指企业接受其他单位委托销售商品的业务。委托方和受托方双方签订合同，确定代销方式、价格和数量等，明确双方的经济利益和经济责任。在实务中包括收取手续费和视同买断两种模式。在收取手续费模式下，企业通过销售产品，最后取得手续费收入，销售代销商品是平价进行的，不存在差价，无法产生利润，手续费是受托代销公司的主要收入来源，所以对其销售代销商品不进行收入确认，而是确认为负债。在视同买断模式下，其利润的来源主要是商品的差价，因此销售代销商品需要确认为收入。

2. 收取手续费模式

收取手续费模式的代销是受托方根据所代销的商品，向委托方收取手续费的销售。对受托方来说，收取的手续费实际上是一种服务收入。在收取手续费代销模式下，受托方将商品售出，并向委托方开出代销清单时，按应收取的手续费确认收入。

3. 视同买断模式

视同买断模式有两种方式，一是双方签订"包销"订单，即受托方收到货物后，若货物未对第三方出售，那么受托方不可退货。包销下视同买断的处理同普通的赊销和赊购。二是双方签订"非包销"订单，即受托方收到货物后，若货物未对第三方出售，受托方有权将未售出商品退还给委托方。此种模式下，受托方赚取的是货物的价格差，但不承担未售出货物滞销的风险。

岗位说明

本任务的操作流程概览见表4-5。

表4-5 操作流程概览

业　务	序　号	操 作 日 期	操 作 员	子 系 统	操 作 内 容
收到受托代销货物	1	2024-01-15	301 李玲	采购管理	填制采购订单（受托代销）
	2	2024-01-15	301 李玲	采购管理	参照采购订单（受托代销）生成到货单
	3	2024-01-15	201 陈萱	库存管理	参照到货单生成采购入库单
	4	2024-01-15	105 林彬	存货核算	正常单据记账并生成凭证
销售受托代销货物	1	2024-01-23	401 陈路	销售管理	填制销售订单
	2	2024-01-23	401 陈路	销售管理	参照销售订单生成销售专用发票（现结）
	3	2024-01-23	201 陈萱	库存管理	参照发货单生成销售出库单
	4	2024-01-23	105 林彬	应收款管理	审核发票并制单处理
	5	2024-01-23	105 林彬	存货核算	正常单据记账并生成凭证
与委托方办理结算	1	2024-01-26	301 李玲	采购管理	填制受托代销结算单
	2	2024-01-26	105 林彬	应付款管理	审核发票并制单处理
	3	2024-01-26	105 林彬	存货核算	结算成本处理
	4	2024-01-26	401 陈路	销售管理	填制销售专用发票（收取手续费）并现结
	5	2024-01-26	105 林彬	应收款管理	审核发票并制单处理

任务实施

一、收到受托代销货物

1. 填制采购订单（受托代销）

（1）以采购员"301 李玲"的身份，于2024年1月15日登录企业应用平台。

（2）选择"供应链"→"采购管理"→"采购订货"→"采购订单"，打开"采购订单"窗口。单击工具栏"增加"按钮，根据图4-88填制采购订单，业务类型选择"受托代销"，供应商选择"舒达饮品"。填写完毕后，依次单击工具栏的"保存""审核"按钮，结果如

受托代销业务处理
（收到受托代销货物）

图4-99所示。关闭并退出该窗口。

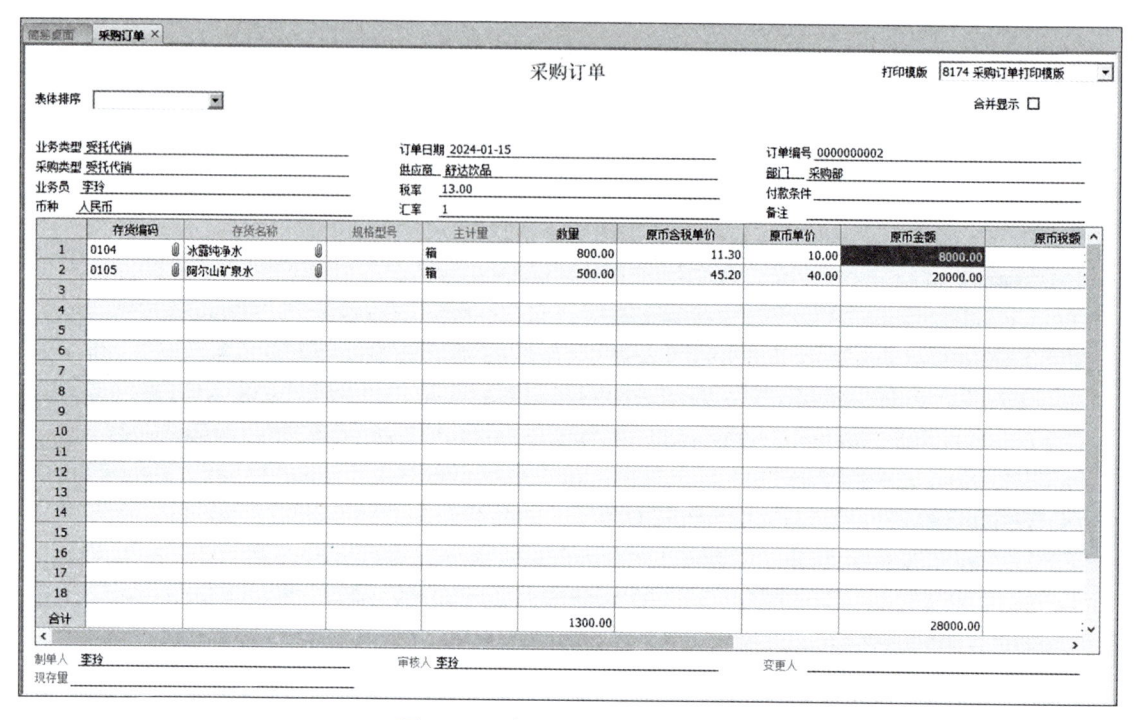

图4-99 采购订单（受托代销）

2. 参照采购订单（受托代销）生成到货单

（1）选择"采购到货"→"到货单"命令，打开"到货单"窗口。单击工具栏"增加"按钮，将到货单表头的业务类型修改为"受托代销"，再单击"生单"下拉列表中"采购订单"，打开"查询条件选择—采购订单列表过滤"对话框，单击"确定"按钮，打开"拷贝并执行"窗口。

（2）在"拷贝并执行"窗口，双击"到货单拷贝订单表头列表"中"0000000002"号订单最左侧的"选择"单元格，选中本业务记录，如图4-100所示。

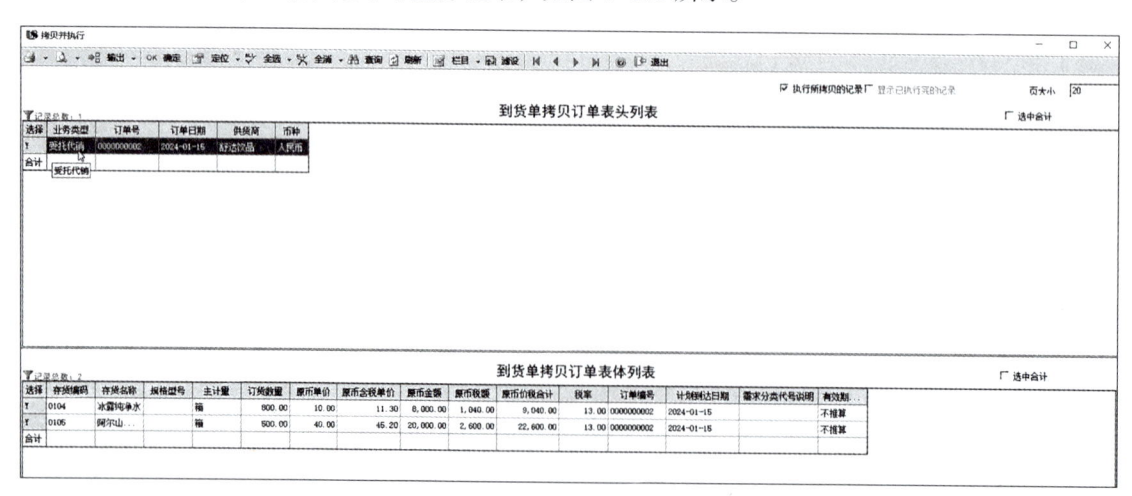

图4-100 选中本业务记录

（3）单击工具栏"确定"按钮，生成一张采购到货单，部门选择"采购部"，业务员选择

"李玲",再依次单击工具栏的"保存""审核"按钮,保存并审核该单据,结果如图4-101所示。关闭并退出该窗口。

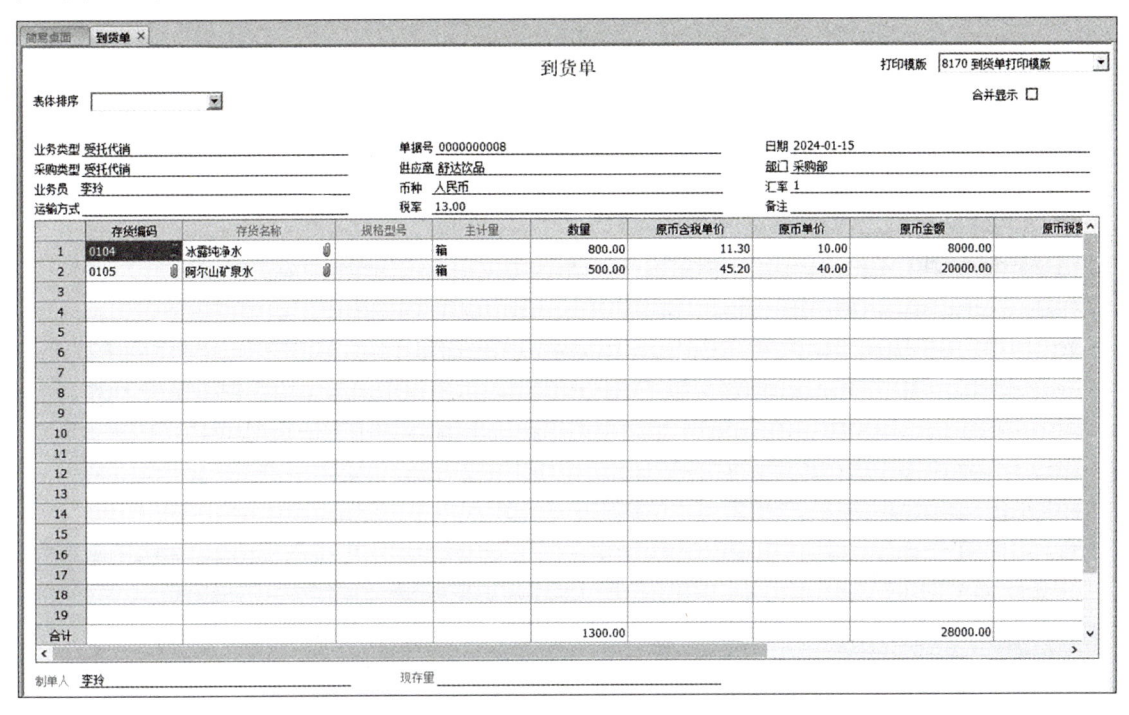

图 4-101 到货单

3. 参照到货单生成采购入库单

(1)以库管员"201陈萱"的身份,于2024年1月15日登录企业应用平台。

(2)选择"供应链"→"库存管理"→"入库业务"→"采购入库单",打开"采购入库单"窗口,选择"生单"下拉列表中的"采购到货单(蓝字)",打开"查询条件选择—采购到货单列表"对话框,单击"确定"按钮,打开"到货单生单列表"窗口。

(3)在"到货单生单列表"窗口,选中单据号为"0000000007"的到货单,双击"到货单生单表头"最左侧的"选择"单元格,如图4-102所示。

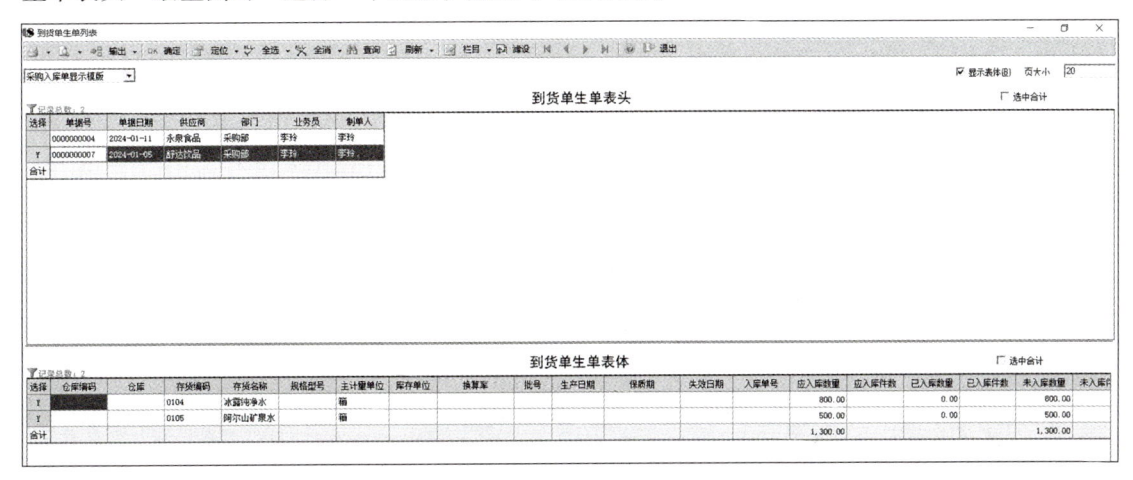

图 4-102 选中本业务记录

（4）单击工具栏"确定"按钮，生成一张采购入库单。根据图4-88和图4-89，仓库选择"受托代销仓库"，保存并审核该入库单，结果如图4-103所示。关闭并退出该窗口。

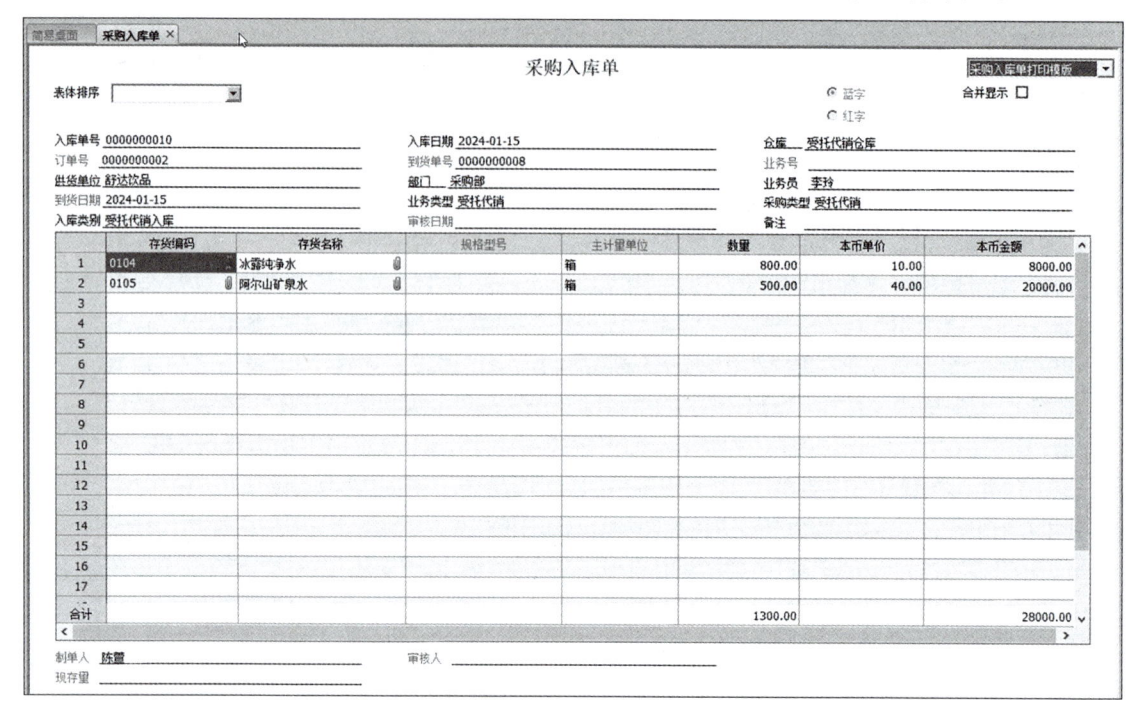

图 4-103 采购入库单

4. 正常单据记账并生成凭证

（1）以会计"105 林彬"的身份，于2024年1月15日登录企业应用平台。

（2）选择"供应链"→"存货核算"→"业务核算"→"正常单据记账"，打开"查询条件选择"对话框，再单击"确定"按钮，系统打开"未记账单据一览表"窗口。单击工具栏"全选"按钮，再单击"记账"按钮，系统弹出信息框提示记账成功，如图4-104所示。单击"确定"按钮，完成记账工作。关闭并退出该窗口。

图 4-104 记账成功

（3）选择"财务核算"→"生成凭证"，打开"生成凭证"窗口。单击工具栏"选择"按钮，系统弹出"查询条件"对话框，单击"确定"按钮，系统打开"选择单据"窗口。单击工具栏"全选"按钮，选中已记账的采购入库单记录，如图4-105所示。

图4-105 选中已记账的采购入库单记录

（4）单击工具栏"确定"按钮，系统自动关闭"选择单据"窗口，同时打开"生成凭证"窗口，如图4-106所示。

图4-106 "生成凭证"窗口

（5）单击工具栏"生成"按钮，系统自动生成凭证，单击工具栏"保存"按钮，保存该凭证，结果如图4-107所示。关闭并退出该窗口。

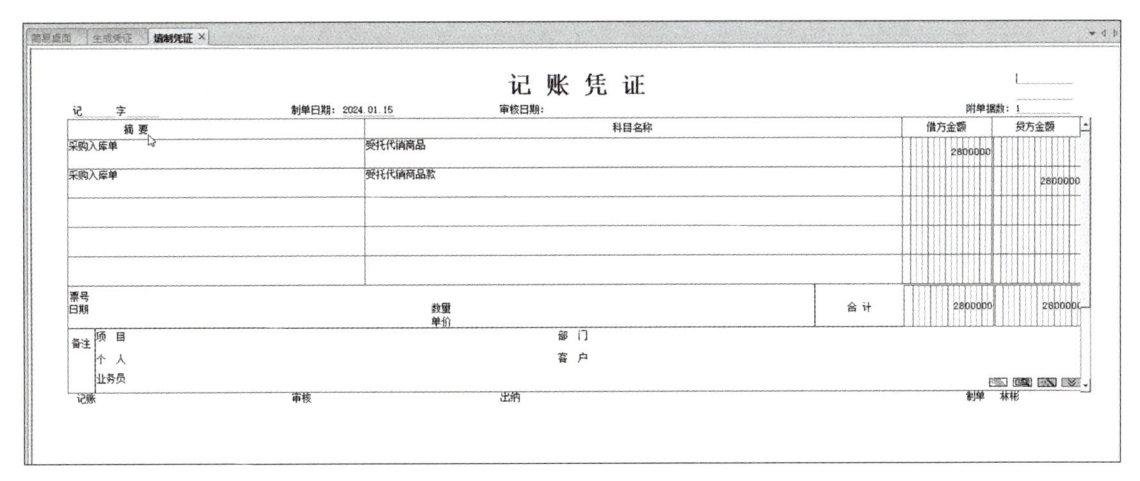

图4-107 采购入库记账凭证

二、销售受托代销货物

1. 填制销售订单

（1）以采购员"401 陈路"的身份，于2024年1月23日登录企业应用平台。

（2）选择"供应链"→"销售管理"→"销售订货"→"销售订单"，打开"销售订单"窗口。单击工具栏"增加"按钮，根据图4-90填制销售订单，订单号输入"40135335"，销售类型选择"受托代销"，供应商选择"深圳安吉"。填写完毕后，

受托代销业务处理
（销售受托代销货物1）

依次单击工具栏的"保存""审核"按钮，结果如图 4-108 所示。关闭并退出该窗口。

图 4-108 销售订单

2. 参照销售订单生成销售专用发票（现结）

（1）选择"销售开票"→"销售专用发票"，打开"销售专用发票"窗口。单击工具栏"增加"按钮，打开"查询条件选择—参照订单"对话框，单击"确定"按钮，打开"参照生单"窗口。

（2）在"参照生单"窗口，双击"发票参照订单列表"中"40135335"号订单最左侧的"选择"单元格，选中本业务记录，如图 4-109 所示。

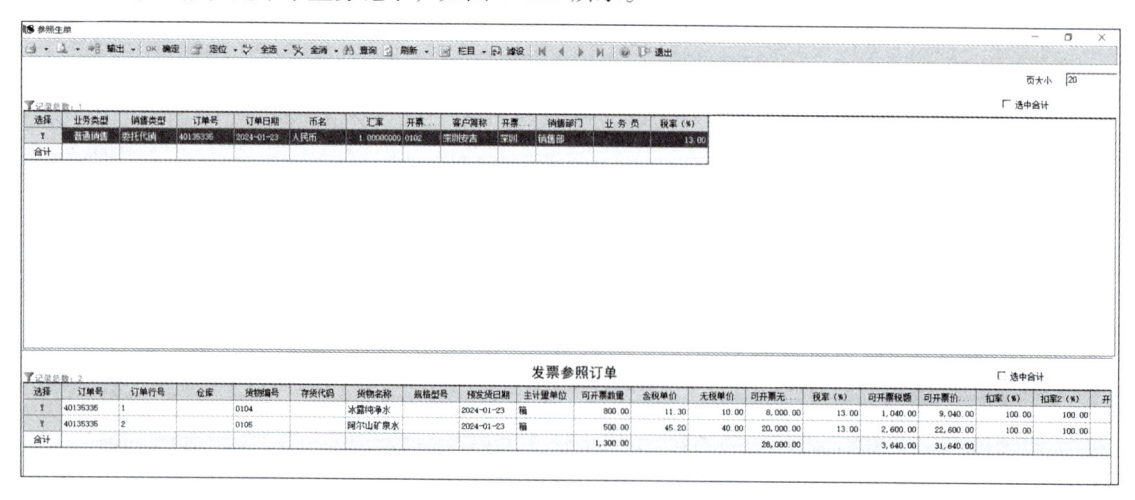

图 4-109 选中本业务记录

（3）单击工具栏"确定"按钮，生成一张销售专用发票。根据图 4-91，将发票号修改为"39027393"，表头存货的仓库名称均选"受托代销仓库"其他项默认，依次单击工具栏的"保存"按钮，保存该发票，结果如图4-110所示。关闭并退出该窗口。

图 4-110　销售专用发票

（4）单击工具栏的"现结"按钮，打开"现结"窗口。根据图4-92录入结算方式"转账支票"、原币金额"31640"、票据号"23203353"等信息，结果如图4-111所示。单击"确定"按钮，再单击"复核"按钮。关闭并退出该窗口。

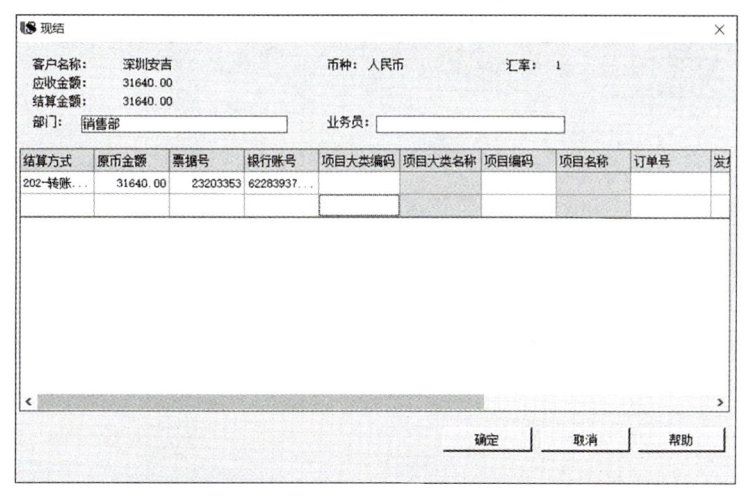

图 4-111　转账支票信息

3. 参照发货单生成销售出库单

（1）以库管员"201陈萱"的身份，于2024年1月23日登录企业应用平台。

（2）选择"供应链"→"库存管理"→"出库业务"→"销售出库单"，打开"销售出库单"窗口，选择"生单"下拉列表中的"销售生单"，打开"查询条件选择—销售发货单列表"

对话框，单击"确定"按钮，打开"销售生单"窗口。

（3）在"销售生单"窗口，双击"销售发货单生单表头"中单号为"0000000002"的销售发货单最左侧的"选择"单元格，如图4-112所示。

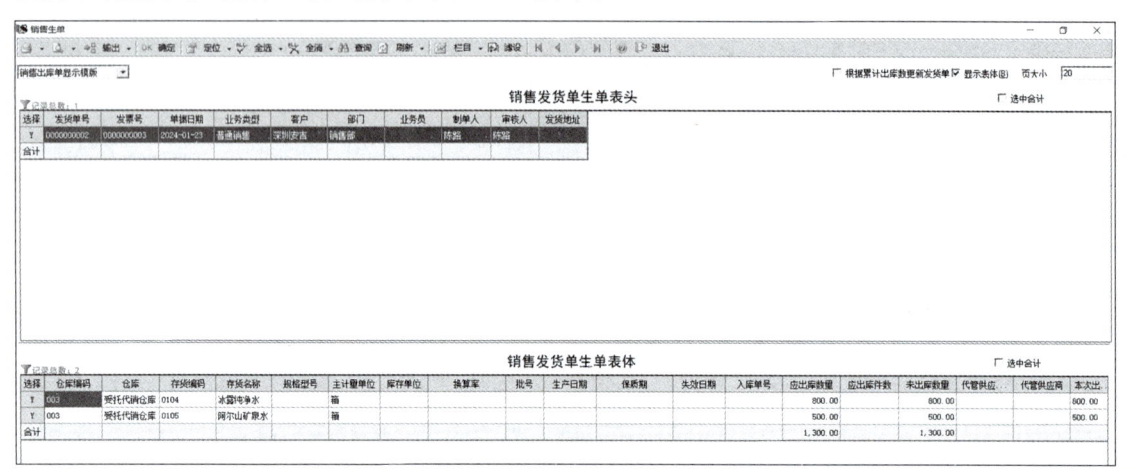

图4-112 选中本业务记录

（4）单击工具栏"确定"按钮，生成一张销售出库单，保存并审核该张销售出库单，结果如图4-113所示。关闭并退出该窗口。

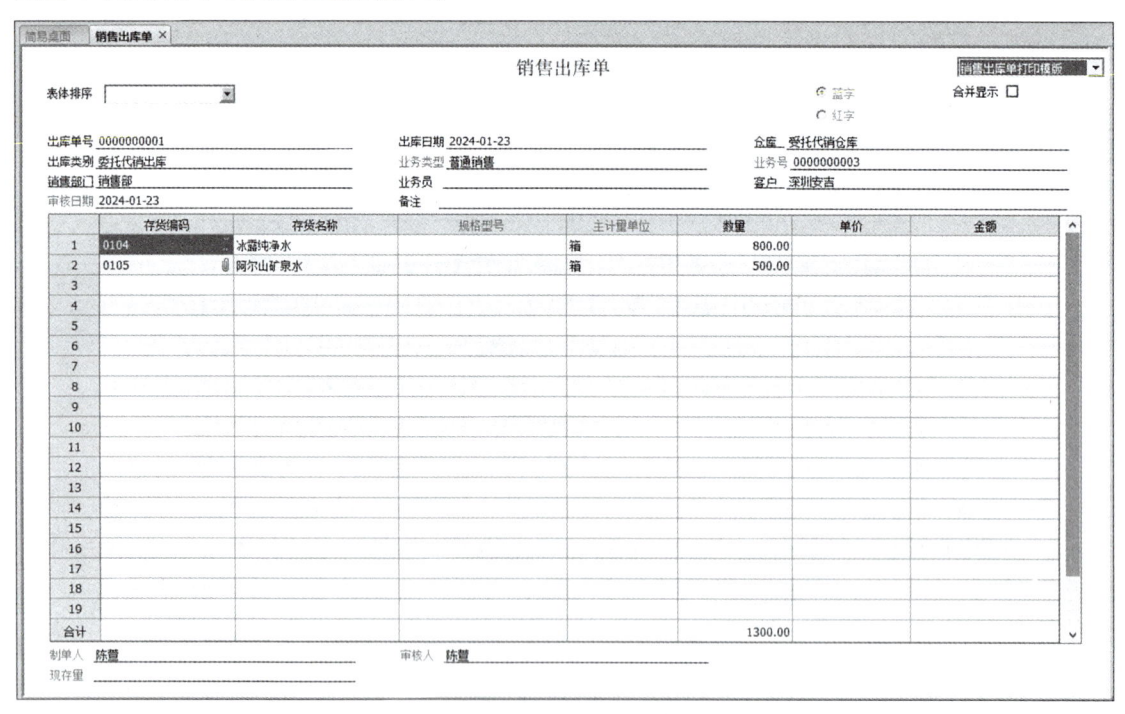

图4-113 销售出库单

4. 审核发票并制单处理

（1）以主管"101 张伟"的身份，于2024年1月23日登录企业应用平台，选择"基础设置""基础档案""财务"，打开"会计科目"窗口，在"负债"下面新增会计科目"220203 受托代销"。

（2）以会计"105 林彬"的身份，于 2024 年 1 月 23 日登录企业应用平台。

（3）选择"财务会计"→"应付款管理"→"应收单据处理"→"应收单据审核"命令，打开"应收单查询条件"对话框，勾选"包含已现结发票"，单击"确定"按钮，打开"单据处理"窗口，选中并审核该应收单据，如图 4-114 所示。关闭并退出该窗口。

受托代销业务处理
（销售受托代销货物2）

图 4-114　审核应收单据

（4）选择"制单处理"，打开"制单查询"对话框，勾选"现结制单"，单击"确定"按钮，打开"制单"窗口。依次单击工具栏"全选""制单"按钮，生成一张记账凭证，补充缺失的会计科目"220203"，单击"保存"按钮，结果如图 4-115 所示。关闭并退出该窗口。

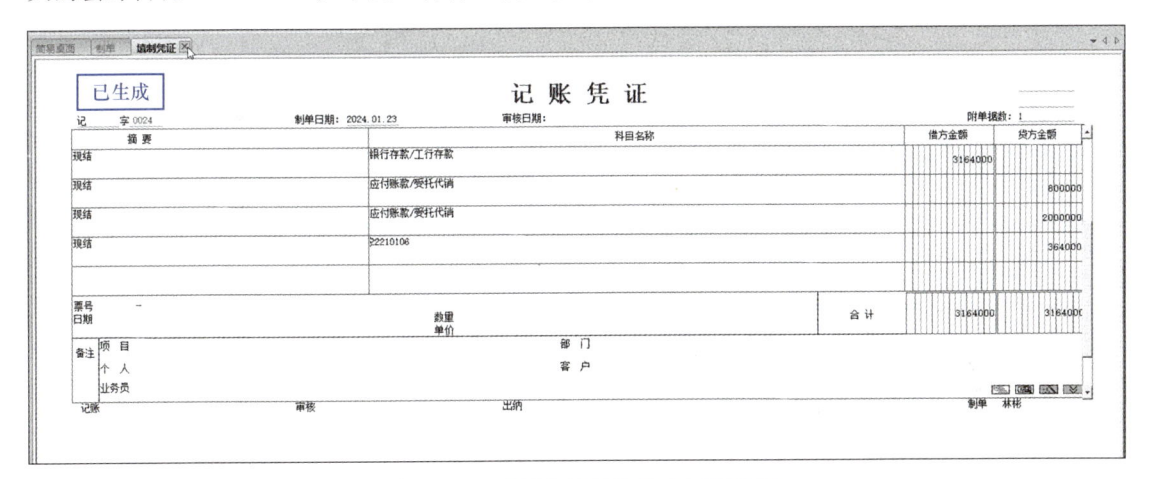

图 4-115　受托代销销售收入记账凭证

5. 正常单据记账并生成凭证

（1）选择"供应链"→"存货核算"→"业务核算"→"正常单据记账"，打开"查询条件选择"对话框，单击"确定"按钮，系统打开"未记账单据一览表"窗口。单击工具栏"全选"按钮，再单击"记账"按钮，系统弹出信息框提示记账成功，如图 4-116 所示。单击"确定"按钮，完成记账工作。关闭并退出该窗口。

（2）选择"财务核算"→"生成凭证"，打开"生成凭证"窗口。单击工具栏"选择"按钮，系统弹出"查询条件"对话框，单击"确定"按钮，系统打开"选择单据"窗口。单击工具栏"全选"按钮，选中已记账的红字采购入库单记录，如图 4-117 所示。

（3）单击工具栏"确定"按钮，系统自动关闭"选择单据"窗口，同时打开"生成凭证"窗口，补充存货科目"1321 受托代销商品"，如图 4-118 所示。

（4）单击工具栏"合成"按钮，系统自动生成凭证，单击工具栏"保存"按钮，保存该凭证，结果如图 4-119 所示。关闭并退出该窗口。

图 4-116 记账成功

图 4-117 选中已记账的红字采购入库单记录

图 4-118 补充存货科目

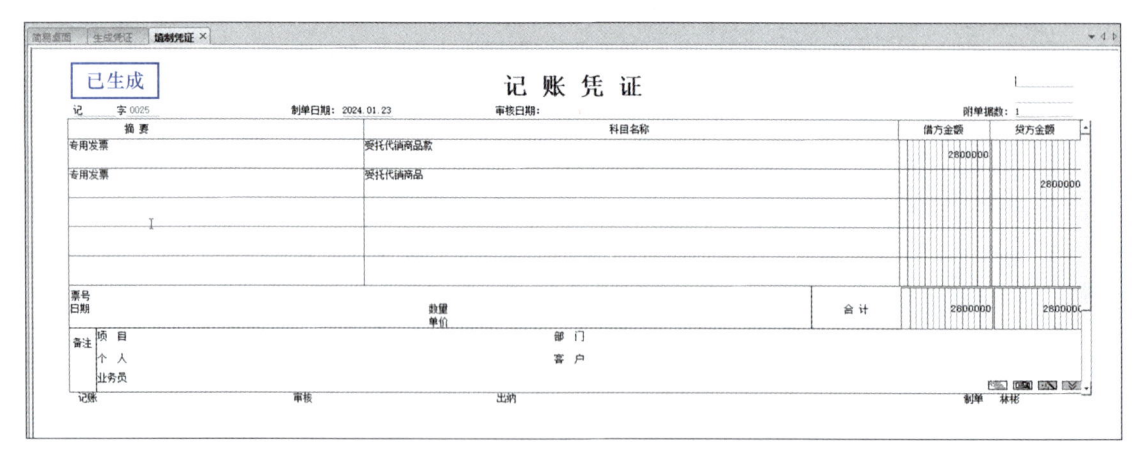

图 4-119 存货核算记账凭证

三、与委托方办理结算

1. 填制受托代销结算单

（1）以采购员"301李玲"的身份，于2024年1月26日登录企业应用平台。

（2）选择"供应链"→"采购管理"→"采购结算"→"受托代销结算"，打开"查询条件选择—受托结算选单过滤"对话框，供应商编码选择"0101 舒达饮品"，单击"确定"按钮，打开"受托代销结算"窗口。

（3）填制受托代销结算单，发票号填入"87189231"，业务员选择"301 李玲"，采购类型选择"03 受托代销"，在窗口下方"受托代销结算选单列表"中，双击两张入库单最左侧的"选择"栏，如图 4-120 所示。单击工具栏"结算"按钮，系统提示"结算完成！"，单击"确定"按钮。关闭并退出该窗口。

受托代销业务处理
（与委托方办理结算）

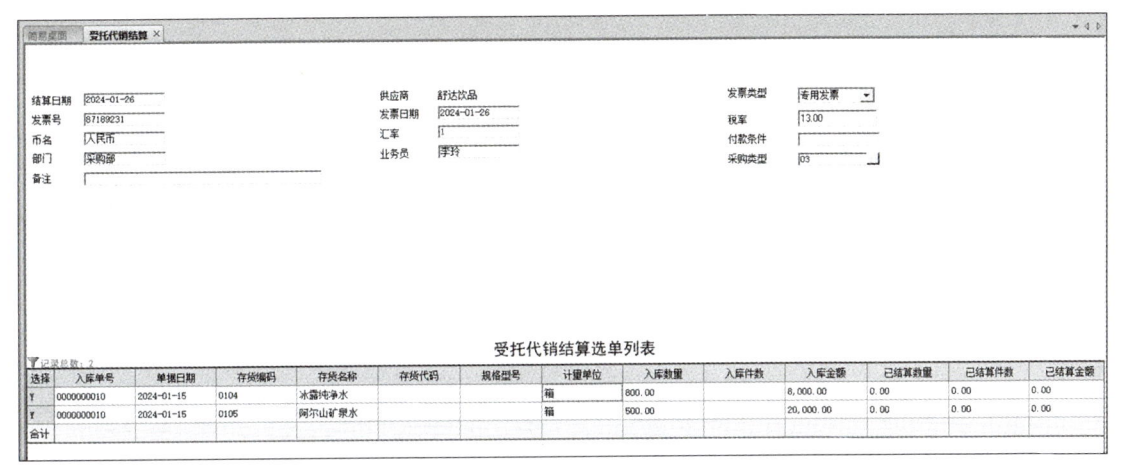

图 4-120 填制受托代销结算单

（4）选择"采购发票"→"专用采购发票"命令，打开"专用发票"窗口。单击工具栏的"翻页"按钮，找到上一步自动生成的"87189231"号专用发票。单击工具栏的"现付"按钮，打开"采购现付"窗口，根据图 4-96 填写结算信息，结果如图 4-121 所示。单击"确定"按钮，关闭并退出该窗口。

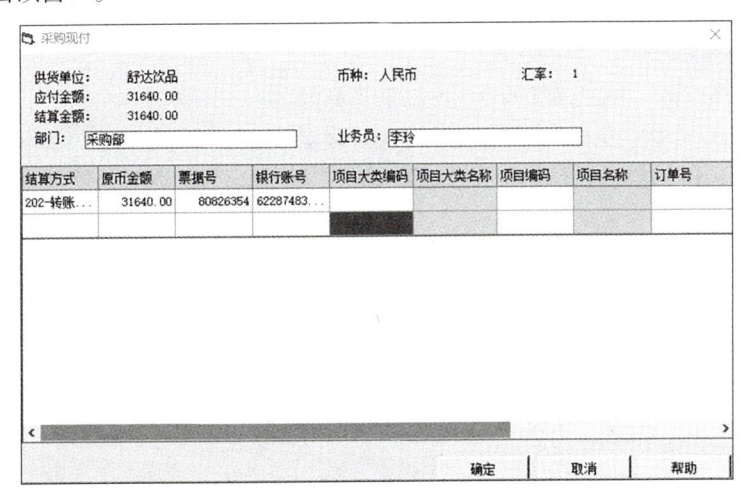

图 4-121 转账支票信息

2. 审核发票并制单处理

（1）以会计"105 林彬"的身份，于 2024 年 1 月 26 日登录企业应用平台。

（2）选择"账务会计"→"应付款管理"→"应付单据处理"→"应付单据审核"，打开

"应付单查询条件"对话框,勾选"包含已现结发票"和"未完全报销",单击"确定"按钮,打开"单据处理"窗口,选中并审核该应付单据,如图4-122所示。关闭并退出该窗口。

图4-122 审核应付单据

(3)选择"制单处理",打开"制单查询"对话框,勾选"现结制单",单击"确定"按钮,打开"制单"窗口。依次单击工具栏"全选""制单"按钮,生成一张记账凭证,将借方科目"在途物资"修改为"220203应付账款——受托代销",单击"保存"按钮,结果如图4-123所示。关闭并退出该窗口。

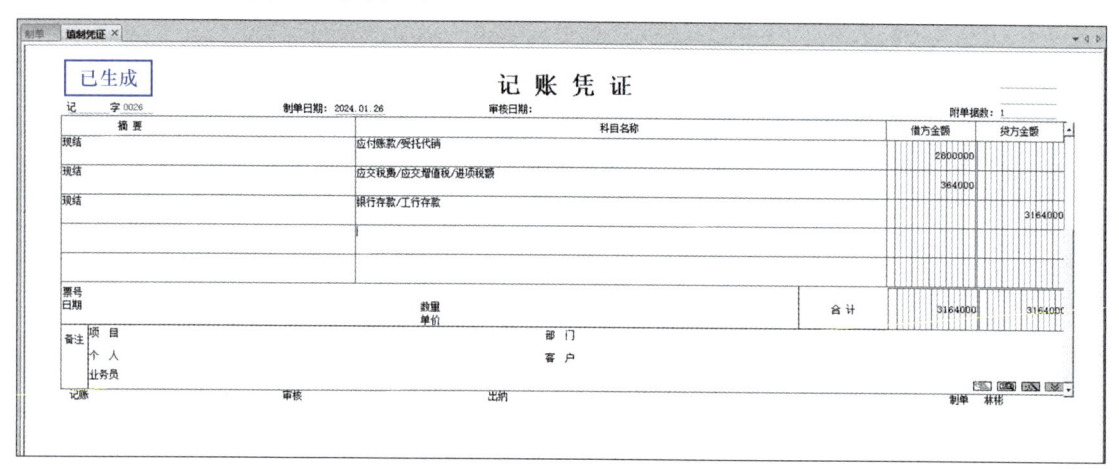

图4-123 受托代销结算记账凭证

3. 结算成本处理

(1)选择"供应链"→"存货核算"→"业务核算"→"结算成本处理",打开"暂估处理查询"对话框,仓库选择"受托代销仓库",单击"确定"按钮,系统打开"结算成本处理"窗口。

(2)单击工具栏"全选"按钮,再单击"暂估"按钮,完成暂估处理,结果如图4-124所示。关闭并退出该窗口。

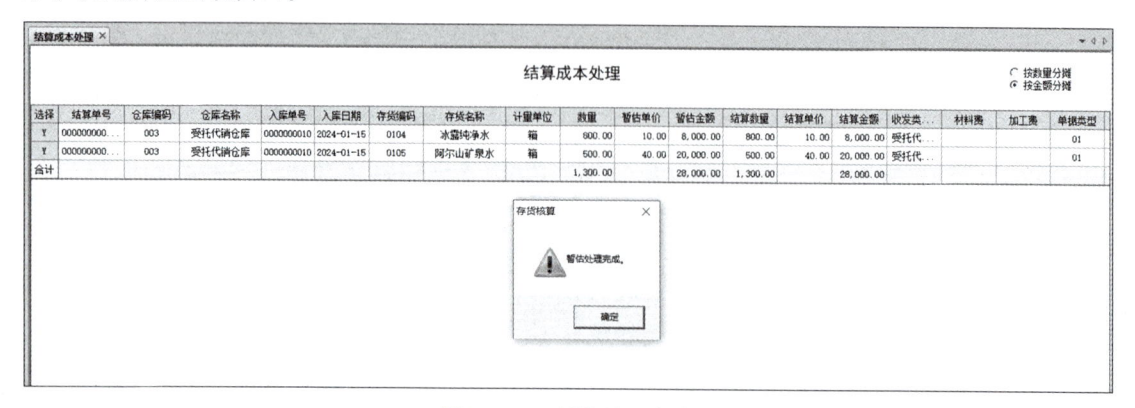

图4-124 暂估处理完成

4. 填制销售专用发票（收取手续费）并现结

（1）以销售员"401 陈路"的身份，于 2024 年 1 月 26 日登录企业应用平台。

（2）选择"供应链"→"销售管理"→"销售开票"→"销售专用发票"，打开"销售专用发票"窗口，单击工具栏的"增加"按钮，打开"查询条件选择—参照订单"对话框，单击"取消"按钮。根据图 4-97 填制一张收取手续费的销售专用发票，发票号修改为"61538543"，销售类型选择"委托代销"，客户简称选择"舒达饮品"，销售部门选择"销售部"，存货选择"0302 代销手续费"，数量为"1"，无税单价为"2800"。录入完毕，单击工具栏的"保存"按钮，如图 4-125 所示。

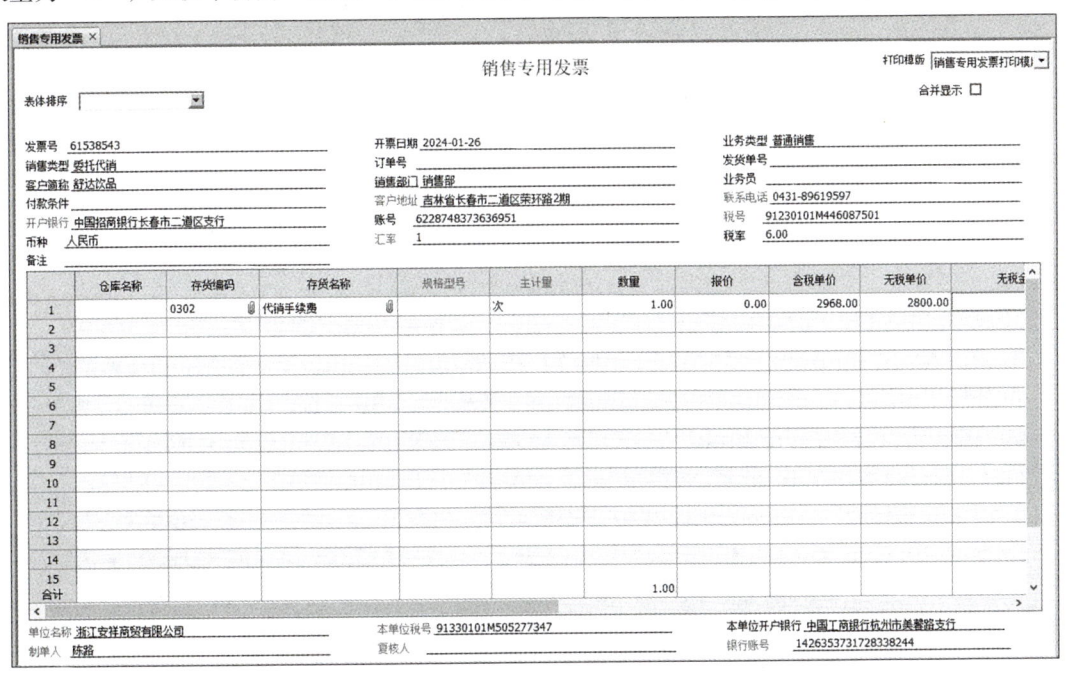

图 4-125　销售专用发票（手续费）

（3）单击工具栏的"现结"按钮，打开"现结"窗口。根据图 4-98 录入结算方式"转账支票"、原币金额"2968"、票据号"77086521"等信息，如图 4-126 所示。单击"确定"按钮，再单击"复核"按钮。关闭并退出该窗口。

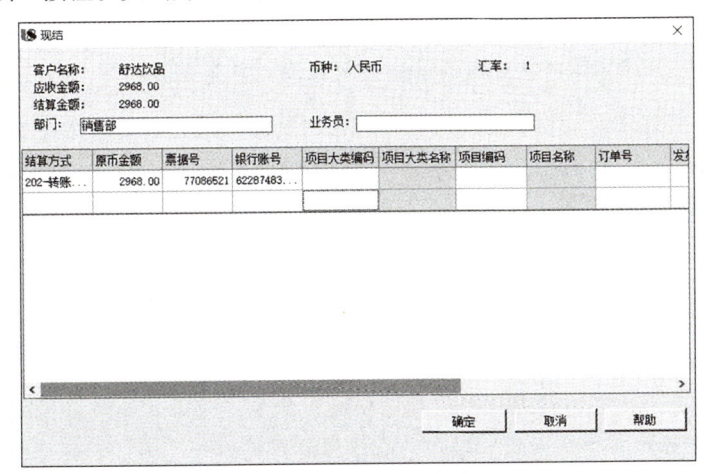

图 4-126　录入转账支票信息

5. 审核发票并制单处理

（1）以会计"105 林彬"的身份，于 2024 年 1 月 26 日登录企业应用平台。

（2）选择"财务会计"→"应收款管理"→"应收单据处理"→"应收单据审核"，打开"应收单查询条件"对话框，勾选"包含已现结发票"，单击"确定"按钮，打开"单据处理"窗口，选中并审核该应收单据，如图 4-127 所示。关闭并退出该窗口。

图 4-127　审核应收单据

（3）选择"制单处理"，打开"制单查询"对话框，勾选"现结制单"，单击"确定"按钮，打开"制单"窗口。依次单击工具栏"全选""制单"按钮，生成一张记账凭证，单击"保存"按钮，结果如图 4-128 所示。关闭并退出该窗口。

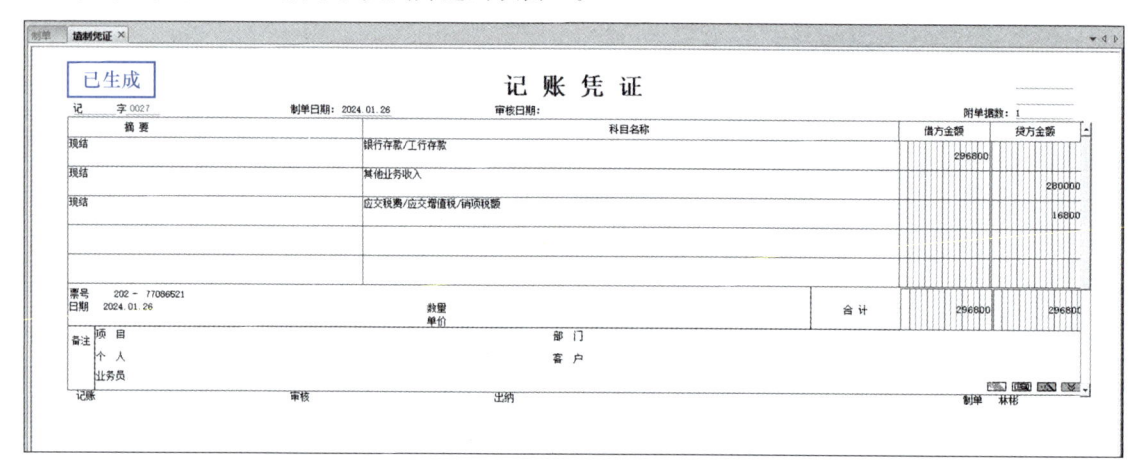

图 4-128　收取手续费记账凭证

> 📖 **拓展阅读**
>
> ### ERP 成功案例——昌河天海：从采购开始
>
> **【案例】** 手工制订采购计划曾让昌河天海付出过高昂的代价，昌河天海物流部部长对此感慨万千："面对近 3 000 种的原材料采购，再熟练的采购人员也不能保证不出错。"
>
> 2005 年底，昌河天海正式上线 ERP-U8 系统。以前，一张主机厂的订单流转到昌河天海，最少需要 2～3 天的时间，才能完成将订单消化成生产计划，再由生产计划转变为采购计划这两个流程。应用 U8 系统之后，这一消化时间转变成系统 MRP 运算 2 小时的时间。昌河天海不仅实现了生产计划到采购计划的系统自动生成，甚至连主机厂的订单到生产计划的产生都无须生产计划部门手工完成。
>
> 手工完成生产计划、采购计划与进出库领料时，除了人为因素导致差错之外，还有一个因素很难控制——在库和在途的问题。以往，昌河天海由员工手工制订采购计划，企业无法从整体上来控制采购。采购人员一般根据在库原材料的有无，直接下达采购指令。但是仓库内没有

原材料不代表企业真的没有这部分原材料，因为有许多原材料可能已经在采购途中，或在生产车间的生产途中。无法有效掌控在途原材料情况，将无法规避错误的采购指令产生，导致企业因此承担大量非有效成本的库存压力。使用 U8 系统后，昌河天海实现了对在库与在途原材料的统一管理，当系统生成生产计划与采购计划时，系统直接过滤在库、在途两种原材料的库存状况，制订出实际需求的采购计划，为企业有效降低了库存压力，提升了库存运转效率。

在实际生产中，昌河天海面临着一个不可回避的问题——原材料大量浪费。通过深入企业调研，用友实施顾问为昌河天海定制了"按包装领料精细控制库存"的个性化解决方案。这一解决方案为昌河天海实现了这样的功能：系统直接记录领料单上实际需求的原材料量与领取的原材料量，并赋予库存继续管理已领取出来但还未用完的原材料的管理权限。这部分富余原材料无须重新入库，系统将在下次该生产部门的领料单中直接扣除。这样就实现了对原材料的精细掌控，杜绝了原材料浪费漏洞及人为流失因素，为企业节约了原材料成本。

◆ 启示

通过 ERP 系统的引入和实施，可以大大降低企业的运营成本，包括管理协调成本、产品生产成本等。ERP 系统保持了统一的数据源、一致有效的数据格式以及物流、资金流、信息流的高度融合，从而降低了成本，提高了企业的管理效率和决策水平。

考证导航

1+X 证书职业技能等级标准

项目	任务	证书（等级）	工作领域	工作任务	职业技能要求
项目四 采购管理系统业务处理	任务一 普通采购业务处理	业财一体信息化应用（初级）	3. 业财一体信息化平台典型业务处理	3.1 典型采购与应付业务处理	3.1.1 能依据采购计划及签订的采购合同或协议，在信息化平台采购管理模块中熟练、准确地录入采购订单
					3.1.2 能依据审核通过的采购订单，在信息化平台采购管理模块中完成手工填制采购到货单或参照生成采购到货单操作
					3.1.3 能依据采购订单，在信息化平台库存管理模块中，完成手工填制采购入库单或参照生成采购入库单操作
					3.1.4 能在信息化平台采购管理模块中，熟练、准确地进行手工填制或参照生成采购发票操作，并进行发票与入库单结算处理，生成采购结算单
					3.1.5 能依据企业采购业务流程，在信息化平台上熟练、准确地查找采购发票并完成审核，生成应付类凭证
					3.1.6 能根据《企业会计准则》，依据采购部门需求，在信息化平台应付款管理模块中熟练、准确地填制付款单，并能匹配采购发票进行正确核销，生成付款类凭证
					3.1.7 能在信息化平台存货核算模块中，熟练进行采购入库单记账并生成存货入库的记账凭证

（续）

项目	任务	证书（等级）	工作领域	工作任务	职业技能要求
项目四 采购管理系统业务处理	任务二 特殊采购业务处理 任务三 采购暂估业务处理 任务四 采购退货业务处理 任务五 受托代销业务处理	业财一体信息化应用（中级）	3. 业财一体信息化平台一体化业务处理	3.1 采购业务处理	3.1.1 能依据企业采购业务流程及业务部门采购需求情况，在信息化平台采购管理模块中完成采购询比价业务处理，以便进行最优采购、降低成本 3.1.2 能根据《企业会计准则》，依据采购部门采购情况，在信息化平台上完成受托代销业务处理，进行财务处理，并生成凭证 3.1.3 能根据《企业会计准则》，依据采购部门采购情况，在信息化平台上完成代管业务处理，进行财务处理，并生成凭证 3.1.4 能根据《企业会计准则》，依据采购业务实际情况，在信息化平台上完成采购折扣业务处理，进行财务处理，并生成凭证 3.1.5 能根据《企业会计准则》，依据采购业务实际情况，在信息化平台上完成采购付款申请业务处理，进行财务处理，并生成凭证 3.1.6 能根据《企业会计准则》，依据采购业务实际情况，在信息化平台上完成退货退票业务处理，进行财务处理，并生成凭证

知识导图

项目四 采购管理系统业务处理

普通采购业务处理
- 填制采购订单
- 生成采购发票
- 填制运费发票并现付
- 审核发票并制单
- 生成到货单和入库单
- 采购结算
- 填制付款单
- 审核付款单、核销，合并制单
- 正常单据记账并生成凭证

特殊采购业务处理
- 填制采购订单
- 生成到货单和入库单
- 生成采购发票并现付
- 采购结算
- 审核发票并制单
- 正常单据记账并生成凭证

采购暂估业务处理
- 生成采购发票（现付）
- 审核发票并制单
- 结算成本处理并生成凭证
- 填制采购订单
- 生成到货单和入库单
- 正常单据记账并生成凭证

采购退货业务处理
- 填制采购退货单
- 生成负数采购入库单和红字采购专用发票（现付）
- 审核发票并制单处理
- 正常单据记账并生成凭证

受托代销业务处理
- 填制采购订单（受托代销）
- 生成到货单和入库单
- 正常单据记账并生成凭证
- 填制销售订单（销售受托代销货物）
- 生成销售发票（现结）
- 生成销售出库单
- 审核发票并制单
- 正常单据记账并生成凭证
- 填制受托代销结算单（与委托方办理结算）
- 审核发票并制单
- 结算成本处理
- 填制销售发票（收取手续费）并现结
- 审核发票并制单

项目实训　采购管理系统业务处理

↙ 实训资料

1. 2024年4月2日，采购部张乐与新百丽公司签订采购合同，合同编号为CG4001，订购百丽女鞋200双，无税单价500元；百丽男鞋150双，无税单价600元；他她女鞋200双，无税单价500元；他她男鞋150双，无税单价600元。增值税税率13%。要求4月12日到货。

2. 2024年4月4日，收到上月28日从新百丽公司购买并暂估入库的百丽女鞋的专用发票，发票号为0167788，发票注明百丽女鞋200双，无税单价500元，同日财务部以转账支票（支票号：328985）结清全部货款（单到回冲）。

3. 2024年4月10日，采购部孙立与威海金猴公司签订采购合同，合同编号为CG4002，订购金猴女单鞋200双，无税单价240元；金猴女棉鞋100双，无税单价260元；金猴男单鞋200双，无税单价240元；金猴男棉鞋100双，无税单价260元。增值税税率13%。当日收到对方开具的增值税专用发票（发票号：0258976）和运费发票（发票号：00914852），运费由威海金猴公司代垫，并验收合格入库（运费按数量分摊，合并制单）。

4. 2024年4月11日，采购部张乐与青岛金羊公司签订采购合同，合同编号为CG4003，订购金羊女鞋300双，无税单价280元；金5男鞋300双，无税单价300元。增值税税率13%。当日收到对方发来的增值税专用发票（发票号：0358746）。验收入库时，发现短缺10双女鞋，原因系金羊公司少发，金羊公司承诺尽快补发。

5. 2024年4月12日，合同编号为CG4001的货物到货，验收合格入库，并取得对方开具的采购专用发票（发票号：0167531），财务部以电汇（电汇票号：12764563）支付全部货款。

6. 2024年4月13日，收到青岛金羊公司补发的10双女鞋，验收合格入库，财务部以银行承兑汇票（汇票号：1289478）支付全部货款。

↙ 实训任务

（1）进行普通采购业务处理。
（2）进行特殊采购业务处理。
（3）进行采购暂估业务处理。
（4）进行采购退货业务处理。

项目五

销售管理系统业务处理

知识目标
- 了解销售与收款过程包含的典型业务场景。
- 理解销售与收款过程与其他业务流程之间的关系。
- 掌握销售管理与应收款管理系统的应用流程和功能。
- 掌握销售管理系统业务的处理流程和处理方法。

技能目标
- 能根据原始单据准确判断销售业务类型。
- 能熟练填写销售管理和应收款管理系统的各类单据并审核。
- 能熟练掌握各种销售业务的操作流程,并生成相关凭证。
- 能熟练掌握销售管理和应收款管理系统的逆向操作和单据查询。

素质目标
- 培养销售与收款管理意识和团队合作能力,能够在实际工作中有效地组织和管理销售与收款团队。
- 培养创新思维和问题解决能力,能够应对销售与收款管理中的挑战和变化。
- 培养沟通能力和客户服务意识,能够与客户进行有效的沟通和合作,提高客户满意度。
- 培养财务管理意识和风险识别能力,能够合理控制销售与收款风险,提高企业的盈利能力。

任务一 普通销售业务处理

工作任务

2024年1月2日,销售部与深圳安吉饮水产业集团有限公司签订购销合同,原始单据如图5-1所示。

购 销 合 同

合同编号：58529127

购货单位（甲方）：深圳安吉饮水产业集团有限公司
供货单位（乙方）：浙江安祥商贸有限公司

根据《中华人民共和国民法典》及国家相关法律、法规之规定，甲乙双方本着平等互利的原则，就甲方购买乙方货物一事达成以下协议。

一、货物的名称、数量及价格：

货物名称	规格型号	单位	数量	单价	金额	税率	价税合计
5100 水		箱	100	120.00	12,000.00	13%	13,560.00
崂山矿泉水		箱	100	40.00	4,000.00	13%	4,520.00
合计（大写）壹万捌仟零捌拾元整							¥18,080.00

二、交货方式和费用承担：交货方式：购货方自行提货   ，交货时间：2024年01月10日   前，交货地点：深圳安吉饮水产业集团有限公司   ，运费由   购货方   承担。

三、付款时间与付款方式：购货单位收货并验收合格后于月底前向供货单位支付货款   。

四、质量异议期：订货方对供货方的货物质量有异议时，应在收到货物后 15日 内提出，逾期视为货物质量合格。

五、未尽事宜经双方协商可作补充协议，与本合同具有同等效力。

六、本合同自双方签字、盖章之日起生效；本合同壹式贰份，甲乙双方各执壹份。

甲方（签章）：   乙方（签章）：
授 权 代 表：朱笑玮   授 权 代 表：张伟
地   址：广东省深圳市宝安区石岩街道   地   址：杭州市纳文路29号
电   话：0755-29816999   电   话：0571-88009354
日   期：2024 年 01 月 02 日   日   期：2024 年 01 月 02 日

图 5-1 购销合同

2024年1月10日，按照合同要求发货，并开出增值税专用发票，以现金代垫运费1 200元，相关原始单据如图 5-2～图 5-4 所示（先发货后开票）。

出 库 单

No. 84218613

购货单位：深圳安吉饮水产业集团有限公司   2024 年 01 月 10 日

编号	品名	规格	单位	数量	单价	金额	备注
	5100 水		箱	100			
	崂山矿泉水		箱	100			
	合 计						

仓库主管：陈萱   记账：林彬   保管：   经手人：   制单：

第一联 存根联

图 5-2 出库单

浙江增值税专用发票

3300191140　No 38685712　3300191140　38685712

机器编号：982888812388　开票日期：2024年01月10日

购买方	名　称	深圳安吉饮水产业集团有限公司
	纳税人识别号	91440301M151254040
	地址、电话	广东省深圳市宝安区石岩街道0755-29816999
	开户行及账号	中国招商银行深圳市宝安区支行6228393746379866

密码区：
9%776%666049-58479927>32128>
0-9386-62**763*3#660-#37306
*#982-%>#858116947#3*89-8491
5%%->91#8846872058491#173*-6

货物或应税劳务、服务名称	规格型号	单位	数量	单价	金额	税率	税额
5100水		箱	100	120.00	12,000.00	13%	1,560.00
崂山矿泉水		箱	100	40.00	4,000.00	13%	520.00
合　计					¥16,000.00		¥2,080.00

价税合计（大写）　⊗壹万捌仟零捌拾元整　（小写）¥18,080.00

销售方	名　称	浙江安祥商贸有限公司
	纳税人识别号	91330101M505277347
	地址、电话	杭州市纳文路729号0571-88009354
	开户行及账号	工商银行杭州市美馨路支行1426353731728338244

备注：校验码 52118 02817 08248 65199

收款人：　　复核：林彬　　开票人：钟灵　　销售方：（章）

图5-3　增值税专用发票

付款申请单

申请日期：2024年01月10日

申请部门	销售部		申请人	陈路
申请事由	代垫深圳安吉饮水产业集团有限公司运费			
收款单位	浙江百世汇通有限公司		收款人	王婉
申请付款金额	¥1,200.00			现金付讫
付款方式	☑现　□转　□其他		大写：壹仟贰佰元整	
备注				
主管领导　张伟		财务负责人　韩寒		部门负责人　陈路

图5-4　代垫运费付款申请单

2024年1月16日，收到对方货款，相关原始单据如图5-5所示。

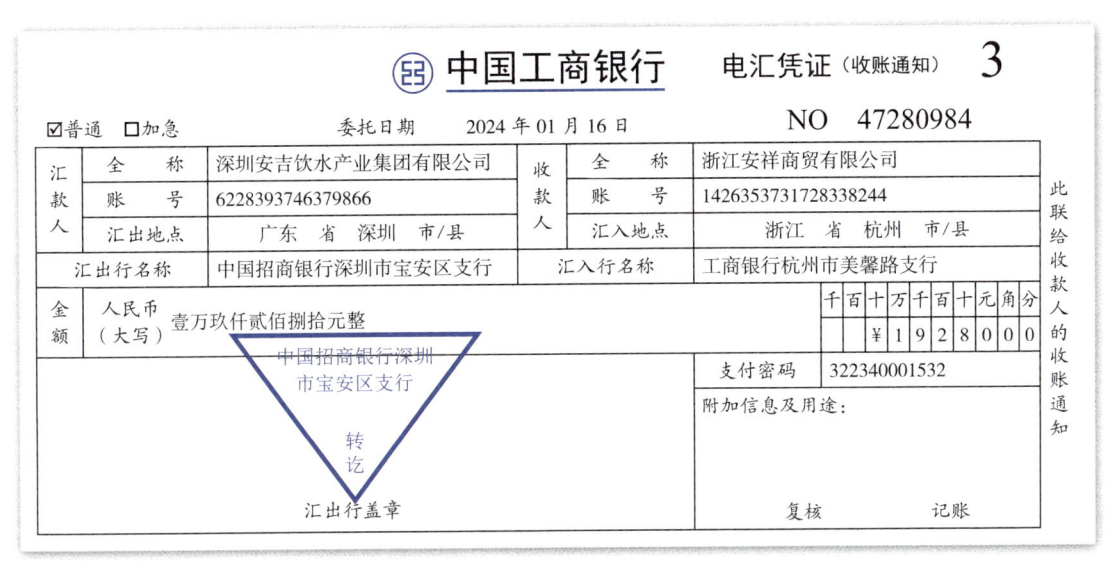

图 5-5　电汇凭证（收账通知）

知识储备

1. 销售订单

销售订单是反映由购销双方确认的客户订购需求的单据，它可以是企业销售合同中关于货物的明细内容，也可以是一种订货的口头协议。销售订单是可选单据，如果在销售管理系统参数中选择"必有订单"，则销售订单必须有。

销售订单可手工增加，也可参照销售报价单、销售类型合同、销售预订单、进口订单生成。

2. 发货单

销售发货是企业执行与客户签订的销售合同或销售订单，将货物发往客户的行为，是销售业务的执行阶段。销售管理系统分为先发货后开票和开票直接发货两种模式。

在先发货后开票模式下，发货单由销售部门参照销售订单生成或手工输入；发货单审核后，生成销售发票、销售出库单。

在开票直接发货模式下，发货单由销售发票生成，发货单不能进行修改、删除、弃审等操作，但可以关闭、打开和浏览；销售出库单根据自动生成的发货单生成。

3. 销售发票

销售开票是销售过程中企业给客户开具销售发票及其所附清单的行为，是销售业务的重要环节。

销售发票是在销售开票过程中用户所开具的原始销售单据，包括增值税专用发票、普通发票及其所附清单。它是销售收入确认、销售成本计算、应交销售税金确认和应收账款确认的依据。对于未录入税号的客户，可以开具普通发票，不可开具专用发票。

岗位说明

本任务的操作流程概览见表 5-1。

表 5-1 操作流程概览

序 号	操作日期	操作员	子系统	操作内容
1	2024-01-02	401 陈路	销售管理	填制销售订单
2	2024-01-10	401 陈路	销售管理	参照销售订单生成发货单
3	2024-01-10	201 陈萱	库存管理	参照发货单生成出库单
4	2024-01-10	401 陈路	销售管理	参照发货单生成销售发票和填制代垫运费单
5	2024-01-10	105 林彬	应收款管理	审核其他应收单和发票并制单
6	2024-01-10	105 林彬	存货核算	正常单据记账并生成凭证
7	2024-01-16	106 钟灵	应收款管理	选择收款
8	2024-01-16	105 林彬	应收款管理	合并制单

任务实施

1. 填制销售订单

（1）以销售"401 陈路"的身份，于 2024 年 1 月 2 日登录企业应用平台。

（2）选择"供应链"→"销售管理"→"销售订货"→"销售订单"，打开"销售订单"窗口，单击工具栏"增加"按钮，根据图 5-1 填制销售订单，如图 5-6 所示。

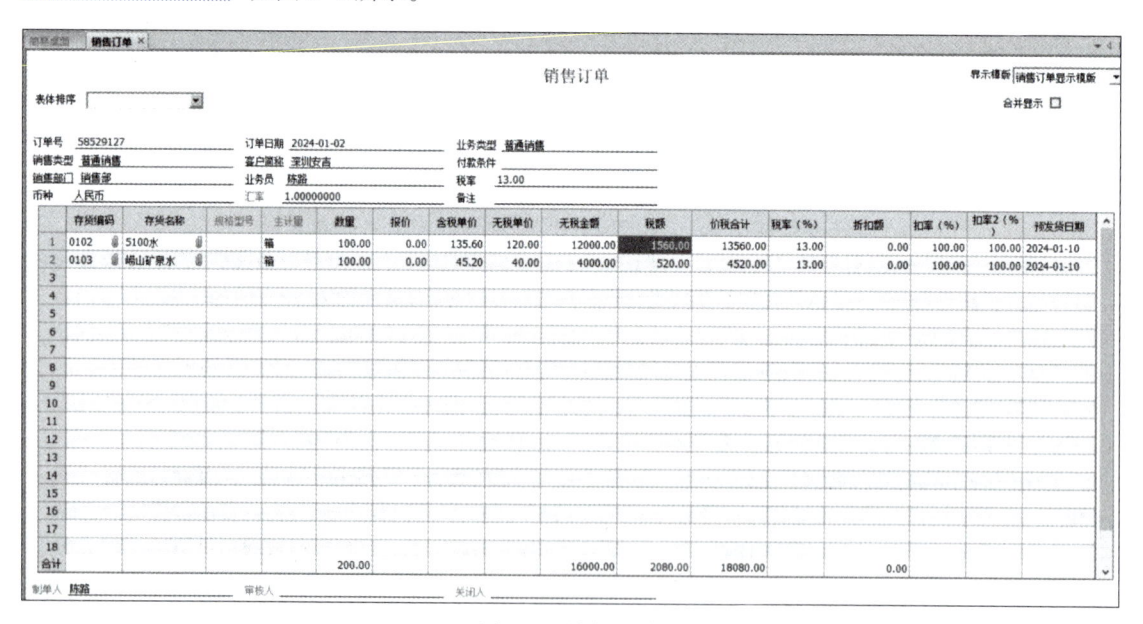

图 5-6 销售订单

（3）单击工具栏"保存"按钮，保存该单据。单击工具栏"审核"按钮，审核该订单。

2. 参照销售订单生成发货单

（1）以销售"401 陈路"的身份，于 2024 年 1 月 10 日登录企业应用平台。

（2）选择"供应链"→"销售管理"→"销售发货"→"发货单"，打开"发货单"窗口，单击工具栏"增加"按钮，系统弹出"查询条件选择—参照订单"对话框，单击"确定"按钮，打开"参照生单"窗口。

（3）在"参照生单"窗口，选中本业务销售订单，单击工具栏"确定"按钮，生成一张发货单。在表体部分，设置仓库名称为"饮品仓库"。保存并审核发货单，结果如图5-7所示。

	存货编码	存货名称	规格型号	主计量	数量	报价	含税单价	无税单价	无税金额	税额	价税合计	税率（%）
1	0102	5100水		箱	100.00	0.00	135.60	120.00	12000.00	1560.00	13560.00	13.00
2	0103	崂山矿泉水		箱	100.00	0.00	45.20	40.00	4000.00	520.00	4520.00	13.00
合计					200.00				16000.00	2080.00	18080.00	

图 5-7　发货单

3. 参照发货单生成出货单

（1）以仓管"201陈萱"的身份，于2024年1月10日登录企业应用平台。

（2）选择"供应链"→"库存管理"→"出库业务"→"销售出库单"，打开"销售出库单"窗口，单击"生单"按钮，打开"查询条件选择—销售发货单列表"，单击"确定"按钮，打开"销售生单"窗口，选中本业务，单击"确定"按钮，生成销售出库单，保存并审核该出库单，结果如图5-8所示。

	存货编码	存货名称	规格型号	主计量单位	数量	单价	金额
1	0102	5100水		箱	100.00		
2	0103	崂山矿泉水		箱	100.00		

图 5-8　销售出库单

4. 参照发货单生成销售发票和填制代垫运费单

(1) 以销售"401 陈路"的身份，于2024年1月10日登录企业应用平台。

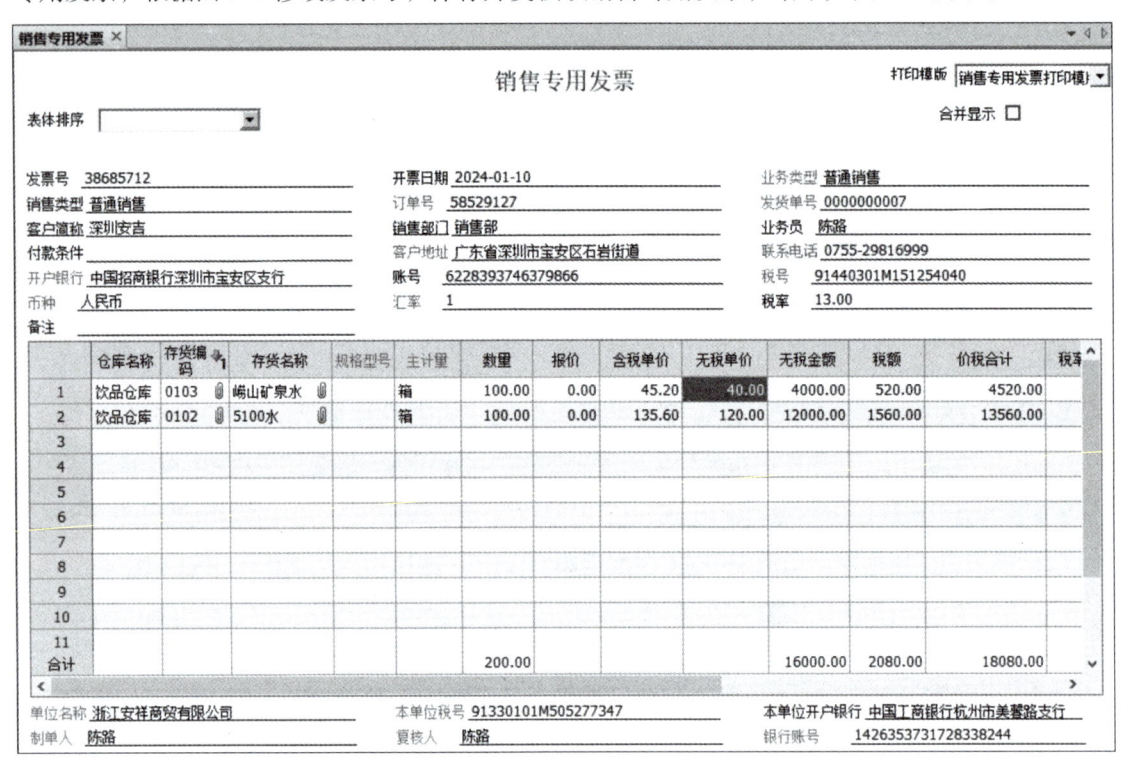

(2) 选择"供应链"→"销售管理"→"销售开票"→"销售专用发票"，打开"销售专用发票"窗口，单击工具栏"增加"按钮，打开"查询条件选择—参照订单"对话框，单击"取消"按钮，选择"生单"下拉列表中的"参照发货单"，打开"查询条件选择—发票参照发货单"对话框，单击"确定"按钮，打开"参照生单"窗口。

(3) 在"参照生单"窗口，选中本业务发货单，单击工具栏"确定"按钮，生成一张销售专用发票，根据图5-3修改发票号，保存并复核该销售专用发票，结果如图5-9所示。

图 5-9　销售专用发票

(4) 单击"代垫"按钮，根据图5-4在"代垫费用单"表体输入费用项目和金额，保存并审核该代垫费用单，结果如图5-10所示。

图 5-10　代垫费用单

特别提醒

◇ 代垫费用单可以单独通过销售管理系统"代垫费用→代垫费用单"进行填制,也可以在销售发票、销售调拨单、零售日报中按"代垫"录入,与发票建立关联。

◇ 代垫费用单审核后,在应收款管理系统生成其他应收单。

5. 审核其他应收单和发票并制单

(1)以会计"105 林彬"的身份,于 2024 年 1 月 10 日登录企业应用平台。

(2)选择"财务会计"→"应收款管理"→"应收单据处理"→"应收单据审核",打开"应收单查询条件"对话框,单击"确定"按钮,打开"单据处理"窗口。

(3)双击本业务代垫费用的其他应收单,打开"应收单"窗口,单击工具栏的"审核"按钮,系统提示"是否立即制单?",单击"是",生成一张记账凭证,补充填写凭证信息,单击"保存"按钮,结果如图 5-11 所示。

图 5-11 记账凭证

回到"单据处理"窗口。双击本业务销售发票,打开"销售发票"窗口,单击工具栏的"审核"按钮,系统提示"是否立即制单?",单击"是",生成一张记账凭证,补充填写凭证信息,单击"保存"按钮,结果如图 5-12 所示。

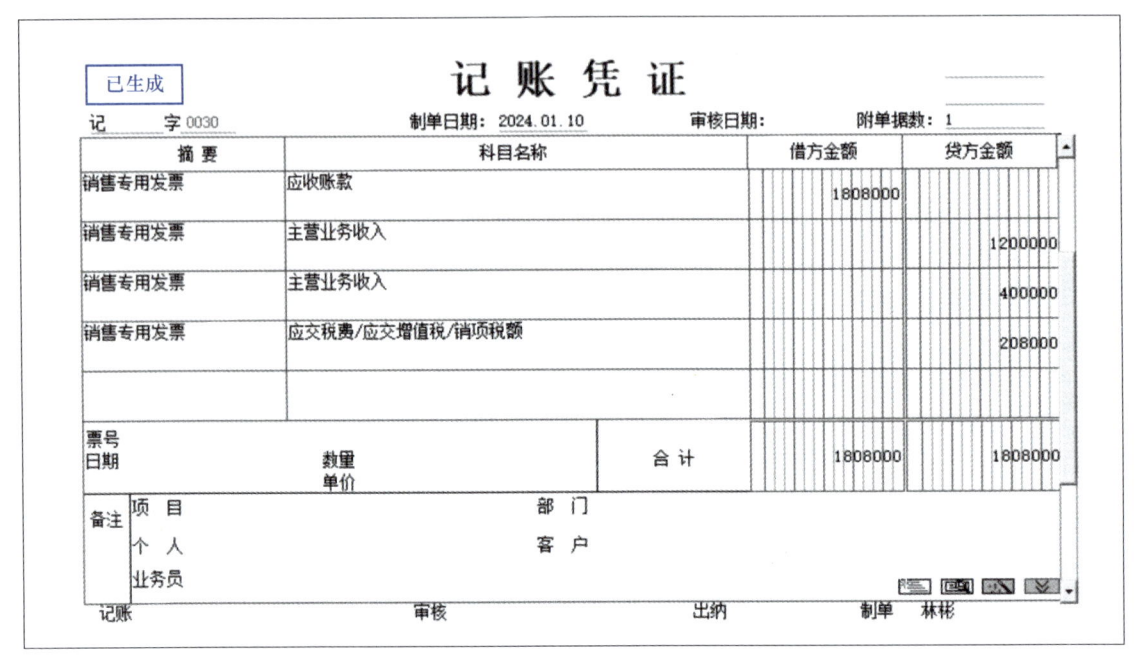

图 5-12 记账凭证

6. 正常单据记账并生成凭证

（1）以会计"105 林彬"的身份，于 2024 年 1 月 10 日登录企业应用平台。

（2）选择"供应链"→"存货核算"→"业务核算"→"正常单据记账"，打开"查询条件选择"对话框，单击"确定"按钮，打开"未记账单据一览表"窗口。

（3）单击工具栏中"全选"按钮，以选中本业务销售发票的两行记录，单击工具栏"记账"按钮，系统弹出记账成功信息提示框，单击"确定"按钮，完成记账任务，退出该窗口。

（4）选择"财务核算"→"生成凭证"，打开"生成凭证"窗口。单击工具栏"选择"按钮，系统弹出"查询条件"对话框，单击"确定"按钮，打开"选择单据"窗口。

（5）在"选择单据"窗口，单击"全选"按钮，以选中本业务销售发票，再单击工具栏"确定"按钮，系统自动退出"选择单据"窗口并打开"生成凭证"窗口，如图 5-13 所示。

图 5-13 "生成凭证"窗口

（6）单击工具栏的"生成"按钮，系统打开"填制凭证"窗口并自动生成凭证，单击工具栏的"保存"按钮，结果如图 5-14 所示。

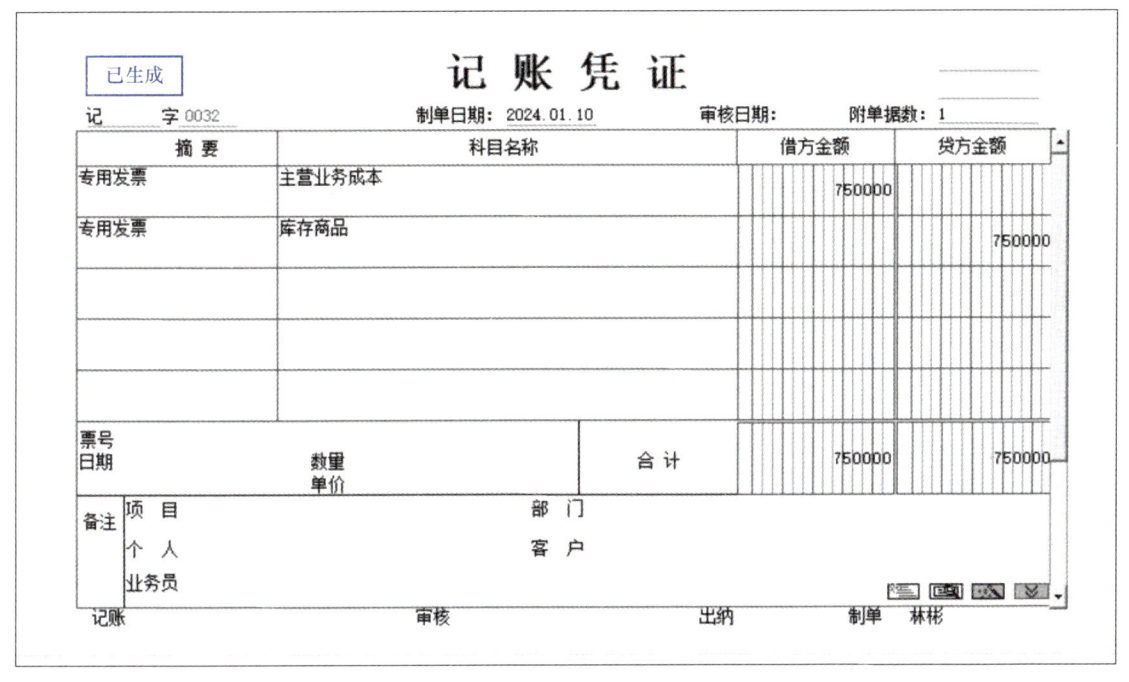

图 5-14 销售出库记账凭证

7. 收到货款

（1）以出纳"106 钟灵"的身份，于 2024 年 1 月 16 日登录企业应用平台。

（2）选择"财务会计"→"应收款管理"→"选择收款"，打开"选择收款—条件"对话框，选择客户"深圳安吉"，单击"确定"按钮，打开"选择收款—单据"窗口。找到本业务收款的两行记录，分别在收款金额栏输入"1200"和"18080"，如图 5-15 所示，再单击"确认"按钮，弹出"选择收款—收款单"对话框。

图 5-15 输入收款金额

（3）按照工作任务要求，结算方式选择"电汇"，并输入票据号，如图 5-16 所示，再单击"确定"按钮，退出并关闭该窗口。

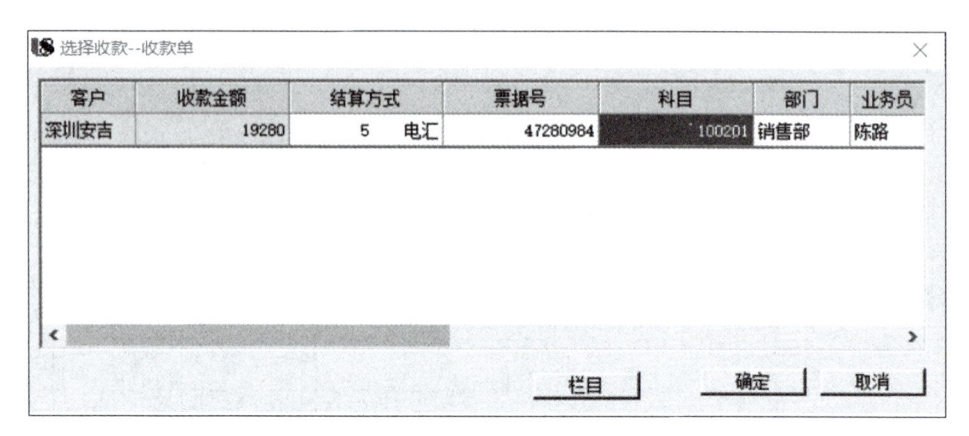

图 5-16 修改收款单信息

> **特别提醒**
>
> ◆ 收款业务也可单独通过应收款管理系统"收款单据处理/收款单据录入"来完成。
> ◆ "选择收款"功能等同于填制收款单和核销。

8. 合并制单

（1）以会计"105 林彬"的身份，于 2024 年 1 月 16 日登录企业应用平台。

（2）选择"财务会计"→"应收款管理"→"制单处理"，打开"制单查询"对话框，勾选"收付款单制单""核销制单"，单击"确定"按钮，打开"制单"窗口。

（3）单击工具栏中"合并"按钮，再单击"制单"按钮，生成记账凭证如图 5-17 所示，单击"保存"并退出。

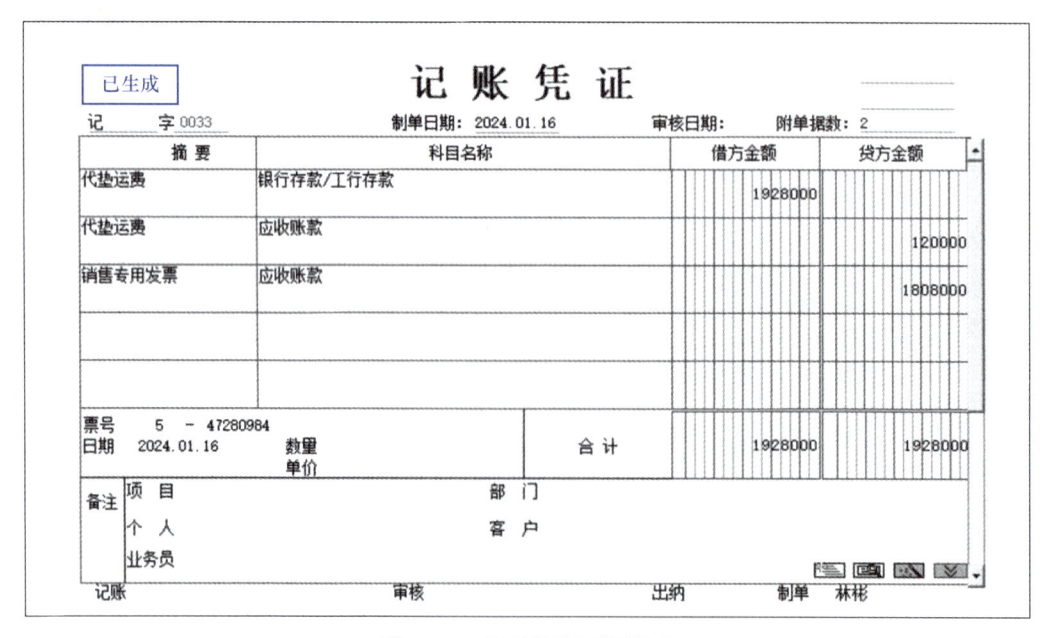

图 5-17 收到货款记账凭证

任务二　销售定金业务处理

工作任务

2024年1月2日，销售部与上海东航饮用水有限公司签订购销合同，签订合同当天，收到对方以转账支票支付的定金7 000元，相关原始单据如图5-18和图5-19所示。

购 销 合 同

合同编号：01438707

购货单位（甲方）：上海东航饮用水有限公司
供货单位（乙方）：浙江安祥商贸有限公司

根据《中华人民共和国民法典》及国家相关法律、法规之规定，甲乙双方本着平等互利的原则，就甲方购买乙方货物一事达成以下协议。

一、货物的名称、数量及价格：

货物名称	规格型号	单位	数量	单价	金额	税率	价税合计
市罕泉天然苏打水		箱	100	175.00	17,500.00	13%	19,775.00
5100水		箱	100	110.00	11,000.00	13%	12,430.00
崂山矿泉水		箱	50	40.00	2,000.00	13%	2,260.00
合计（大写）叁万肆仟肆佰陆拾伍元整							¥34,465.00

二、交货方式和费用承担：交货方式：<u>供货方送货</u>，交货时间：<u>2024年01月18日</u>前，交货地点：<u>上海东航饮用水有限公司</u>，运费由<u>购货方</u>承担。

三、付款时间与付款方式：<u>签订合同当天，收取定金7000元，发货当天，收余款</u>。

四、质量异议期：订货方对供货方的货物质量有异议时，应在收到货后<u>15</u>日内提出，逾期视为货物质量合格。

五、未尽事宜经双方协商可作补充协议，与本合同具有同等效力。

六、本合同自双方签字、盖章之日起生效；本合同壹式贰份，甲乙双方各执壹份。

甲方（签章）：　　　　　　　　　　　　乙方（签章）：
授 权 代 表：王浩宇　　　　　　　　　　授 权 代 表：张伟
地　　　　址：上海市黄浦区西郊路54号　　地　　　　址：杭州市纳东路129号
电　　　　话：021-5837387　　　　　　　电　　　　话：0571-88009354
日　　　　期：2024 年 01 月 02 日　　　　日　　　　期：2024 年 01 月 02 日

图 5-18　购销合同

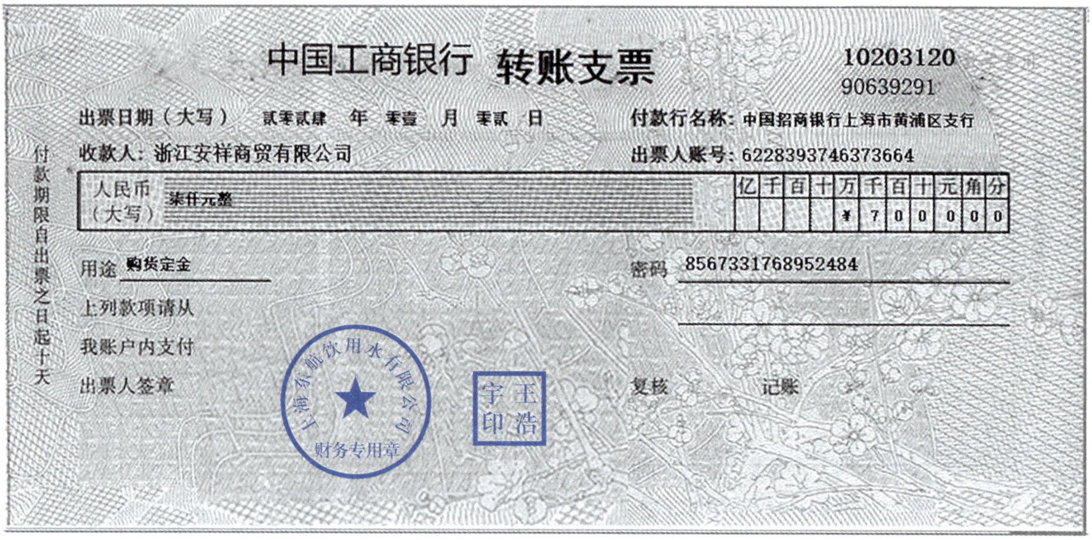
中国工商银行 转账支票
10203120
90639291
出票日期（大写） 贰零贰肆 年 零壹 月 零贰 日
付款行名称：中国招商银行上海市黄浦区支行
收款人：浙江安祥商贸有限公司
出票人账号：6228393746373664
付款期限自出票之日起十天

人民币（大写）	柒仟元整	亿	千	百	十	万	千	百	十	元	角	分
						¥	7	0	0	0	0	0

用途 购货定金
密码 8567331768952484
上列款项请从
我账户内支付
出票人签章
复核 记账
上海东航饮用水有限公司 财务专用章
王浩宇印

图 5-19 转账支票

2024 年 1 月 18 日，按照合同要求进行发货，并向上海东航饮用水有限公司开出增值税专用发票，收到对方公司剩余货款，相关原始单据如图 5-20 ～图 5-22 所示（先发货后开票）。

出 库 单 No. 75942077

购货单位：上海东航饮用水有限公司 2024 年 01 月 18 日

编号	品名	规格	单位	数量	单价	金额	备注
	市罕泉天然苏打水		箱	100			
	5100 水		箱	100			
	崂山矿泉水		箱	50			
合 计							

第一联 存根联

仓库主管：陈萱 记账：林彬 保管： 经手人： 制单：

图 5-20 出库单

浙江增值税专用发票

No 76456374

3300191140
76456374

机器编号：982888812388　　　　　　　　　　　　开票日期：2024年01月18日

购买方	名　　称	上海东航饮用水有限公司
	纳税人识别号	91310101M472413773
	地址、电话	上海市黄浦区西郊路54号021-5837387
	开户行及账号	中国招商银行上海市黄浦区支行6228393746373664

密码区：
1>%-%05-320#->7*9815-9#6>5%-18-*%#562-054622366460>35**3
4%5%#>#45-8*4%56#2>263541890
6#522%-03802217%6>3>7>#7%585

货物或应税劳务、服务名称	规格型号	单位	数量	单价	金额	税率	税额
市罕泉天然苏打水		箱	100	175.00	17,500.00	13%	2,275.00
5100水		箱	100	110.00	11,000.00	13%	1,430.00
崂山矿泉水		箱	50	40.00	2,000.00	13%	260.00
合　　计					¥30,500.00		¥3,965.00
价税合计（大写）	⊗叁万肆仟肆佰陆拾伍元整				（小写）¥34,465.00		

销售方	名　　称	浙江安祥商贸有限公司
	纳税人识别号	91330101M505277347
	地址、电话	杭州市纳文路729号0571-88009354
	开户行及账号	工商银行杭州市美馨路支行1426353731728338244

备注：校验码 52118 02817 08248 65199

收款人：　　　　复核：林彬　　　　开票人：钟灵　　　　销售方：（章）

图 5-21　增值专用发票

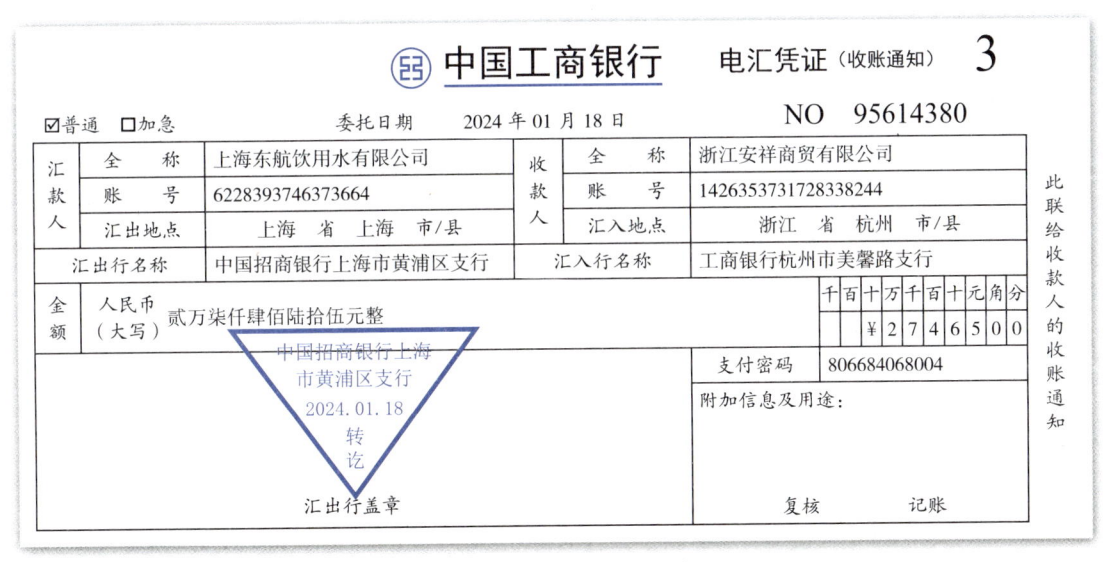

中国工商银行　电汇凭证（收账通知）3

☑普通　□加急　　委托日期　2024 年 01 月 18 日　　NO　95614380

汇款人	全　称	上海东航饮用水有限公司	收款人	全　称	浙江安祥商贸有限公司
	账　号	6228393746373664		账　号	1426353731728338244
	汇出地点	上海 省 上海 市/县		汇入地点	浙江 省 杭州 市/县
	汇出行名称	中国招商银行上海市黄浦区支行		汇入行名称	工商银行杭州市美馨路支行

金额　人民币（大写）　贰万柒仟肆佰陆拾伍元整　　　¥ 2 7 4 6 5 0 0

支付密码　806684068004

附加信息及用途：

汇出行盖章　　　　　　　复核　　　　记账

图 5-22　电汇凭证（收账通知）

知识储备

在用友 U8 系统中，销售业务的定金通过"销售定金"反映。销售定金是指在合同订立或履行之前，支付一定数额的金钱作为担保。

岗位说明

本任务的操作流程概览见表 5-2。

表 5-2 操作流程概览

序 号	操作日期	操作员	子系统	操作内容
1	2024-01-02	401 陈路	销售管理	填制销售订单
2	2024-01-02	106 钟灵	应收款管理	参照销售订单生成定金收款单
3	2024-01-02	105 林彬	应收款管理	审核收款单并制单
4	2024-01-02	401 陈路	销售管理	审核销售订单
5	2024-01-18	401 陈路	销售管理	参照销售订单生成发货单
6	2024-01-18	201 陈萱	库存管理	参照发货单生成出库单
7	2024-01-18	401 陈路	销售管理	参照发货单生成销售专用发票
8	2024-01-18	105 林彬	存货核算	正常单据记账并生成凭证
9	2024-01-18	105 林彬	应收款管理	审核发票并制单
10	2024-01-18	106 钟灵	应收款管理	销售定金转货款，生成收款单
11	2024-01-18	105 林彬	应收款管理	审核定金转货款收款单、核销并制单
12	2024-01-18	106 钟灵	应收款管理	选择收款
13	2024-01-18	105 林彬	应收款管理	合并制单

任务实施

收到销售定金处理

1. 填制销售订单

（1）以销售"401 陈路"的身份，于 2024 年 1 月 2 日登录企业应用平台。

（2）选择"供应链"→"销售管理"→"销售订货"→"销售订单"，打开"销售订单"窗口，单击工具栏"增加"按钮，根据图 5-18 填制销售订单，如图 5-23 所示，保存并审核销售订单后退出。

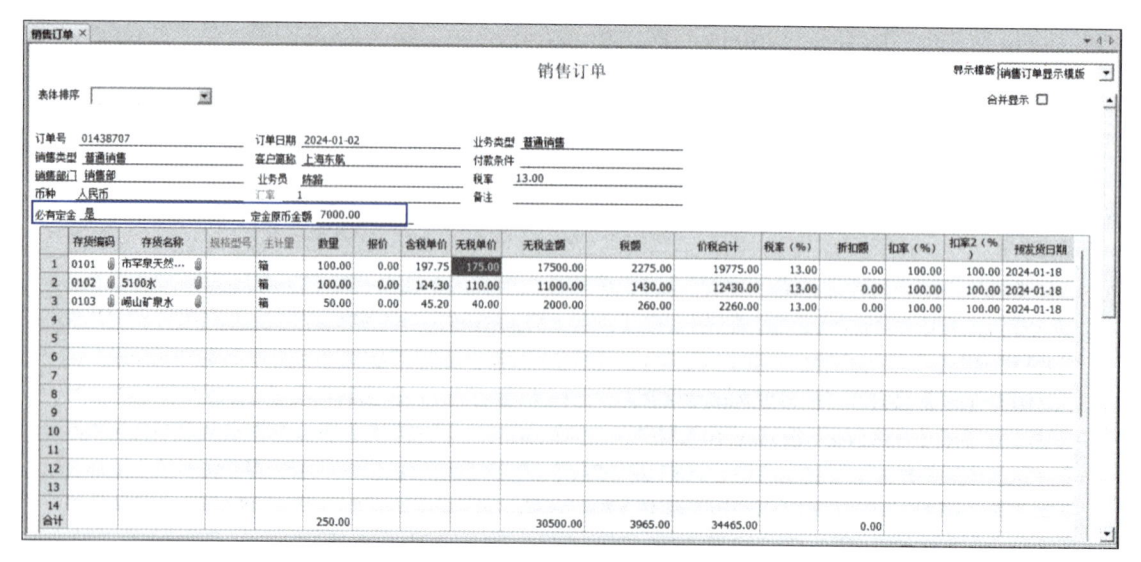

图 5-23 填制销售订单

2. 参照销售订单生成定金收款单

（1）以出纳"106 钟灵"的身份，于 2024 年 1 月 2 日登录企业应用平台。

（2）选择"财务会计"→"应收款管理"→"收款单据处理"→"收款单据录入"，打开"收付款单录入"窗口，如图 5-24 所示，单击工具栏"增加"下拉列表中的"销售定金"，系统弹出"查询条件选择—参照订单"对话框。

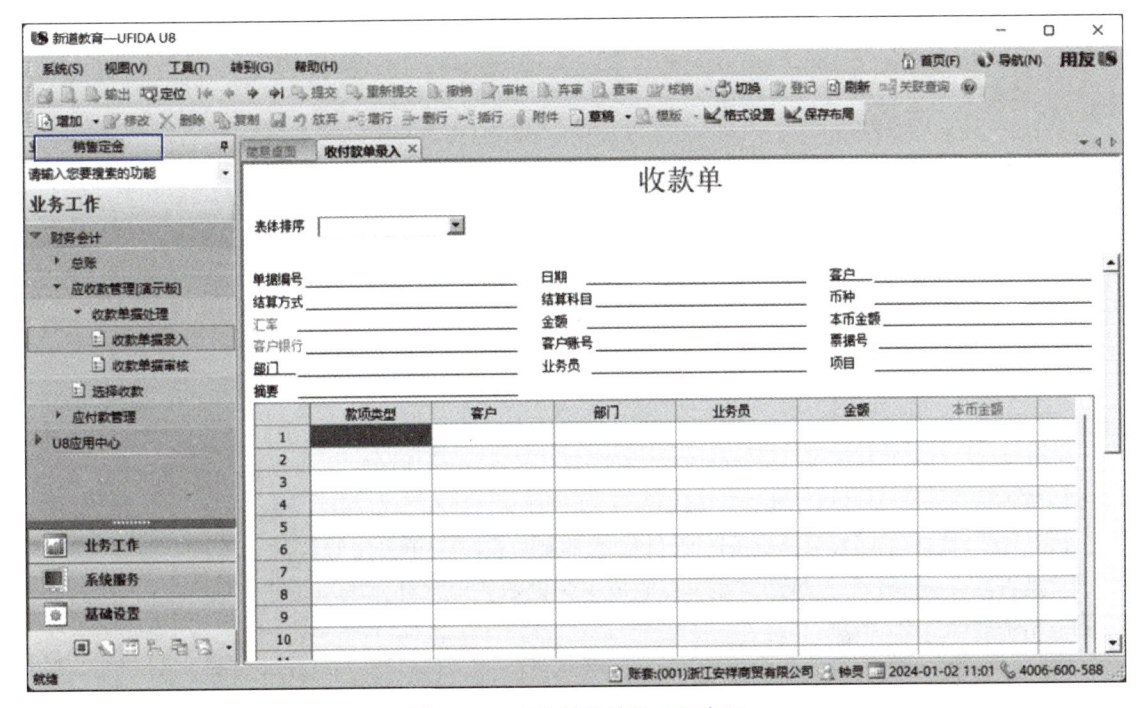

图 5-24 "收付款单录入"窗口

（3）单击"确定"按钮，打开"拷贝并执行"窗口，如图 5-25 所示，选择本业务销售订单，单击工具栏中"确定"按钮，返回"收付款单录入"窗口。

图 5-25 "拷贝并执行"窗口

（4）在收付款单录入界面，根据图 5-19 补充收款单表头，结算方式为"转账支票"，票据号为"90639291"，单击"保存"按钮，结果如图 5-26 所示。

图 5-26 收款单

3. 审核收款单并制单

（1）以会计"105 林彬"的身份，于 2024 年 1 月 2 日登录企业应用平台。

（2）选择"财务会计"→"应收款管理"→"收款单据处理"→"收款单据审核"，打开"收款单查询条件"对话框，单击"确定"按钮，打开"收付款单列表"窗口。

（3）双击本业务收款单，打开"收付款单录入"窗口，单击工具栏的"审核"按钮，系统提示"是否立即制单？"，单击"是"，生成一张记账凭证，补充填写凭证信息，单击"保存"按钮，结果如图 5-27 所示。

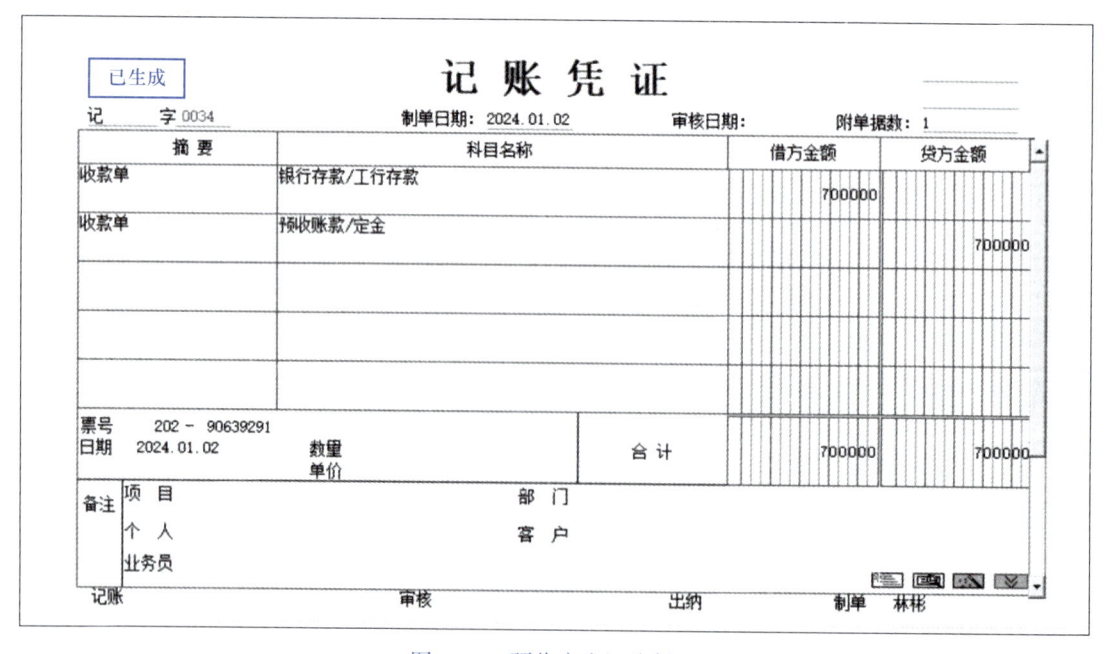

图 5-27 预收定金记账凭证

4. 审核销售订单

（1）以销售"401陈路"的身份，于2024年1月2日登录企业应用平台。

（2）选择"供应链"→"销售管理"→"销售订货"→"销售订单"，打开"销售订单"窗口，单击工具栏"上张"或"下张"按钮，找到本业务销售订单，单击"审核"按钮，关闭"销售订单"窗口并退出。

5. 参照销售订单生成发货单

（1）以销售"401陈路"的身份，于2024年1月18日登录企业应用平台。

（2）选择"供应链"→"销售管理"→"销售发货"→"发货单"，打开"发货单"窗口，单击工具栏"增加"按钮，系统弹出"查询条件选择—参照订单"对话框，单击"确定"按钮，打开"参照生单"窗口。

（3）在"参照生单"窗口，选中本业务销售订单，单击工具栏"确定"按钮，生成一张发货单。在表体部分，设置仓库名称为"饮品仓库"。保存并审核发货单，结果如图5-28所示。

图5-28 发货单

6. 参照发货单生成出库单

（1）以仓管"201陈萱"的身份，于2024年1月18日登录企业应用平台。

（2）选择"供应链"→"库存管理"→"出库业务"→"销售出库单"，打开"销售出库单"窗口，选择"生单"下拉列表中的"销售生单"，打开"查询条件选择—销售发货单列表"，单击"确定"按钮，打开"销售生单"窗口，选中本业务，单击"确定"按钮，生成销售出库单，保存并审核该出库单，结果如图5-29所示。

```
┌─────────────────────────────────────────────────────────────┐
│ 销售出库单 ×                                           ▼ ▷ ▶ │
│                   销售出库单               销售出库单显示模版 ▼ │
│ 表体排序 [          ▼]       ⊙ 蓝字        合并显示 □         │
│                              ○ 红字                          │
│ 出库单号 0000000005    出库日期 2024-01-18   仓库 饮品仓库    │
│ 出库类别 销售出库      业务类型 普通销售     业务号 0000000008│
│ 销售部门 销售部        业务员 陈路           客户 上海东航    │
│ 审核日期               备注                                   │
├──┬──────────┬──────────────┬──────────┬──────────┬──────┬──────┬──────┤
│  │ 存货编码 │ 存货名称     │ 规格型号 │主计量单位│ 数量 │ 单价 │ 金额 │
├──┼──────────┼──────────────┼──────────┼──────────┼──────┼──────┼──────┤
│ 1│ 0101     │市罕泉天然苏打水│         │ 箱       │100.00│      │      │
│ 2│ 0102     │ 5100水       │          │ 箱       │100.00│      │      │
│ 3│ 0103     │ 崂山矿泉水   │          │ 箱       │ 50.00│      │      │
│ 4│          │              │          │          │      │      │      │
│ 5│          │              │          │          │      │      │      │
│ 6│          │              │          │          │      │      │      │
│ 7│          │              │          │          │      │      │      │
└──┴──────────┴──────────────┴──────────┴──────────┴──────┴──────┴──────┘
```

图 5-29 出库单

7. 参照发货单生成销售发票

（1）以销售"401 陈路"的身份，于 2024 年 1 月 18 日登录企业应用平台。

（2）选择"供应链"→"销售管理"→"销售开票"→"销售专用发票"，打开"销售专用发票"窗口，单击工具栏"增加"按钮，打开"查询条件选择—参照订单"对话框，单击"取消"按钮，选择"生单"下拉列表中的"参照发货单"，打开"查询条件选择—发票参照发货单"对话框，单击"确定"按钮，打开"参照生单"窗口。

（3）在"参照生单"窗口，选中本业务发货单，单击工具栏"确定"按钮，生成一张销售专用发票，根据图 5-21 修改发票号，保存并复核该发票，结果如图 5-30 所示。

```
┌─────────────────────────────────────────────────────────────────────────────┐
│ 销售专用发票 ×                                                      ▼ ▷ ▶  │
│                        销售专用发票                显示模版 销售专用发票显示模版▼│
│ 表体排序 [          ▼]                              合并显示 □             │
│ 发票号 76456374        开票日期 2024-01-18        业务类型 普通销售         │
│ 销售类型 普通销售      订单号 01438707            发货单号 0000000008       │
│ 客户简称 上海东航      销售部门 销售部            业务员 陈路               │
│ 付款条件               客户地址 上海市黄浦区西郊路54号  联系电话 021-5837387│
│ 开户银行 中国招商银行上海市黄浦支行  账号 6228393746373664  税号 91310101M472413773│
│ 币种 人民币            汇率 1                     税率 13.00                │
│ 备注                                                                         │
├──┬────────┬────────┬──────────────┬──────┬──────┬──────┬──────┬──────┬──────┬──────┬──────┬──────┤
│  │ 仓库名称│存货编码│ 存货名称     │规格型号│主计量│ 数量 │ 报价 │含税单价│无税单价│无税金额│ 税额 │价税合计│
├──┼────────┼────────┼──────────────┼──────┼──────┼──────┼──────┼──────┼──────┼──────┼──────┼──────┤
│ 1│饮品仓库│0101    │市罕泉天然苏打水│     │ 箱   │100.00│ 0.00 │197.75│175.00│17500.00│2275.00│19775.00│
│ 2│饮品仓库│0102    │ 5100水       │      │ 箱   │100.00│ 0.00 │124.30│110.00│11000.00│1430.00│12430.00│
│ 3│饮品仓库│0103    │ 崂山矿泉水   │      │ 箱   │ 50.00│ 0.00 │ 45.20│ 40.00│ 2000.00│ 260.00│ 2260.00│
│ 4│        │        │              │      │      │      │      │      │      │        │       │        │
│ 5│        │        │              │      │      │      │      │      │      │        │       │        │
│ 6│        │        │              │      │      │      │      │      │      │        │       │        │
│ 7│        │        │              │      │      │      │      │      │      │        │       │        │
│ 8│        │        │              │      │      │      │      │      │      │        │       │        │
│ 9│        │        │              │      │      │      │      │      │      │        │       │        │
│10│        │        │              │      │      │      │      │      │      │        │       │        │
│合计│       │        │              │      │      │250.00│      │      │      │30500.00│3965.00│34465.00│
└──┴────────┴────────┴──────────────┴──────┴──────┴──────┴──────┴──────┴──────┴──────┴──────┴──────┘
```

图 5-30 销售专用发票

特别提醒

✧ 销售定金业务暂不支持先开票后发货模式，只能在先发货后开票模式下完成。

8. 审核发票并制单

（1）以会计"105 林彬"的身份，于 2024 年 1 月 18 日登录企业应用平台。

（2）选择"财务会计"→"应收款管理"→"应收单据处理"→"应收单据审核"，打开"应收单查询条件"对话框，单击"确定"按钮，打开"单据处理"窗口。

（3）双击本业务销售发票，打开"销售发票"窗口，单击工具栏的"审核"按钮，系统提示"是否立即制单？"，单击"是"，生成一张记账凭证，补充填写凭证信息，单击"保存"按钮，结果如图 5-31 所示。

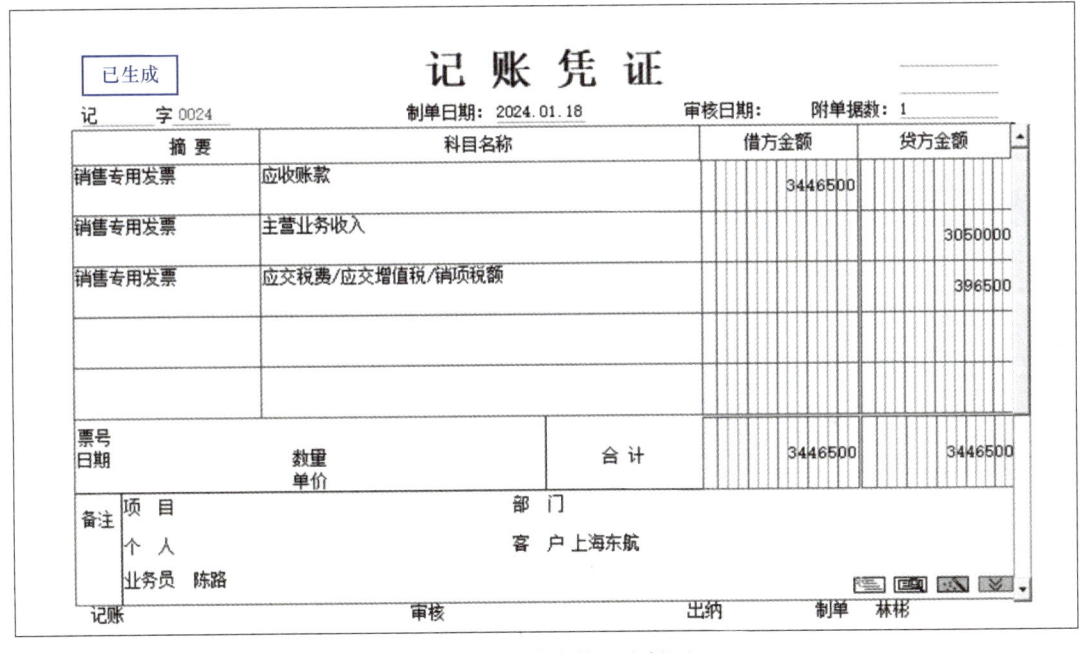

已生成	记账凭证		
记 字 0024	制单日期：2024.01.18	审核日期：	附单据数：1
摘要	科目名称	借方金额	贷方金额
销售专用发票	应收账款	3446500	
销售专用发票	主营业务收入		3050000
销售专用发票	应交税费/应交增值税/销项税额		396500
	合计	3446500	3446500

票号 日期 数量 单价 备注 项目 个人 业务员 陈路 部门 客户 上海东航

记账 审核 出纳 制单 林彬

图 5-31 应收账款记账凭证

9. 正常单据记账并生成凭证

（1）以会计"105 林彬"的身份，于 2024 年 1 月 18 日登录企业应用平台。

（2）选择"供应链"→"存货核算"→"业务核算"→"正常单据记账"，打开"查询条件选择"对话框，单击"确定"按钮，打开"未记账单据一览表"窗口。

（3）单击工具栏中"全选"按钮，以选中本业务销售发票的三行记录，单击工具栏"记账"按钮，系统弹出记账成功信息提示框，单击"确定"按钮，完成记账任务，退出该窗口。

（4）选择"财务核算"→"生成凭证"，打开"生成凭证"窗口。单击工具栏中"选择"按钮，系统弹出"查询条件"对话框，单击"确定"按钮，打开"选择单据"窗口。

（5）在"选择单据"窗口，单击"全选"按钮，以选中本业务销售发票，再单击工具栏"确定"按钮，系统自动退出"选择单据"窗口并打开"生成凭证"窗口，如图 5-32 所示。

图 5-32 "生成凭证"窗口

（6）单击工具栏的"生成"按钮，系统打开"填制凭证"窗口并自动生成凭证。单击工具栏的"保存"按钮，结果如图 5-33 所示。

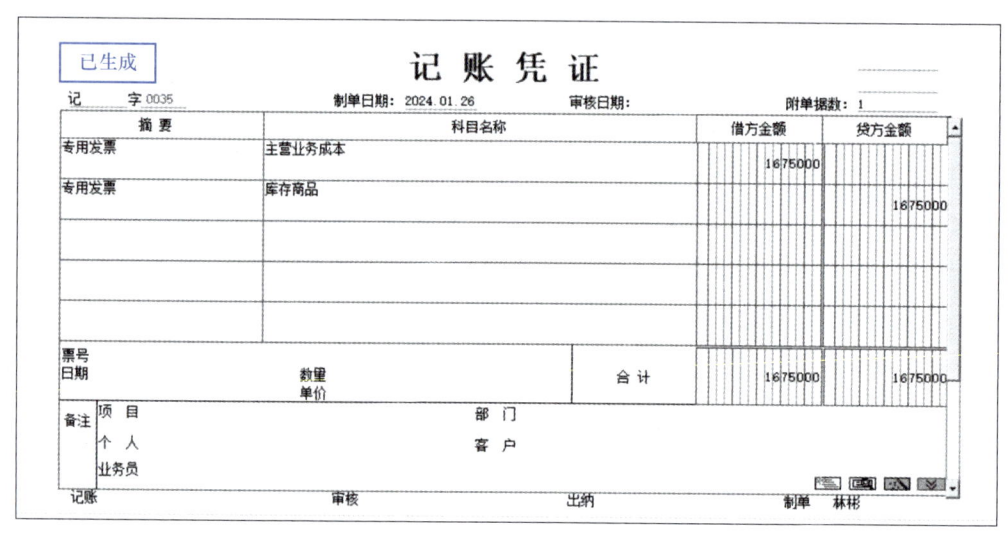

图 5-33 销售出库记账凭证

10. 销售定金转货款，生成收款单

（1）以出纳"106 钟灵"的身份，于 2024 年 1 月 18 日登录企业应用平台。

（2）选择"财务会计"→"应收款管理"→"收款单据处理"→"收款单据录入"，打开"收付款单录入"窗口，单击工具栏"上张"或"下张"按钮，找到本业务定金收款单。选择"转出"下拉列表中的"转货款"，如图 5-34 所示。

图 5-34 选择"转货款"

（3）打开"销售定金转出"对话框，款项类型选择"应收款"，如图 5-35 所示，单击"确定"按钮，系统提示转出成功，单击"确定"按钮，完成定金转货款任务。

图 5-35 销售定金转出

11. 审核定金转货款收款单，核销并制单

（1）以会计"105 林彬"的身份，于 2024 年 1 月 18 日登录企业应用平台。

（2）选择"财务会计"→"应收款管理"→"收款单据处理"→"收款单据审核"，打开"收款单查询条件"对话框，单击"确定"按钮，打开"收付款单列表"窗口，选中本业务中定金转货款的收款单进行审核，审核完毕关闭该窗口。

（3）选择"核销处理"→"手工核销"，弹出"核销条件"对话框，客户选择"上海东航"，单击"确定"按钮，打开"单据核销"窗口，输入本次结算金额，如图 5-36 所示，单击"保存"按钮，关闭"单据核销"窗口。

单据日期	单据类型	单据编号	客户	款项类型	结算方式	币种	汇率	原币金额	原币余额	本次结算金额	订单号
2023-12-15	收款单	0000000002	上海东航	预收款	转账支票	人民币	1.00000000	10,000.00	10,000.00		
2024-01-18	收款单	0000000010	上海东航	应收款	转账支票	人民币	1.00000000	7,000.00	7,000.00	7,000.00	01438707
合计								17,000.00	17,000.00	7,000.00	

单据日期	单据类型	单据编号	到期日	客户	币种	原币金额	原币余额	可享受折扣	本次折扣	本次结算	订单号
2024-01-18	销售专...	76456374	2024-01-18	上海东航	人民币	34,465.00	34,465.00	0.00	0.00	7,000.00	01438707
合计						34,465.00	34,465.00	0.00		7,000.00	

图 5-36 单据核销

（4）选择"制单处理"，打开"制单查询"对话框，勾选"收付款单制单""核销制单"，单击"确定"按钮，进入"制单"窗口。选择需要制单的单据，单击工具栏中的"合并"按钮，再单击"制单"按钮，生成定金转货款的记账凭证，如图5-37所示，单击"保存"并退出。

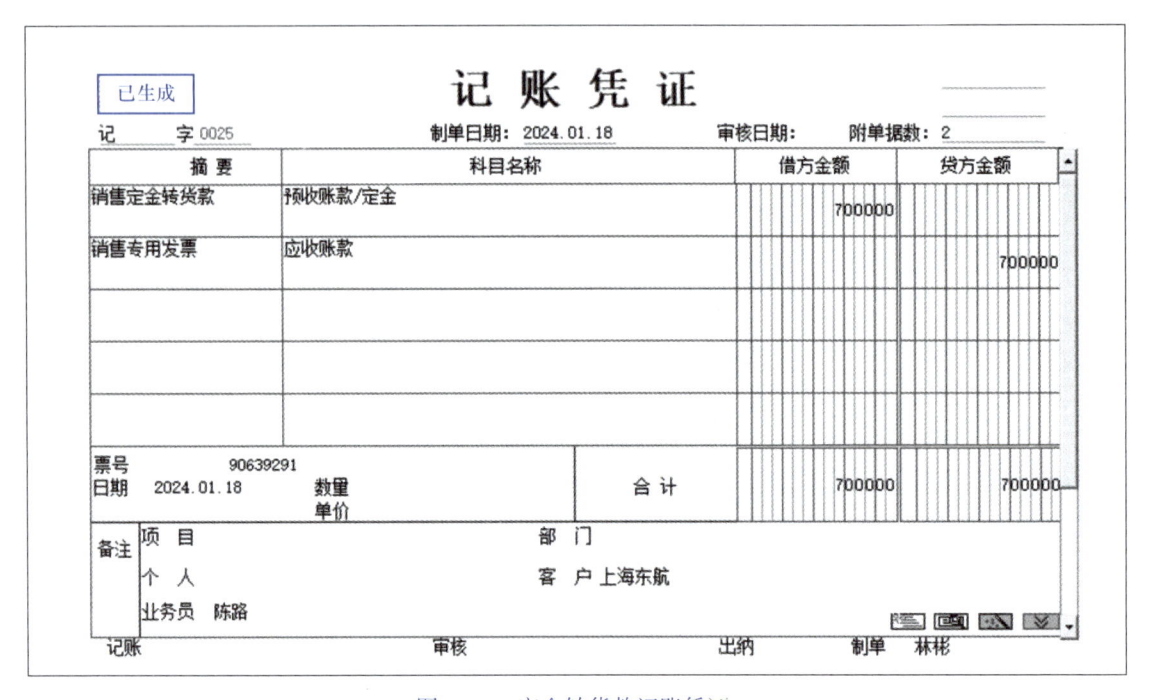

图 5-37　定金转货款记账凭证

12. 选择收款

（1）以出纳"106 钟灵"的身份，于 2024 年 1 月 18 日登录企业应用平台。

（2）选择"财务会计"→"应收款管理"→"选择收款"，打开"选择收款—条件"对话框，选择客户"上海东航"，单击"确定"按钮，打开"选择收款—单据"窗口。在收款金额栏输入"27465"，如图 5-38 所示，再单击"确认"按钮，弹出"选择收款—收款单"对话框。

图 5-38　输入收款金额

（3）根据图 5-22，补充填写结算方式、票据号等信息，如图 5-39 所示，单击"确定"按钮。

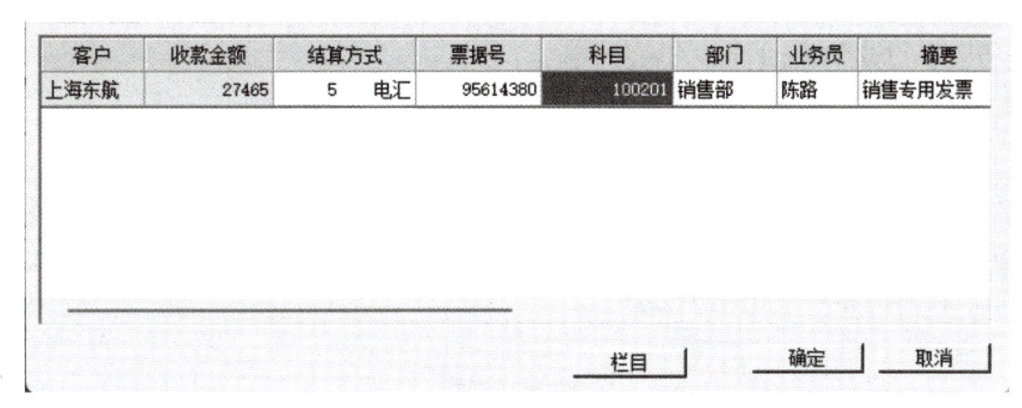

图 5-39 补充信息

13. 合并制单

（1）以会计"105 林彬"的身份，于 2024 年 1 月 18 日登录企业应用平台。

（2）选择"财务会计"→"应收款管理"→"制单处理"，打开"制单查询"对话框，勾选"收付款单制单""核销制单"，单击"确定"按钮，进入"制单"窗口。

（3）依次单击工具栏中的"全选""合并""制单"按钮，生成收到剩余款项的记账凭证，如图 5-40 所示，单击"保存"按钮退出。

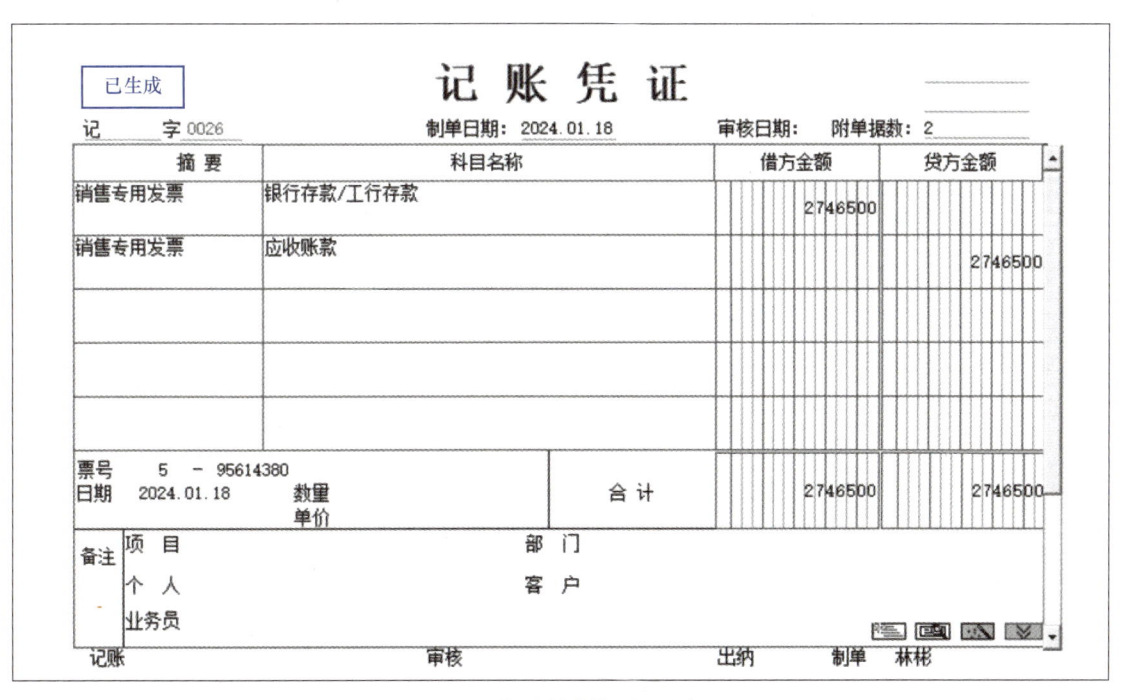

图 5-40 收到剩余款项记账凭证

任务三 现金折扣业务处理

工作任务

2024年1月5日，销售部与江南赋餐饮管理有限公司签订购销合同，相关原始单据如图5-41~图5-43所示（先开票后发货）。

购销合同

合同编号：42934261

购货单位（甲方）：江南赋餐饮管理有限公司

供货单位（乙方）：浙江安祥商贸有限公司

根据《中华人民共和国民法典》及国家相关法律、法规之规定，甲乙双方本着平等互利的原则，就甲方购买乙方货物一事达成以下协议。

一、货物的名称、数量及价格：

货物名称	规格型号	单位	数量	单价	金额	税率	价税合计
冰露纯净水		箱	800	25.00	20,000.00	13%	22,600.00
阿尔山矿泉水		箱	700	90.00	63,000.00	13%	71,190.00
合计（大写）玖万叁仟柒佰玖拾元整							¥93,790.00

二、交货方式和费用承担：交货方式：购货方自行提货，交货时间：2024年01月05日前，交货地点：江南赋餐饮管理有限公司，运费由购货方承担。

三、付款时间与付款方式：2/10，1/10，n/30。

四、质量异议期：订货方对供货方的货物质量有异议时，应在收到货物后15日内提出，逾期视为货物质量合格。

五、未尽事宜经双方协商可作补充协议，与本合同具有同等效力。

六、本合同自双方签字、盖章之日起生效；本合同壹式贰份，甲乙方各执壹份。

甲方（签章）：　　　　　　　　　　　　乙方（签章）：

授 权 代 表：徐妍　　　　　　　　　　授 权 代 表：张伟

地　　　址：北京市朝阳区华光南路15号楼　　地　　　址：杭州市纳文路129号

电　　　话：010-28376460　　　　　　电　　　话：0571-88009354

日　　　期：2024 年 01 月 05 日　　　日　　　期：2024 年 01 月 05 日

图 5-41　购销合同

出 库 单   No. 11322003

购货单位：江南赋餐饮管理有限公司　　2024 年 01 月 05 日

编号	品名	规格	单位	数量	单价	金额	备注
	冰露纯净水		箱	800			
	阿尔山矿泉水		箱	700			
	合　　　计						

仓库主管：陈萱　　记账：林彬　　保管：　　经手人：　　制单：

第一联　存根联

图 5-42　出库单

浙江增值税专用发票

3300191140　　　　　　　　　　　No 25174291　　3300191140
　　　　　　　　　　　　　　　　　　　　　　　　25174291

机器编号：982888812388　　　　　　　开票日期：2024年01月05日

购买方：
名　　称：江南赋餐饮管理有限公司
纳税人识别号：91110106M920120018
地址、电话：北京市朝阳区华光南路15号楼010-28376460
开户行及账号：中国招商银行北京市朝阳区支行6228393746373731

密码区：
30-%4#52%37*-65>%>>00#67>55>
>915>86-85#434597%647996%748
5915*6#-*5>957#2-55-5936%-7
0#647801#1988#*819732-249385

货物或应税劳务、服务名称	规格型号	单位	数量	单价	金额	税率	税额
冰露纯净水		箱	800	25.00	20,000.00	13%	2,600.00
阿尔山矿泉水		箱	700	90.00	63,000.00	13%	8,190.00
合　　计					￥83,000.00		￥10,790.00

价税合计（大写）　⊗玖万叁仟柒佰玖拾元整　　（小写）￥93,790.00

销售方：
名　　称：浙江安祥商贸有限公司
纳税人识别号：91330101M505277347
地址、电话：杭州市纳文路729号0571-88009354
开户行及账号：工商银行杭州市美馨路支行1426353717283338244

备注：校验码 52118 02817 08248 65199

收款人：　　复核：林彬　　开票人：钟灵　　销售方：（章）

税总函[202×]××号×××公司

第一联：记账联　销售方记账凭证

图 5-43　增值税专用发票

　　2024 年 1 月 8 日，收到江南赋餐饮管理有限公司货款，按照合同进行结算，相关原始单据如图 5-44 所示。

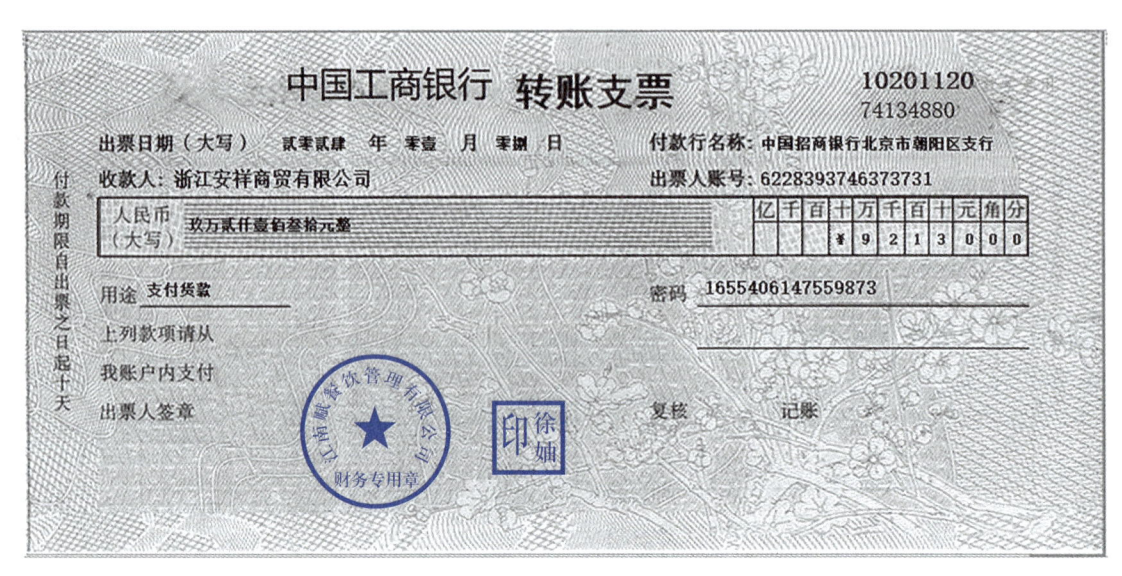

图 5-44　转账支票

知识储备

现金折扣是指销货方为鼓励购货方在规定的期限内尽快付款，而协议许诺给予购货方的一种折扣优待，即从应支付的货款总额中扣除一定比例的金额。现金折扣通常以分数形式反映，如 2/10（说明 10 天内付款可得到 2% 的折扣）、1/20 等。

岗位说明

本任务的操作流程概览见表 5-3。

表 5-3　操作流程概览

序　号	操作日期	操作员	子　系　统	操作内容
1	2024-01-05	401 陈路	销售管理	填制销售订单
2	2024-01-05	401 陈路	销售管理	参照销售订单生成销售专用发票
3	2024-01-05	401 陈路	销售管理	查看根据发票自动生成的发货单
4	2024-01-05	201 陈萱	库存管理	参照发货单生成出库单
5	2024-01-05	105 林彬	存货核算	正常单据记账并生成凭证
6	2024-01-05	105 林彬	应收款管理	审核发票并制单
7	2024-01-08	106 钟灵	应收款管理	选择收款
8	2024-01-08	105 林彬	应收款管理	合并制单

任务实施

现金折扣业务处理

1. 填制销售订单

（1）以销售"401 陈路"的身份，于 2024 年 1 月 5 日登录企业应用平台。

（2）选择"供应链"→"销售管理"→"销售订货"→"销售订单"，打开"销售订单"窗口，单击工具栏"增加"按钮，根据图 5-41 填制销售订单，如图 5-45 所示。

图 5-45 销售订单

（3）单击工具栏"保存"按钮，保存该单据。单击工具栏"审核"按钮，审核该订单。

2. 销售开票

（1）选择"销售开票"→"销售专用发票"，打开"销售专用发票"窗口，单击工具栏"增加"按钮，打开"查询条件选择—参照订单"对话框，单击"确定"按钮，打开"参照生单"窗口。

（2）在"参照生单"窗口，选中本业务销售订单，单击工具栏"确定"按钮，生成一张销售专用发票，根据图 5-43 修改发票号，填写仓库名称为"饮品仓库"，保存并复核销售该发票，结果如图 5-46 所示。

图 5-46 销售专用发票

3. 查看系统自动生成的发货单

选择"销售发货"→"发货单",打开"发货单"窗口,单击工具栏"上张"或"下张"按钮,可以查看系统根据销售发票自动生成且已审核的发货单,如图5-47所示。

	存货编码	存货名称	规格型号	主计量	数量	报价	含税单价	无税单价	无税金额	税额	价税合计	税率(%)
1	0105	阿尔山矿泉水		箱	700.00	0.00	101.70	90.00	63000.00	8190.00	71190.00	13.00
2	0104	冰露纯净水		箱	800.00	0.00	28.25	25.00	20000.00	2600.00	22600.00	13.00

图 5-47 发货单

4. 销售出库

(1) 以仓管员"201 陈萱"的身份,于2024年1月5日登录企业应用平台。

(2) 选择"供应链"→"库存管理"→"出库业务"→"销售出库单",打开"销售出库单"窗口,选择"生单"下拉列表中的"销售生单",打开"销售生单"窗口,选中本业务,单击"确定"按钮,生成销售出库单,保存并审核该出库单,结果如图5-48所示。

	存货编码	存货名称	规格型号	主计量单位	数量	单价	金额
1	0104	冰露纯净水		箱	800.00		
2	0105	阿尔山矿泉水		箱	700.00		

图 5-48 销售出库单

5. 存货核算系统制单

(1) 以会计"105 林彬"的身份,于2024年1月5日登录企业应用平台。

(2) 选择"供应链"→"存货核算"→"业务核算"→"正常单据记账",打开"查询条件选择"对话框,单击"确定"按钮,打开"未记账单据一览表"窗口。

(3) 单击工具栏中"全选"按钮,以选中本业务销售发票的两行记录,单击工具栏"记账"

按钮，系统弹出记账成功信息提示框，单击"确定"按钮，完成记账任务，退出该窗口。

（4）选择"财务核算"→"生成凭证"，打开"生成凭证"窗口。单击工具栏中"选择"按钮，在系统弹出的"查询条件"对话框中，单击"确定"按钮。

（5）在"选择单据"窗口，单击"全选"按钮，以选中本业务销售发票，再单击工具栏"确定"按钮，系统自动退出"选择单据"窗口并打开"生成凭证"窗口，如图5-49所示。

图5-49 "生成凭证"窗口

（6）单击工具栏的"生成"按钮，系统打开填制凭证窗口并自动生成凭证，单击工具栏的"保存"按钮，如图5-50所示。

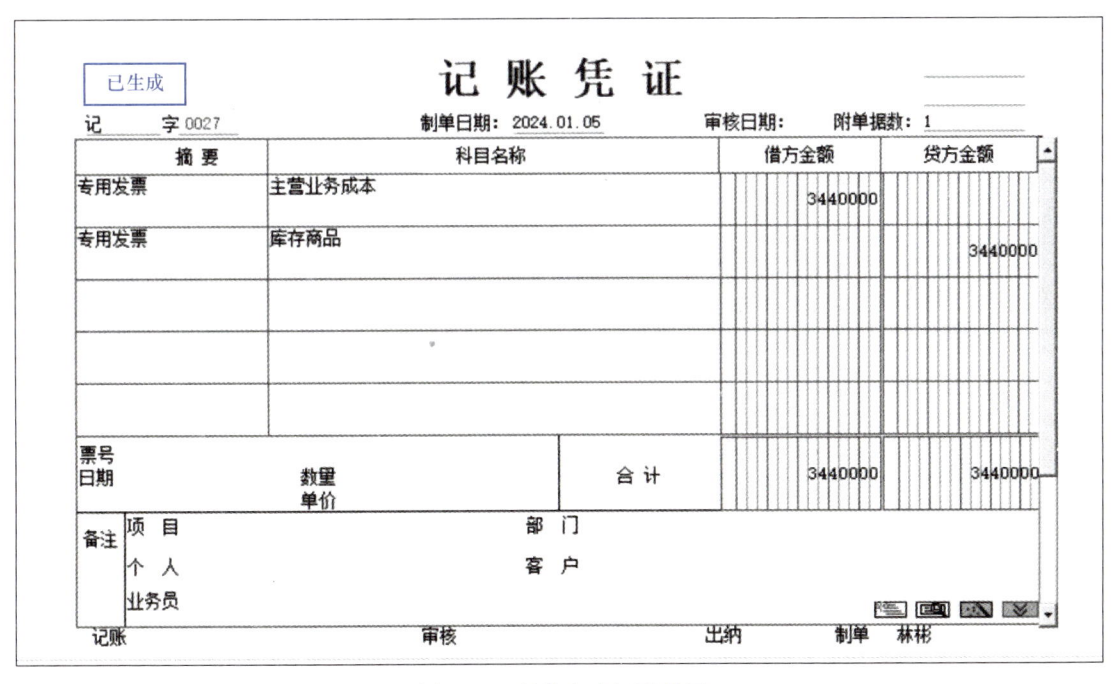

图5-50 销售出库记账凭证

6. 应收款管理系统制单

（1）以会计"105 林彬"的身份，于2024年1月5日登录企业应用平台。

（2）选择"财务会计"→"应收款管理"→"应收单据处理"→"应收单据审核"，打开"应收单查询条件"对话框，单击"确定"按钮，打开"单据处理"窗口。

（3）双击本业务销售发票，打开"销售发票"窗口，单击工具栏"审核"按钮，系统提示

"是否立即制单？"，单击"是"，生成一张记账凭证，补充填写凭证信息，单击"保存"按钮，结果如图5-51所示。

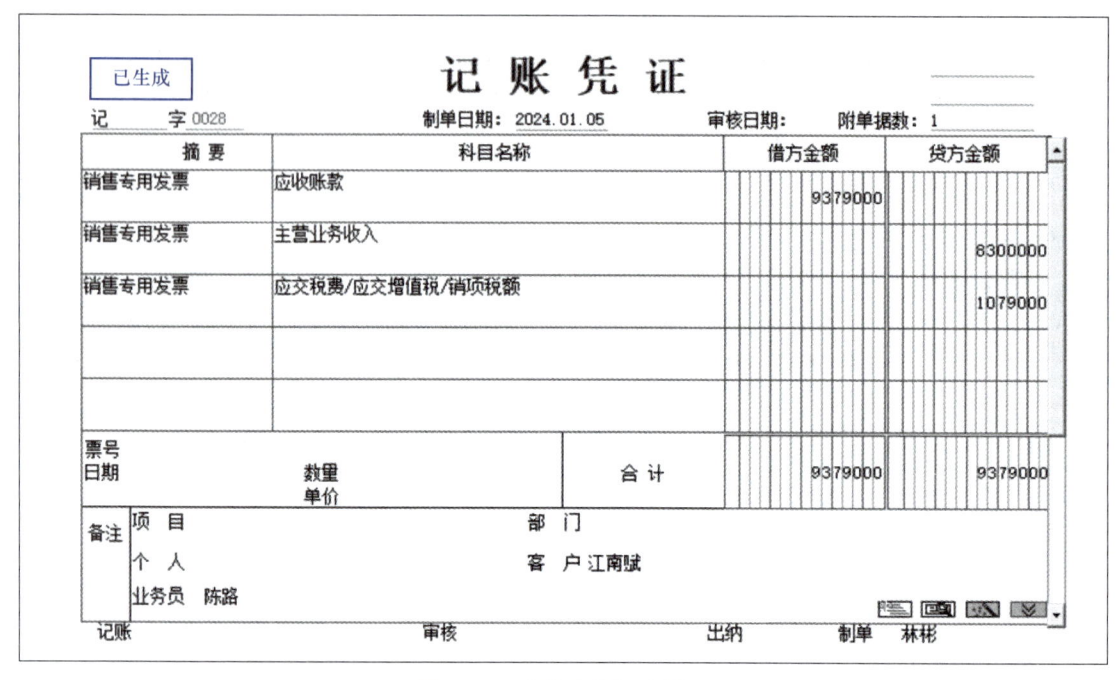

图5-51 应收账款记账凭证

7. 收到货款

（1）以出纳"106 钟灵"的身份，于2024年1月8日登录企业应用平台。

（2）选择"财务会计"→"应收款管理"→"选择收款"，打开"选择收款—条件"对话框，选择客户"江南赋"，单击"确定"按钮，打开"选择收款—单据"窗口。录入本次折扣"1660"，收款金额"92130"，再单击"确认"按钮，弹出"选择收款—收款单"对话框。

（3）根据图5-44录入结算方式、票据号等信息，如图5-52所示，单击"确定"按钮。

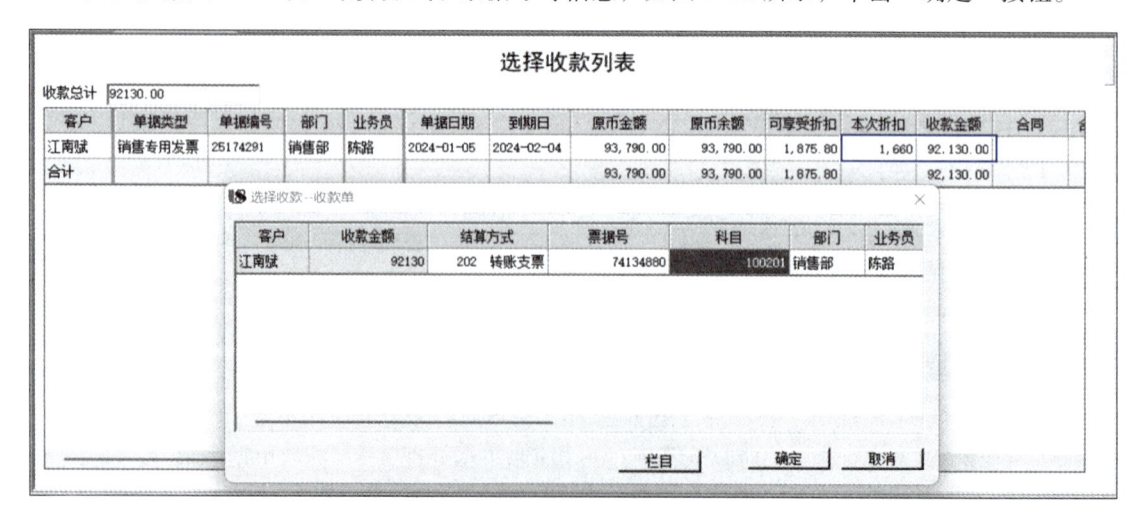

图5-52 填写收款信息

8. 合并制单

（1）以会计"105 林彬"的身份，于 2024 年 1 月 8 日登录企业应用平台。

（2）选择"财务会计"→"应收款管理"→"制单处理"，打开"制单查询"对话框，勾选"收付款单制单""核销制单"，单击"确定"按钮，进入"制单"窗口。

（3）依次单击工具栏中的"全选""合并""制单"按钮，生成收到货款的记账凭证，如图 5-53 所示，单击"保存"按钮退出。

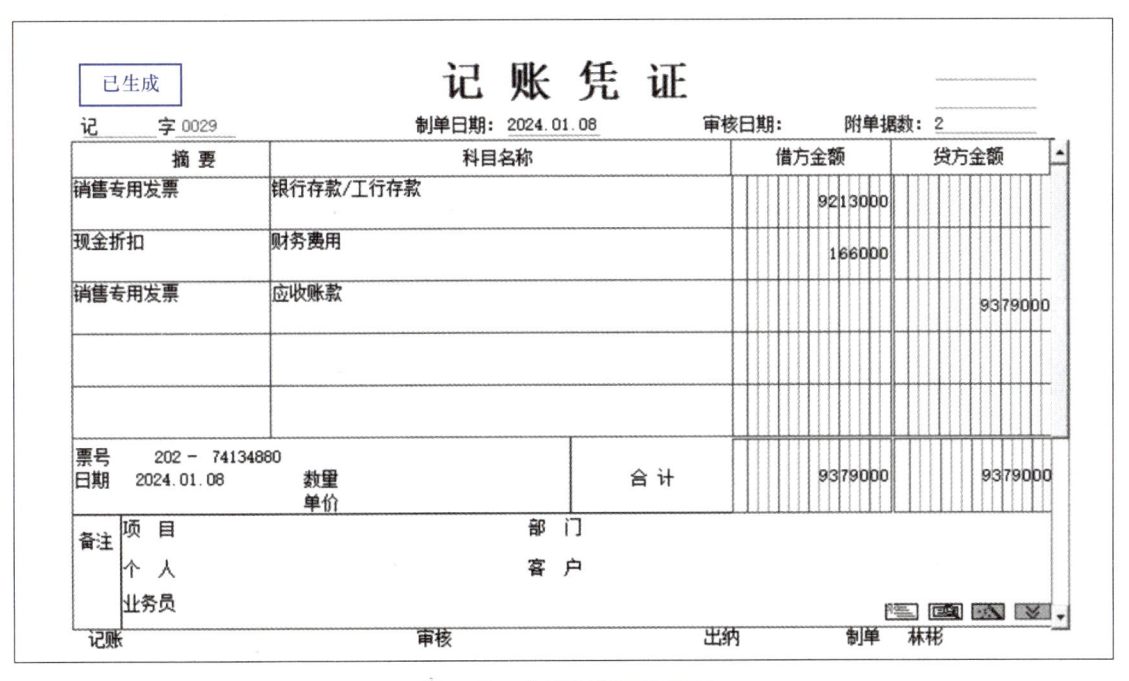

图 5-53　收到货款记账凭证

任务四　销售退货业务处理

工作任务

2024 年 1 月 18 日，江南赋餐饮管理有限公司发现购买的冰露纯净水存在杂质问题，要求退货，相关原始单据如图 5-54 ～图 5-56 所示（先开票后发货）。

图 5-54 红字专用发票

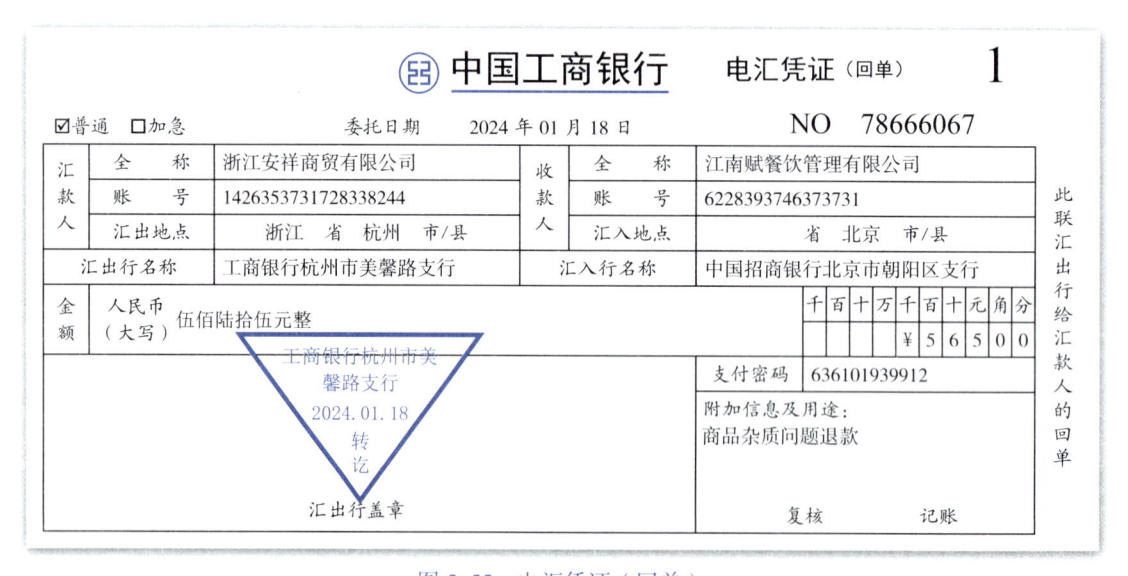

图 5-55 电汇凭证（回单）

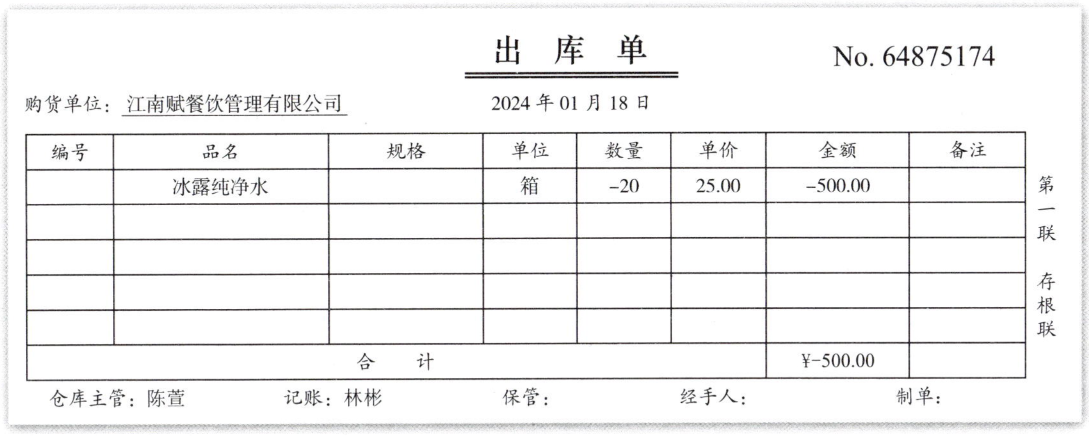

出 库 单

No. 64875174

购货单位：江南赋餐饮管理有限公司　　2024 年 01 月 18 日

编号	品名	规格	单位	数量	单价	金额	备注
	冰露纯净水		箱	-20	25.00	-500.00	
	合　计					¥-500.00	

仓库主管：陈萱　　记账：林彬　　保管：　　经手人：　　制单：

第一联　存根联

图 5-56　红字出库单

知识储备

销售退货业务是指客户因货物质量、品种、数量不符合或其他原因，而将已购货物退回给原单位的业务。

销售退货的单据有退货单、红字出库单和红字发票。销售退货的处理和正常销售流程一样，如果退货时已发货但未出库、未开票，则直接填写退货单；若退货时已发货出库但未开票，则需填写退货单和红字出库单；若退货时已发货出库且开票，则需要填写退货单、红字出库单和红字发票。

销售管理系统分为先发货后开票和先开票后发货两种模式。在先发货后开票模式下，先填写退货单，然后再生成红字销售发票、红字出库单；在先开票后发货模式下，先填写红字发票，退货单根据红字发票自动生成。

岗位说明

本任务的操作流程概览见表 5-4。

表 5-4　操作流程概览

序号	操作日期	操作员	子系统	操作内容
1	2024-01-18	401 陈路	销售管理	参照销售订单生成红字销售专用发票并现结
2	2024-01-18	201 陈萱	库存管理	参照退货单生成红字出库单
3	2024-01-18	105 林彬	存货核算	正常单据记账并生成凭证
4	2024-01-18	105 林彬	应收款管理	审核现结红字发票并制单

任务实施

1. 参照销售订单生成红字销售专用发票并现结

（1）以销售"401 陈路"的身份，于 2024 年 1 月 18 日登录企业应用平台。

（2）选择"供应链"→"销售管理"→"销售开票"→"红字专用销售发票"，打开"销售专用发票"窗口，单击工具栏"增加"按钮，打开"查询条件选择—参照订单"对话框，单击"确定"按钮,打开"参照生单"窗口。

(3)在"参照生单"窗口,选中窗口上方本业务的销售订单,窗口下方只选中"冰露纯净水",单击"确定"按钮,系统自动生成一张红字销售专用发票。按照任务资料,修改发票号和销售数量、仓库名称等信息,单击"保存"按钮,结果如图5-57所示。

图5-57 红字销售专用发票

(4)单击工具栏单击"现结"按钮,按照任务资料,结算方式选择"电汇",原币金额输入"-565",如图5-58所示,单击"确定"按钮,返回"销售专用发票"窗口,单击"复核"按钮。

图5-58 修改现结信息

特别提醒

◇ 所有退货单据上的数量应填写负数。

◇ 先开票后发货模式下的退货业务，红字销售发票复核后，系统自动生成已审核的退货单。

2. 参照退货单生成红字出库单

（1）以仓管"201 陈萱"的身份，于 2024 年 1 月 18 日登录企业应用平台。

（2）选择"供应链"→"库存管理"→"出库业务"→"销售出库单"，打开"销售出库单"窗口，单击"生单"，打开"查询条件选择—销售发货单列表"，单击"确定"按钮，打开"销售生单"窗口，选中本业务，单击"确定"按钮，生成销售出库单，保存并审核，结果如图 5-59 所示。

图 5-59　销售出库单（红字）

3. 正常单据记账并生成凭证

（1）以会计"105 林彬"的身份，于 2024 年 1 月 18 日登录企业应用平台。

（2）选择"供应链"→"存货核算"→"业务核算"→"正常单据记账"，打开"查询条件选择"对话框，单击"确定"按钮，打开"未记账单据一览表"窗口。

（3）单击工具栏中"全选"按钮，以选中本业务销售发票的记录，单击工具栏"记账"按钮，打开"未记账单据一览表"窗口，在冰露纯净水单价处输入"8"，如图 5-60 所示，单击"确定"按钮，系统弹出记账成功信息提示框，完成记账任务，确定退出该窗口。

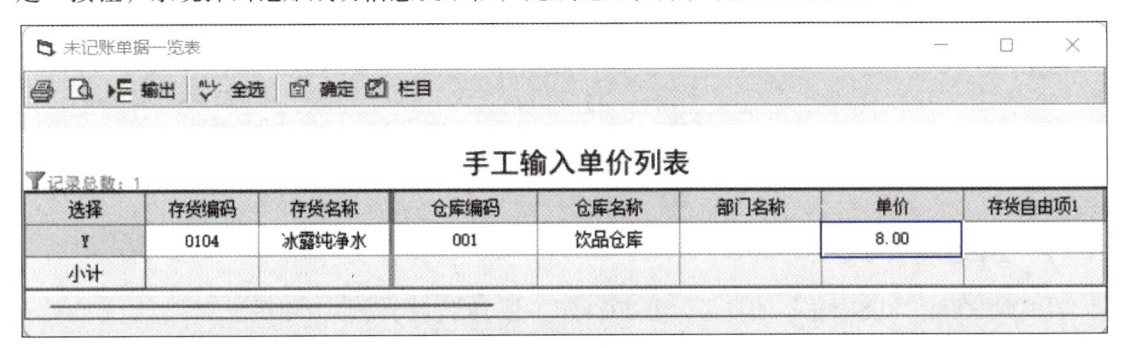

图 5-60　输入单价

（4）选择"财务核算"→"生成凭证"，打开"生成凭证"窗口。单击工具栏中"选择"按钮，系统弹出"查询条件"对话框，单击"确定"按钮，打开"选择单据"窗口。

（5）在"选择单据"窗口，单击"全选"按钮，以选中本业务销售发票，再单击工具栏"确定"按钮，系统自动退出"选择单据"窗口并打开"生成凭证"窗口，如图 5-61 所示。

选择	单据类型	单据号	摘要	科目类型	科目编码	科目名称	借方金额	贷方金额	借方数量	贷方数量	科目方向	存货编码	存货名称
1	专用发票	85649450	专用	对方	6401	主营业…	-160.00		-20.00		1	0104	冰露纯净水
				存货	1405	库存商品		-160.00		-20.00	2	0104	冰露纯净水
合计							-160.00	-160.00					

图 5-61 "生成凭证"窗口

（6）单击工具栏的"生成"按钮，系统打开填制凭证窗口并自动生成凭证，单击工具栏的"保存"按钮，结果如图 5-62 所示。

记 账 凭 证

已生成

记 字 0030   制单日期：2024.01.18   审核日期：   附单据数：1

摘 要	科目名称	借方金额	贷方金额
专用发票	主营业务成本	16000	
专用发票	库存商品		16000
	合 计	16000	16000

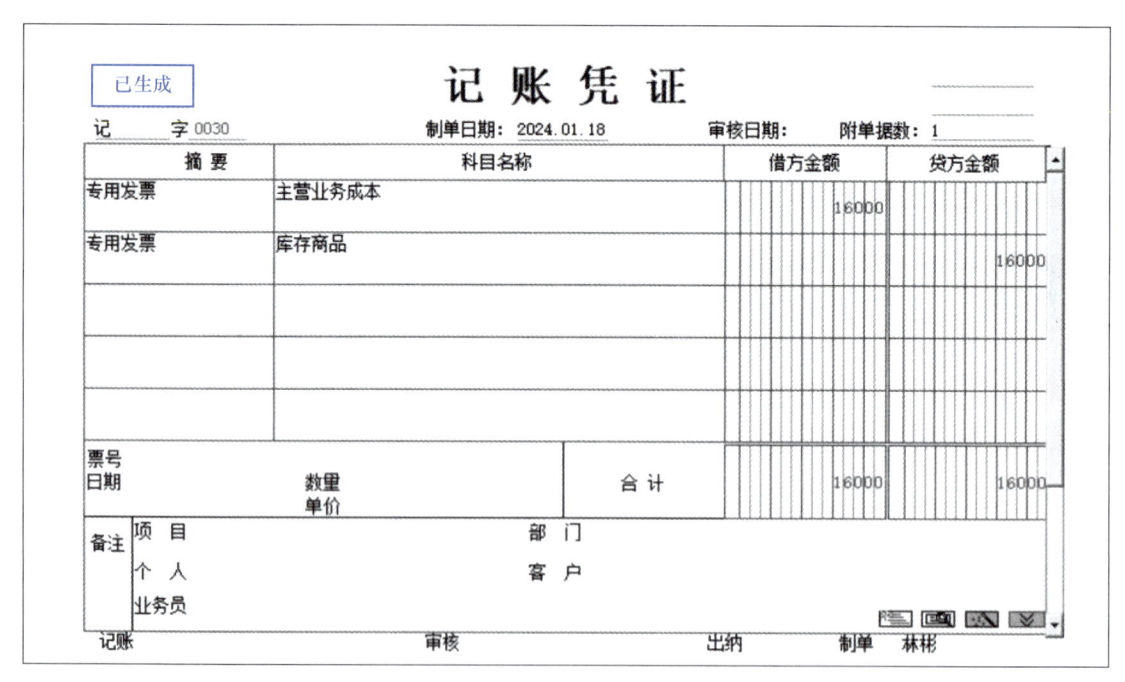

记账   审核   出纳   制单 林彬

图 5-62 销售退货记账凭证

4. 审核现结红字发票并制单

（1）以会计"105 林彬"的身份，于 2024 年 1 月 18 日登录企业应用平台。

（2）选择"财务会计"→"应收款管理"→"应收单据处理"→"应收单据审核"，打开"应收单查询条件"对话框，勾选"包含已现结发票"，单击"确定"按钮，打开"单据处理"窗口。

（3）双击本业务销售发票，打开销售发票窗口，单击工具栏的"审核"按钮，系统提示"是否立即制单？"，单击"是"，生成一张记账凭证，单击"保存"按钮，结果如图 5-63 所示。

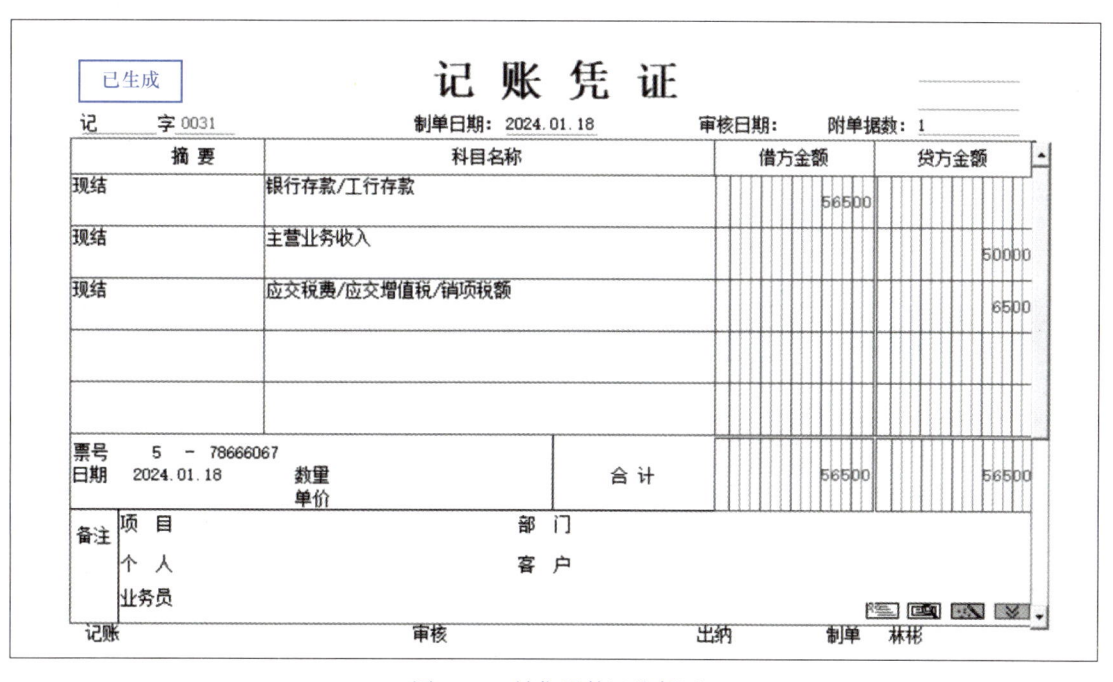

图 5-63　销售退款记账凭证

任务五　直运销售业务处理

工作任务

2024 年 1 月 21 日，销售部与河南纯中纯饮品有限公司签订销售合同，当日采购部与上海德扬食品有限公司签订采购合同，相关原始单据如图 5-64～图 5-67 所示。

购销合同

合同编号：57481490

购货单位（甲方）：河南纯中纯饮品有限公司
供货单位（乙方）：浙江安祥商贸有限公司

根据《中华人民共和国民法典》及国家相关法律、法规之规定，甲乙双方本着平等互利的原则，就甲方购买乙方货物一事达成以下协议。

一、货物的名称、数量及价格：

货物名称	规格型号	单位	数量	单价	金额	税率	价税合计
5100水		箱	200	100.00	20,000.00	13%	22,600.00
合计（大写）贰万贰仟陆佰元整							¥22,600.00

二、交货方式和费用承担：交货方式：购货方自行提货____，交货时间：2024年01月30日____前，交货地点：浙江安祥商贸有限公司____，运费由____购货方____承担。

三、付款时间与付款方式：购货单位收货并验收合格后于月底前向供货单位支付货款____

四、质量异议期：订货方对供货方的货物质量有异议时，应在收到货物后 15日 内提出，逾期视为货物质量合格。

五、未尽事宜经双方协商可作补充协议，与本合同具有同等效力。

六、本合同自双方签字、盖章之日起生效；本合同壹式贰份，甲乙双方各执壹份。

甲方（签章）：   乙方（签章）：
授权代表：吴姣   授权代表：张韦
地 址：河南省固始县中原路345号   地 址：杭州市纳文路129号
电 话：0370-3837764   电 话：0571-88009354
日 期：2024 年 01 月 21 日   日 期：2024 年 01 月 21 日

图 5-64 销售合同

浙江增值税专用发票   No 86896535

3300191140

机器编号：982888812388   开票日期：2024年01月21日

购买方	名 称：河南纯中纯饮品有限公司 纳税人识别号：91410502M896958289 地 址、电 话：河南省固始县中原路345号0370-3837764 开户行及账号：中国招商银行河南省固始县支行6228748373639876	密码区	83*2754>%*-0%>34773*50356>74 38*>*%9*-9>2*668>#7*80*88>69 54%#6>>88024>03-*11*>39>71-0 260994%#6-520-9-9283>>503*01

货物或应税劳务、服务名称	规格型号	单位	数 量	单 价	金 额	税率	税 额
5100水		箱	200	100.00	20,000.00	13%	2,600.00
合 计					¥20,000.00		¥2,600.00

价税合计（大写） ⊗贰万贰仟陆佰元整   （小写）¥22,600.00

销售方	名 称：浙江安祥商贸有限公司 纳税人识别号：91330101M505277347 地 址、电 话：杭州市纳文路729号0571-88009354 开户行及账号：工商银行杭州市美馨路支行1426353731728338244	备注	校验码 52118 02812 08248 65199

收款人：   复核：林彬   开票人：钟灵   销售方：（章）

图 5-65 销售增值税专用发票

购销合同

合同编号：46600342

购货单位（甲方）：浙江安祥商贸有限公司

供货单位（乙方）：北京恒康天成贸易有限公司

根据《中华人民共和国民法典》及国家相关法律、法规之规定，甲乙双方本着平等互利的原则，就甲方购买乙方货物一事达成以下协议。

一、货物的名称、数量及价格：

货物名称	规格型号	单位	数量	单价	金额	税率	价税合计
5100 水		箱	200	60.00	12,000.00	13%	13,560.00
合计（大写）壹万叁仟伍佰陆拾元整							¥13,560.00

二、交货方式和费用承担：交货方式：购货方自行提货，交货时间：2024年01月30日前，交货地点：浙江安祥商贸有限公司，运费由 购货方 承担。

三、付款时间与付款方式：购货单位收货并验收合格后于月底前向供货单位支付货款。

四、质量异议期：订货方对供货方的货物质量有异议时，应在收到货物后 15日 内提出，逾期视为货物质量合格。

五、未尽事宜经双方协商可作补充协议，与本合同具有同等效力。

六、本合同自双方签字、盖章之日起生效；本合同壹式贰份，甲乙双方各执壹份。

甲方（签章）：浙江安祥商贸有限公司

授权代表：张伟

地址：杭州市纳文路729号

电话：0571-88009354

日期：2024 年 01 月 21 日

乙方（签章）：北京恒康天成贸易有限公司

授权代表：郭子涵

地址：北京市东城区王府路A区37号

电话：010-38393870

日期：2024 年 01 月 21 日

图 5-66 采购合同

1100191140

北京增值税专用发票

北京 发票联

全国统一发票监制章 北京 国家税务总局监制

No 93162027

1100191140
93162027

机器编号：982888812388

开票日期：2024年01月21日

税总函〔202×〕××号×××公司

第三联：发票联 购买方记账凭证

购买方		密码区	
名称	浙江安祥商贸有限公司		2#109*2>>3>315#*3-0055134350
纳税人识别号	91330101M505277347		3#073%0-7584367121-4%3%7-103
地址、电话	杭州市纳文路729号0571-88009354		#5013129962*-#413*-2->>%%891
开户行及账号	工商银行杭州市美馨路支行1426353731728338244		04464-18-5-3663814003-*356>7

货物或应税劳务、服务名称	规格型号	单位	数量	单价	金额	税率	税额
5100 水		箱	200	60.00	12,000.00	13%	1,560.00
合计					¥12,000.00		¥1,560.00
价税合计（大写）	⊗壹万叁仟伍佰陆拾元整				（小写）¥13,560.00		

销售方		备注
名称	北京恒康天成贸易有限公司	校验码 52118 02817 08248 65199
纳税人识别号	91110106M920120014	北京恒康天成贸易有限公司 91110106M920120014 发票专用章
地址、电话	北京市东城区王府路A区37号010-38393870	
开户行及账号	中国招商银行北京市东城区支行6228746535837365	

收款人： 复核：胡丽 开票人：罗兰 销售方：（章）

图 5-67 采购增值税专用发票

2024年1月24日，收到河南纯中纯饮品有限公司销售货款，当日与上海德扬食品有限公司进行货款结算，相关原始单据如图5-68和图5-69所示。

中国工商银行 电汇凭证（收账通知） 3

☑普通 □加急		委托日期	2024年01月24日			NO	83189174
汇款人	全称	河南纯中纯饮品有限公司		收款人	全称	浙江安祥商贸有限公司	此联给收款人的收账通知
	账号	6228748373639876			账号	1426353731728338244	
	汇出地点	河南 省 信阳 市/县			汇入地点	浙江 省 杭州 市/县	
	汇出行名称	中国招商银行河南省固始县支行			汇入行名称	工商银行杭州市美馨路支行	
金额	人民币（大写）	贰万贰仟陆佰元整				千百十万千百十元角分 ¥ 2 2 6 0 0 0 0	
					支付密码	883663356890	
		（中国招商银行河南省固始县支行 转讫）			附加信息及用途：		
				汇出行盖章		复核 记账	

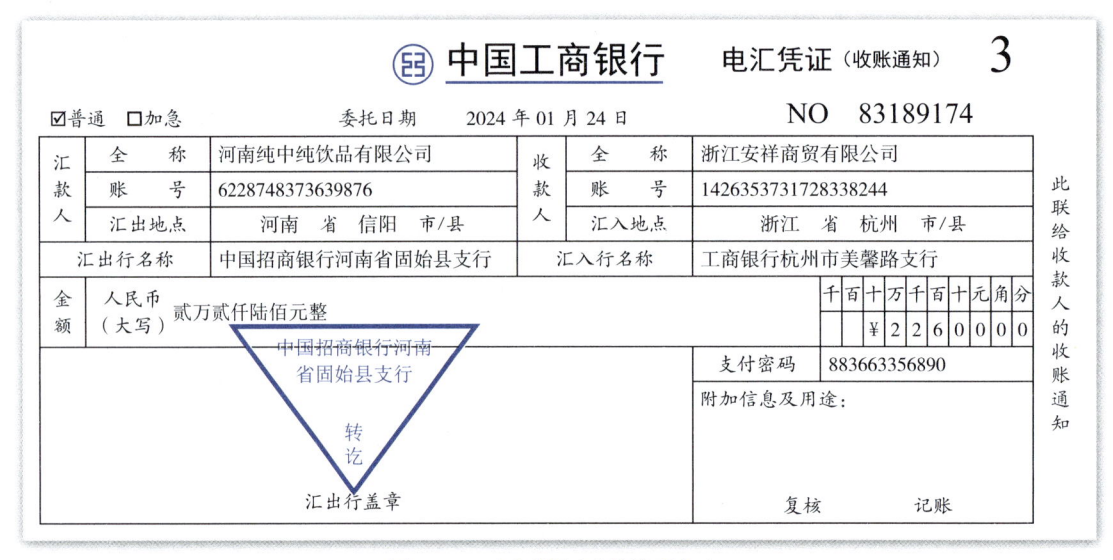

图5-68 电汇凭证（收账通知）

中国工商银行 电汇凭证（回单） 1

☑普通 □加急		委托日期	2024年01月24日			NO	73218745
汇款人	全称	浙江安祥商贸有限公司		收款人	全称	北京恒康天成贸易有限公司	此联汇出行给汇款人的回单
	账号	1426353731728338244			账号	6228746535837365	
	汇出地点	浙江 省 杭州 市/县			汇入地点	省 北京 市/县	
	汇出行名称	工商银行杭州市美馨路支行			汇入行名称	中国招商银行北京市东城区支行	
金额	人民币（大写）	壹万叁仟伍佰陆拾元整				千百十万千百十元角分 ¥ 1 3 5 6 0 0 0	
					支付密码	310108417599	
		（工商银行杭州市美馨路支行 2024.01.24 转讫）			附加信息及用途：		
				汇出行盖章		复核 记账	

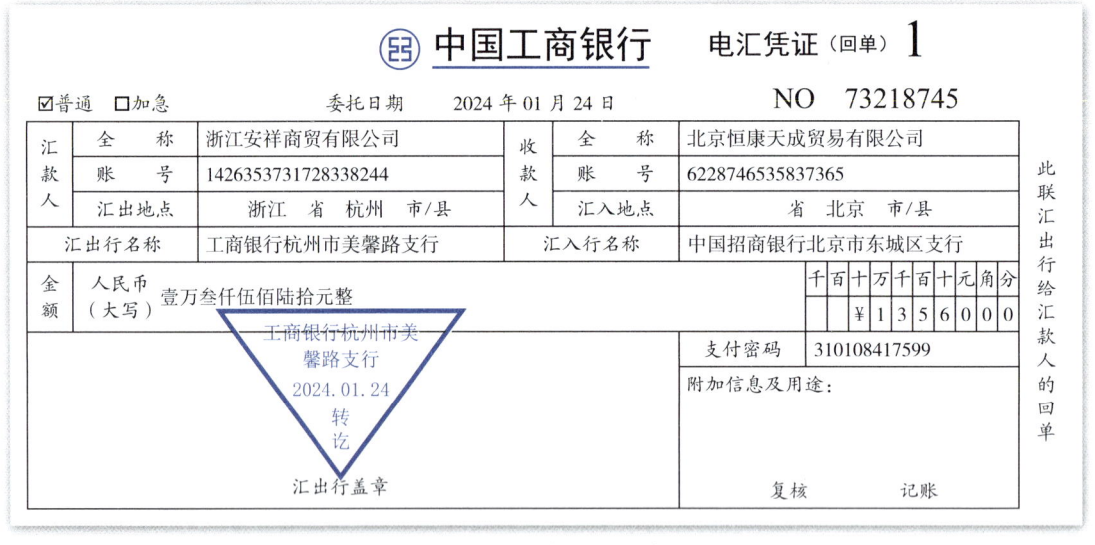

图5-69 电汇凭证（回单）

知识储备

直运销售是指商品无须入库即可完成的购销业务。在直运销售模式下，客户向企业订购商品，双方签订销售合同；根据销售合同，企业向供应商采购商品，与供货单位签订采购合同，供应商直接将商品发运给客户。结算时，企业分别与客户和供应商进行结算。采用直运销售方式，可以减少商品的出入库手续，有利于加速商品流转，节约商品流通费用。

直运销售的存货一般为大型机械、大型设备等不便运输的商品。

岗位说明

本任务的操作流程概览见表5-5。

表5-5 操作流程概览

序号	操作日期	操作员	子系统	操作内容
1	2024-01-21	401 陈路	销售管理	填制销售订单
2	2024-01-21	401 陈路	销售管理	参照销售订单生成销售专用发票
3	2024-01-21	105 林彬	应收款管理	审核销售发票并制单
4	2024-01-21	301 李玲	采购管理	填制采购订单
5	2024-01-21	301 李玲	采购管理	参照采购订单生成采购专用发票
6	2024-01-21	105 林彬	应付款管理	审核采购发票并制单
7	2024-01-21	105 林彬	存货核算	直运销售记账并生成凭证
8	2024-01-24	106 钟灵	应收款管理	选择收款
9	2024-01-24	106 钟灵	应付款管理	选择付款
10	2024-01-24	105 林彬	应收款管理	合并制单
11	2024-01-24	105 林彬	应付款管理	合并制单

任务实施

1. 填制销售订单

（1）以销售"401陈路"的身份，于2024年1月21日登录企业应用平台。

（2）选择"供应链"→"销售管理"→"销售订货"→"销售订单"，打开"销售订单"窗口，单击工具栏"增加"按钮，表头项目中业务类型选择"直运销售"，根据任务资料填制销售订单，如图5-70所示。

直运销售业务处理

图5-70 销售订单

> **特别提醒**
>
> ◆ 销售订单上的业务类型和销售类型均应选择为"直运销售"。

（3）单击工具栏的"保存"按钮，保存该单据。单击工具栏的"审核"按钮，审核该订单。

2. 销售开票

（1）选择"销售开票"→"销售专用发票"命令，打开"销售专用发票"窗口，单击工具栏"增加"按钮，打开"查询条件选择—参照订单"对话框，单击"确定"按钮，表头项目中业务类型选择"直运销售"，再单击"生单"下拉列表中的"参照订单"，打开"参照生单"窗口。

（2）在"参照生单"窗口，选中本业务的销售订单，单击"确定"按钮。统自动生成一张销售专用发票。按照任务资料，修改发票号等信息，单击"保存"按钮，结果如图 5-71 所示。单击"复核"按钮，完成发票开具任务。

图 5-71 销售专用发票

> **特别提醒**
>
> ◆ 直运销售发票上不用填写仓库信息。

3. 应收款管理系统制单

（1）以会计"105 林彬"的身份，于 2024 年 1 月 21 日登录企业应用平台。

（2）选择"财务会计"→"应收款管理"→"应收单据处理"→"应收单据审核"，打开"应收单查询条件"对话框，单击"确定"按钮，打开"单据处理"窗口。

（3）双击本业务销售发票，打开"销售发票"窗口，单击工具栏的"审核"按钮，系统提示"是否立即制单？"，单击"是"，生成一张记账凭证，补充填写凭证信息，单击"保存"按钮，结果如图 5-72 所示。

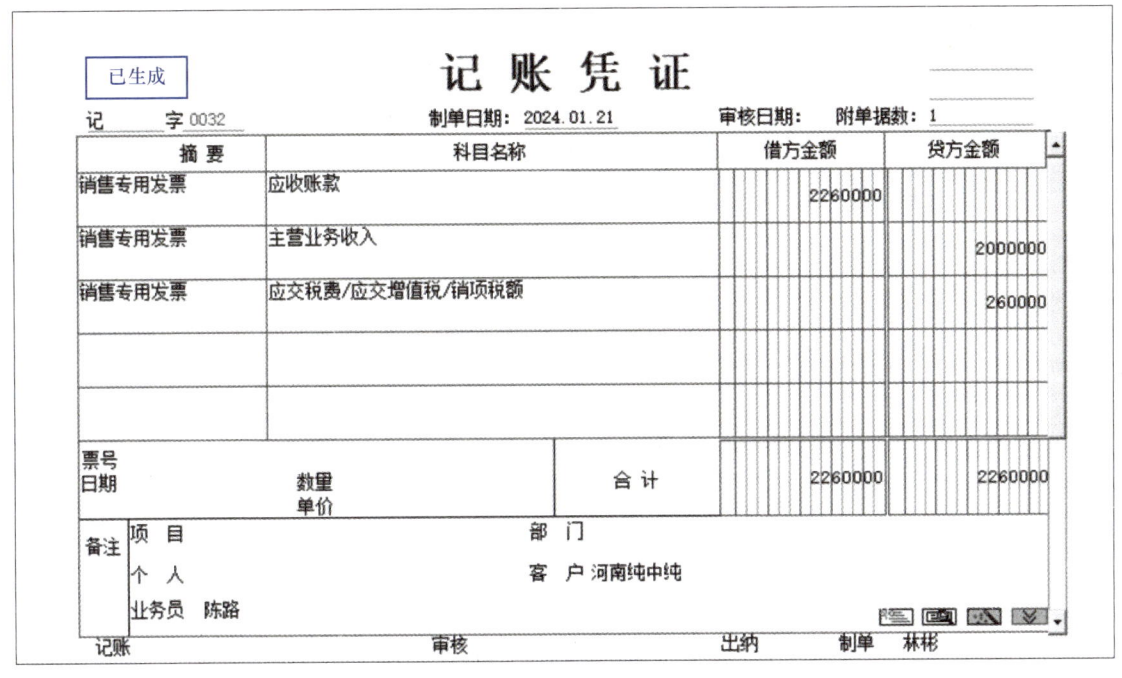

图 5-72 销售记账凭证

4. 填制采购订单

（1）以采购"301 李玲"的身份，于 2024 年 1 月 21 日登录企业应用平台。

（2）选择"供应链"→"采购管理"→"采购订货"→"采购订单"，打开"采购订单"窗口，单击工具栏"增加"按钮，修改业务类型为"直运采购"，选择"生单"下拉列表中的"销售订单"，系统弹出"查询条件选择—销售订单列表过滤"对话框，单击"确定"按钮，打开"拷贝并执行"窗口。

（3）选择本业务销售订单，单击工具栏中的"确定"按钮，生成一张采购订单。按照任务资料修改采购订单订单号、供应商、采购类型、存货单价等信息，如图 5-73 所示。

图 5-73 修改采购订单信息

（4）依次单击工具栏中的"保存""审核"按钮，完成采购合同填制任务。

5. 采购开票

（1）选择"采购发票"→"采购专用发票"，打开"专用发票"窗口，单击工具栏"增加"

按钮,修改业务类型为"直运采购",选择"生单"下拉列表中的"采购订单",系统弹出"查询条件选择—采购订单列表过滤"对话框,单击"确定"按钮,打开"拷贝并执行"窗口。

(2)选择本业务采购订单,单击工具栏中的"确定"按钮,生成一张采购专用发票。按照任务资料修改发票号等信息,如图5-74所示,单击"保存"按钮退出。

图 5-74 修改采购专用发票信息

6. 应付款管理系统制单

(1)以会计"105 林彬"的身份,于 2024 年 1 月 21 日登录企业应用平台。

(2)选择"财务会计"→"应付款管理"→"应付单据处理"→"应付单据审核",打开"应付单查询条件"对话框,单击"确定"按钮,打开"单据处理"窗口。

(3)双击本业务采购发票,打开采购发票窗口,单击工具栏的"审核"按钮,系统提示"是否立即制单?",单击"是",生成一张记账凭证,补充填写凭证信息,单击"保存"按钮,结果如图 5-75 所示。

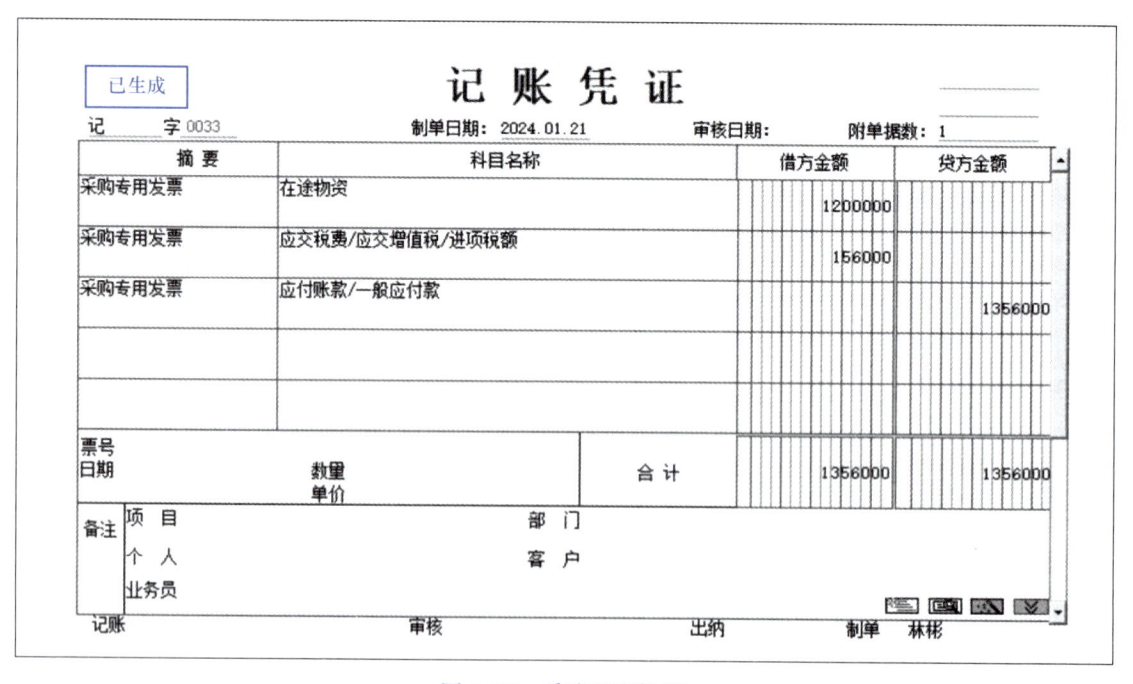

图 5-75 采购记账凭证

> **特别提醒**
>
> ◇ 直运采购发票可以在应付款管理系统制单，也可在存货核算系统通过"直运销售记账"制单。
>
> ◇ 直运采购发票在应付款管理系统制单后，在存货核算系统执行"直运销售记账"，但不能生成凭证。

7. 直运销售记账并制单

（1）以会计"105 林彬"的身份，于2024年1月18日登录企业应用平台。

（2）选择"供应链"→"存货核算"→"业务核算"→"直运销售记账"，打开"直运采购发票核算查询条件"窗口，单击"确定"按钮，打开"未记账单据一览表"窗口，如图 5-76 所示。

选择	日期	单据号	存货编码	存货名称	收发类别	单据类型	数量	单价	金额
	2024-01-21	93162027	0102	5100水	直运采购	采购发票	200.00	60.00	12,000.00
	2024-01-21	86896534	0102	5100水	直运销售	专用发票	200.00		
小计							400.00		12,000.00

图 5-76 "未记账单据一览表"窗口

（3）单击工具栏中"全选"按钮，单击工具栏"记账"按钮，系统弹出记账成功信息提示框，完成记账任务，确定退出该窗口。

（4）选择"财务核算"→"生成凭证"，打开"生成凭证"窗口。单击工具栏中"选择"按钮，系统弹出"查询条件"对话框，单击"确定"按钮，打开"选择单据"窗口，如图 5-77 所示。

选择	记账日期	单据日期	单据类型	单据号	仓库	收发类别	记账人	部门	部门编码	业务类型	摘要	客户
	2024-01-31	2024-01-21	专用发票	86896534		直运销售	林彬	销售部	4	直运销售	专用发票	河南纯中纯

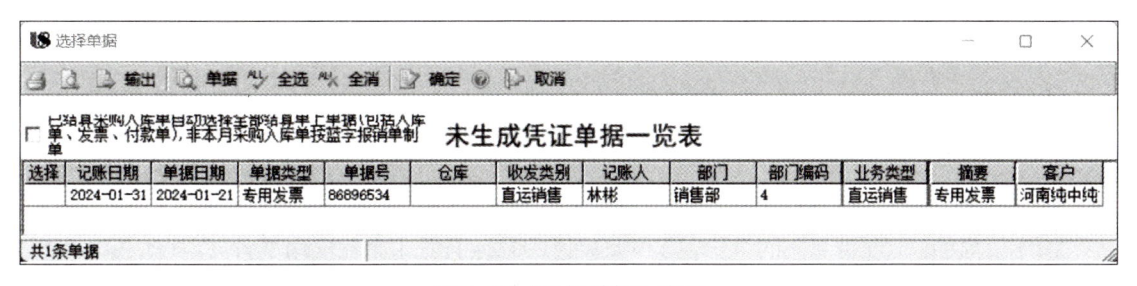

图 5-77 "选择单据"窗口

（5）单击"全选"按钮，以选中本业务销售发票，再单击工具栏"确定"按钮，系统自动退出"选择单据"窗口并打开"生成凭证"窗口，如图 5-78 所示。

图 5-78 "生成凭证"窗口

（6）单击工具栏的"生成"按钮，系统打开填制凭证窗口并自动生成凭证。单击工具栏的"保存"按钮，结果如图 5-79 所示。

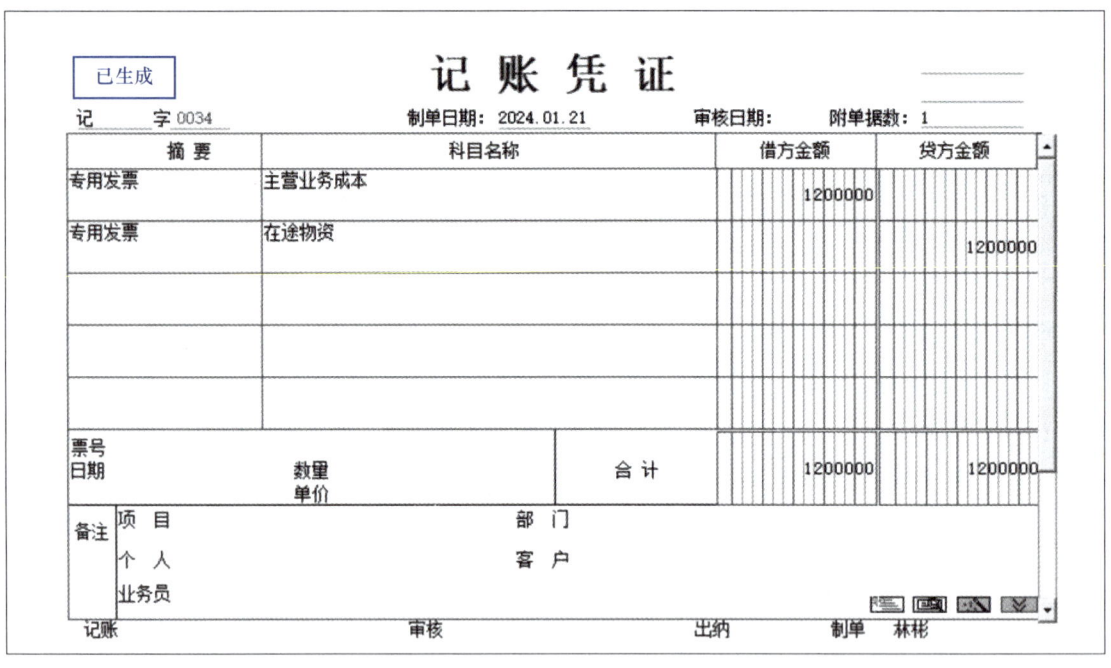

图 5-79 存货核算记账凭证

8. 选择收款

（1）以出纳"106 钟灵"的身份，于 2024 年 1 月 24 日登录企业应用平台。

（2）选择"财务会计"→"应收款管理"→"选择收款"，打开"选择收款—条件"对话框，选择客户"河南纯中纯"，单击"确定"按钮，打开"选择收款—单据"窗口。在收款金额栏输入"22600"，如图 5-80 所示，再单击"确认"按钮，弹出"选择收款—收款单"对话框。

图 5-80　输入收款金额

（3）按照任务资料，结算方式选择"电汇"，票据号输入"83189174"，如图 5-81 所示，单击"确定"按钮退出。

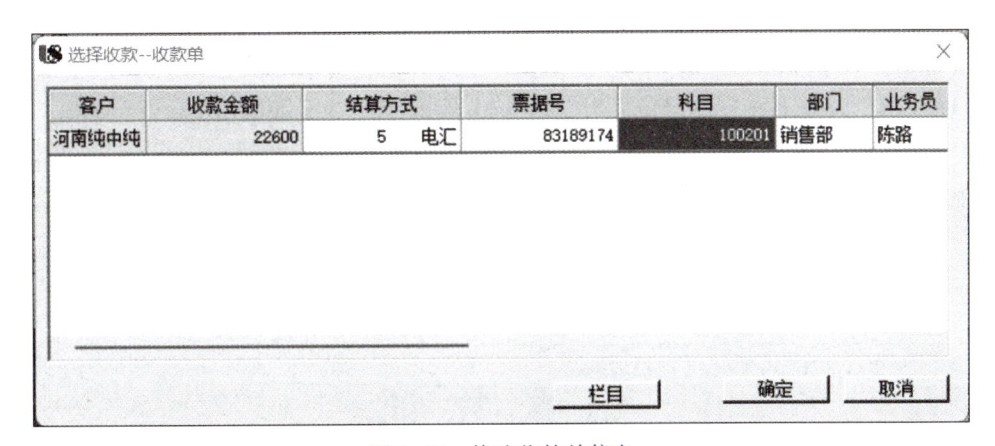

图 5-81　修改收款单信息

9. 选择付款

（1）选择"应付款管理"→"选择付款"，打开"选择付款—条件"对话框，选择供应商"恒康天成"，单击"确定"按钮，打开"选择付款—单据"窗口。在付款金额栏输入"13560"，如图 5-82 所示，再单击"确认"按钮，弹出"选择收款—付款单"对话框。

图 5-82　输入付款金额

（2）按照任务资料，结算方式选择"电汇"，票据号输入"73218745"，如图 5-83 所示，单击"确定"按钮退出。

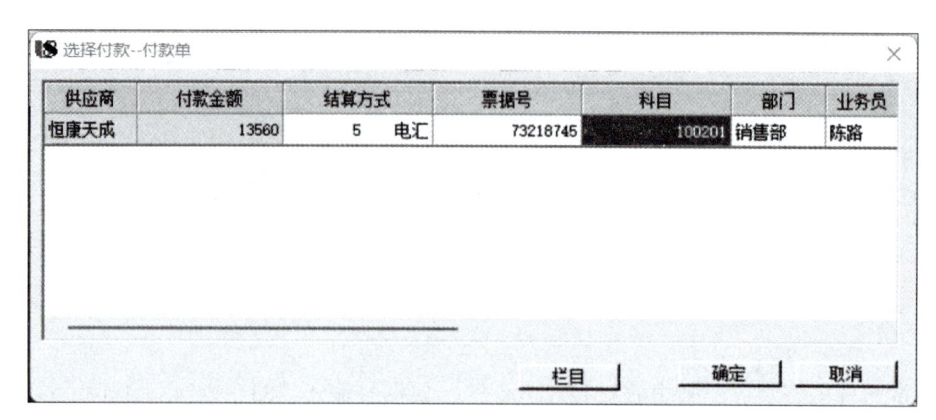

图 5-83　修改付款单信息

10. 收款合并制单

（1）以会计"105 林彬"的身份，于 2024 年 1 月 24 日登录企业应用平台。

（2）选择"财务会计"→"应收款管理"→"制单处理"，打开"制单查询"对话框，勾选"收付款单制单""核销制单"，单击"确定"按钮，打开"制单"窗口。

（3）依次单击工具栏中的"全选""合并""制单"按钮，生成收款的记账凭证，如图 5-84 所示，单击"保存"按钮退出。

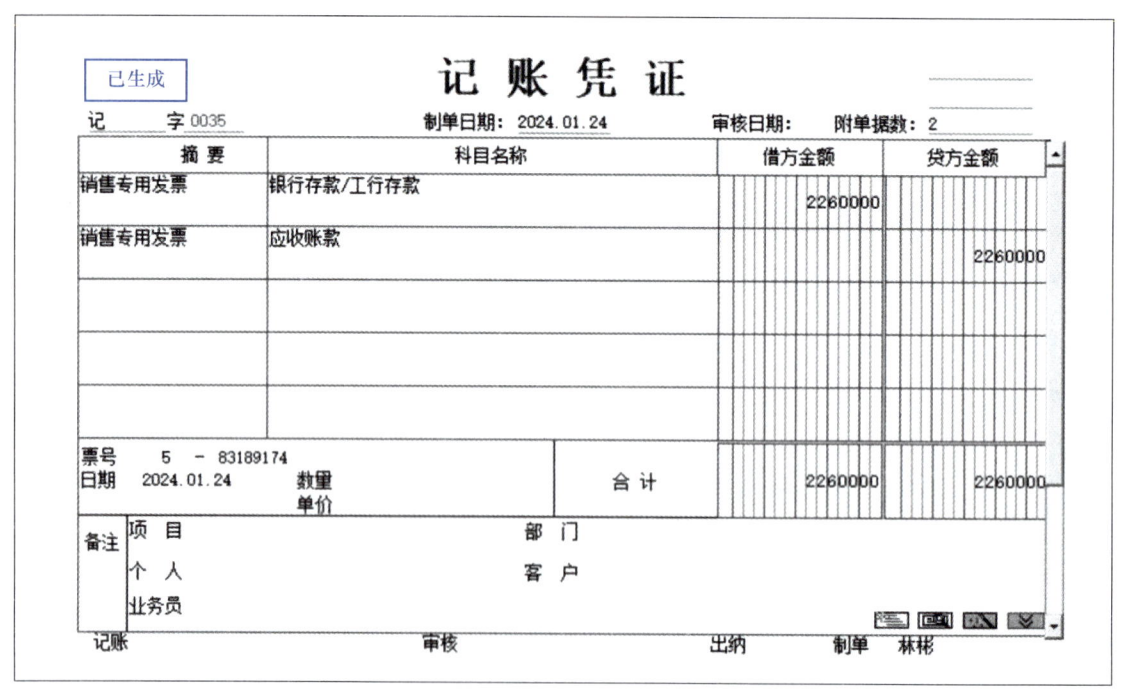

图 5-84　收款记账凭证

11. 付款合并制单

（1）选择"应付款管理"→"制单处理"，打开"制单查询"对话框，勾选"收付款单制单""核销制单"，单击"确定"按钮，打开"制单"窗口。

（2）依次单击工具栏中的"全选""合并""制单"按钮，生成付款的记账凭证，如图 5-85 所示，单击"保存"按钮退出。

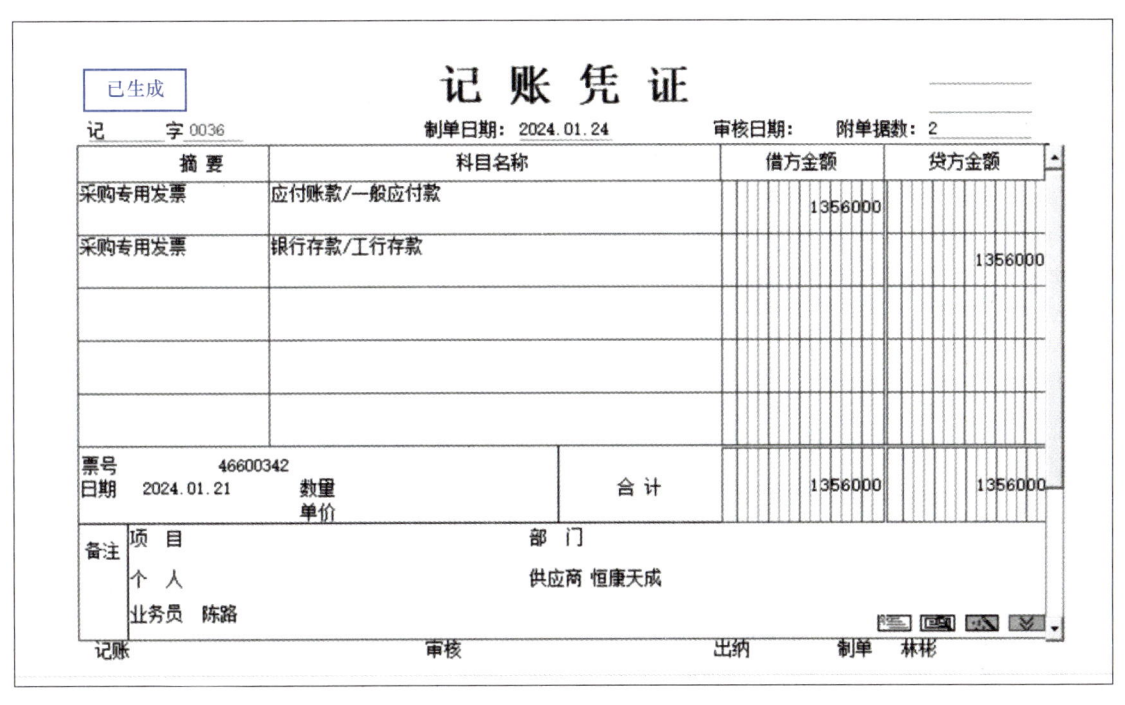

图 5-85　付款记账凭证

任务六　委托代销业务处理

工作任务

2024 年 1 月 9 日，销售部与上海东航饮用水有限公司签订委托代销合同，并于当日发出代销商品，相关原始单据如图 5-86 和图 5-87 所示。

委托代销合同

合同编号：86061062

委托方（甲方）：浙江安详商贸有限公司
代销方（乙方）：上海东航饮用水有限公司

根据《中华人民共和国民法典》及国家相关法律、法规之规定，甲乙双方本着平等互利的原则，就甲方委托乙方销售货物一事达成以下协议。

一、甲方委托乙方代销下列商品：

商品名称	规格型号	单位	供应单位	数量	代销单价	备注
市罕泉天然苏打水		箱		300	180	

二、上列代销价格按以下办法执行：受托方将代销货物销售后，委托方按合同约定的价格收取代销货物的货款，代销货物的实际售价可由受托方自定，收益额归受托方所有。

三、交货方式和费用承担：交货方式：_____视同买断_____，交货时间：_____2024.01.09_____前，交货地点：_____上海东航饮用水有限公司_____，运费由_____代销方_____承担。

四、代销商品发货数量必须根据乙方通知。

五、手续费收取与结算按下列办法：乙方按销货款总额_____%收取手续费，待乙方收到货款后，即给甲方结算费用。

六、甲方代销商品应与样品相符，保质保量，代销数量、规格、价格，有效期内如有变更，甲方必须及时通知乙方，通知到达前，已由乙方签出的合同，应照旧履行。如因质量或供应脱节而造成的损失和费用（包括手续费），均由甲方负责。

七、未尽事宜经双方协商可作补充协议，与本合同具有同等效力。

八、本合同自双方签字、盖章之日起生效；本合同壹式贰份，甲乙双方各执壹份。

甲方（签章）：
授权代表：张伟
地　　址：杭州市缙文路×号
电　　话：0571-88009354
日　　期：2024 年 01 月 09 日

乙方（签章）：
授权代表：王浩
地　　址：上海市黄浦区田郊路5×号
电　　话：021-58373870
日　　期：2024 年 01 月 09 日

图 5-86　委托代销合同

出　库　单

No. 46941628

购货单位：上海东航饮用水有限公司　　　2024 年 01 月 09 日

编号	品名	规格	单位	数量	单价	金额	备注
	市罕泉天然苏打水		箱	300		0.00	
	合　计					¥0.00	

仓库主管：陈萱　　记账：林彬　　保管：　　经手人：　　制单：

第一联：存根联

图 5-87　出库单

2024 年 1 月 19 日，收到上海东航饮用水有限公司发来的代销清单和代销货款，相关原始单据如图 5-88～图 5-90 所示。

商品代销清单

No.78641107
结算日期：2024年01月19日

委托方	浙江安详商贸有限公司	受托方	上海东航饮用水有限公司
账号	1426353731728338244	账号	6228393746373664
开户银行	工商银行杭州市美馨路支行	开户银行	中国招商银行上海市黄浦区支行

<table>
<tr><th colspan="2">代销货物名称</th><th>规格型号</th><th>计量单位</th><th>数量</th><th>单价（不含税）</th></tr>
<tr><td rowspan="4">代销货物</td><td>市罕泉天然苏打水</td><td></td><td>箱</td><td>300</td><td>180.00</td></tr>
<tr><td></td><td></td><td></td><td></td><td></td></tr>
<tr><td></td><td></td><td></td><td></td><td></td></tr>
<tr><td></td><td></td><td></td><td></td><td></td></tr>
<tr><td colspan="2">代销方式</td><td colspan="4">视同买断</td></tr>
<tr><td colspan="2">代销款结算时间</td><td colspan="4">2024 年 1 月 19 日</td></tr>
<tr><td colspan="2">代销款结算方式</td><td colspan="4">转账支票</td></tr>
</table>

	代销货物名称	数量	计量单位	单价（不含税）	金额（不含税）	税率	税额
本月代销货物销售情况	市罕泉天然苏打水		箱	180.00	36,000.00	13%	4,680.00
	价税合计	大写：肆万零陆佰捌拾元整			小写：¥40,680.00		
本月代销款结算金额		大写：肆万零陆佰捌拾元整			小写：¥40,680.00		
主管：林乙轩	审核：林乙轩	制单：李子轩			受托方：（盖章）		

图 5-88　商品代销清单

浙江增值税专用发票

3300191140
No 28502310
3300191140
28502310

机器编号：982888812388
开票日期：2024年01月19日

购买方	名称：上海东航饮用水有限公司 纳税人识别号：91310101M472413773 地址、电话：上海市黄浦区西郊路54号021-58373870 开户行及账号：中国招商银行上海市黄浦区支行6228393746373664	密码区	773019|%6*43*2-42#2>#492*%098 5*-89-367*8379601-*7>76*541- 7>5#727%##8010#746005442>509 408*#701965*-2>5#043-005%524

货物或应税劳务、服务名称	规格型号	单位	数量	单价	金额	税率	税额
市罕泉天然苏打水		箱	200	160.00	36,000.00	13%	4,680.00
合　计					¥36,000.00		¥4,680.00
价税合计（大写）		⊗肆万零陆佰捌拾元整			（小写）¥40,680.00		

销售方	名称：浙江安祥商贸有限公司 纳税人识别号：91330101M505277347 地址、电话：杭州市纳文路729号0571-88009354 开户行及账号：工商银行杭州市美馨路支行1426353731728338244	备注	校验码 52118 12817 08248 65199

收款人：　　　　复核：林彬　　　　开票人：钟灵　　　　销售方：（章）

图 5-89　增值税专用发票

```
             中国工商银行    进账单（收账通知）  3
                      2024 年 01 月 19 日        No  73109260
```

出票人	全称	上海东航饮用水有限公司	收款人	全称	浙江安祥商贸有限公司
	账号	6228393746373664		账号	1426353731728338244
	开户银行	中国招商银行上海市黄浦区支行		开户银行	工商银行杭州市美馨路支行

金额	人民币（大写）	肆万零陆佰捌拾元整	亿 千 百 十 万 千 百 十 元 角 分
			¥ 4 0 6 8 0 0 0

票据种类	转账支票	票据张数	1
票据号码	10201120		

              工商银行杭州市美馨路支行
                  2024.01.19
                    转讫

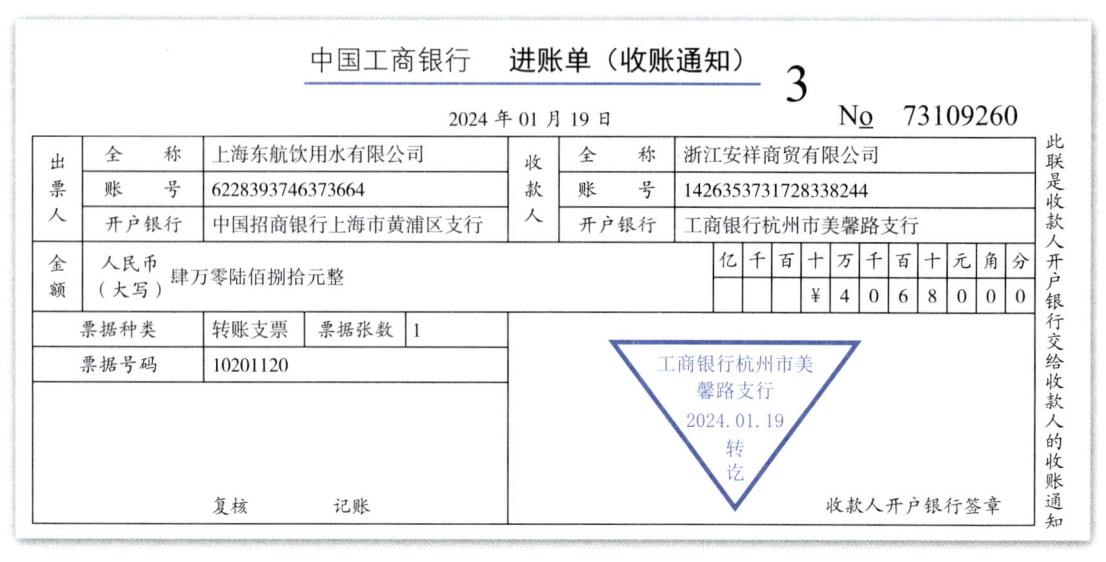

          复核   记账   收款人开户银行签章

此联是收款人开户银行交给收款人的收账通知

图 5-90 转账支票

知识储备

委托代销业务是指企业将商品委托他人进行销售但商品所有权仍归本企业所有的销售方式，受托方是代理商。代销商品销售后，受托方与企业进行结算，并开具正式的销售发票，商品所有权转移。委托代销业务主要有两种类型：一种是受托方按照委托方的要求销售商品，受托方只收取代销手续费；另一种是视同买断方式，即受托方将代销商品加价出售，与委托方按协议价结算，不再另外收取手续费。本任务采用后一种方式。

岗位说明

本任务的操作流程概览见表 5-6。

表 5-6 操作流程概览

序号	操作日期	操作员	子系统	操作内容
1	2024-01-09	401 陈路	销售管理	填制销售订单（委托代销）
2	2024-01-09	401 陈路	销售管理	参照销售订单生成委托代销发货单
3	2024-01-09	201 陈萱	库存管理	参照发货单生成出库单
4	2024-01-09	105 林彬	存货核算	发出商品记账并制单
5	2024-01-19	401 陈路	销售管理	参照发货单生成委托代销结算单，系统自动生成销售发票，发票现结
6	2024-01-19	105 林彬	应收款管理	审核发票并制单
7	2024-01-19	105 林彬	存货核算	售出商品记账并制单

任务实施

1. 填制销售订单（委托代销）

（1）以销售"401 陈路"的身份，于 2024 年 1 月 9 日登录企业应用平台。

（2）选择"供应链"→"销售管理"→"销售订货"→"销售订单"，打开"销售订单"窗口，单击工具栏"增加"按钮，选择订单表头"业务类型"为"委托代销"，根据图 5-86 填制销售订单，如图 5-91 所示。

图 5-91 填制销售订单

特别提醒

◇ 销售订单上的"业务类型"和"销售类型"均应选择为"委托代销"。

（3）单击工具栏的"保存"按钮，保存该单据。单击工具栏的"审核"按钮，审核该订单。

2. 参照销售订单生成委托代销发货单

（1）选择"委托代销"→"委托代销发货单"，打开"委托代销发货单"窗口，单击工具栏"增加"按钮，打开"查询条件选择—参照订单"对话框，单击"确定"按钮，打开"参照生单"窗口。

（2）在"参照生单"窗口，选中本业务销售订单，单击工具栏"确定"按钮，生成一张委托代销发货单。在表体部分，设置仓库名称为"饮品仓库"。保存并审核发货单，结果如图 5-92 所示。

图 5-92 委托代销发货单

3. 参照委托代销发货单生成销售出库单

（1）以仓管"201 陈萱"的身份，于 2024 年 1 月 9 日登录企业应用平台。

（2）选择"供应链"→"库存管理"→"出库业务"→"销售出库单"命令，打开"销售出库单"窗口，单击"生单"按钮，打开"查询条件选择—销售发货单列表"，单击"确定"按钮，打开"销售生单"窗口，选中本业务发货单，单击"确定"按钮，生成销售出库单，单击"审核"按钮，结果如图 5-93 所示。

图 5-93 销售出库单

4. 发出商品记账并制单

（1）以会计"105 林彬"的身份，于 2024 年 1 月 9 日登录企业应用平台。

（2）选择"供应链"→"存货核算"→"业务核算"→"发出商品记账"，打开"查询条件选择"对话框，单击"确定"按钮，打开"未记账单据一览表"窗口。

（3）单击工具栏中"全选"按钮，再单击工具栏"记账"按钮，系统弹出记账成功信息提示框，单击"确定"按钮，完成记账任务，退出该窗口。

（4）选择"财务核算"→"生成凭证"，打开"生成凭证"窗口。单击工具栏中"选择"按钮，系统弹出"查询条件"对话框，单击"确定"按钮，打开"选择单据"窗口。

（5）在"选择单据"窗口，单击"全选"按钮，再单击工具栏"确定"按钮，系统自动退出"选择单据"窗口并打开"生成凭证"窗口，如图 5-94 所示。

图 5-94 "生成凭证"窗口

（6）单击工具栏的"生成"按钮，系统打开"填制凭证"窗口并自动生成凭证。单击工具栏的"保存"按钮，结果如图5-95所示。

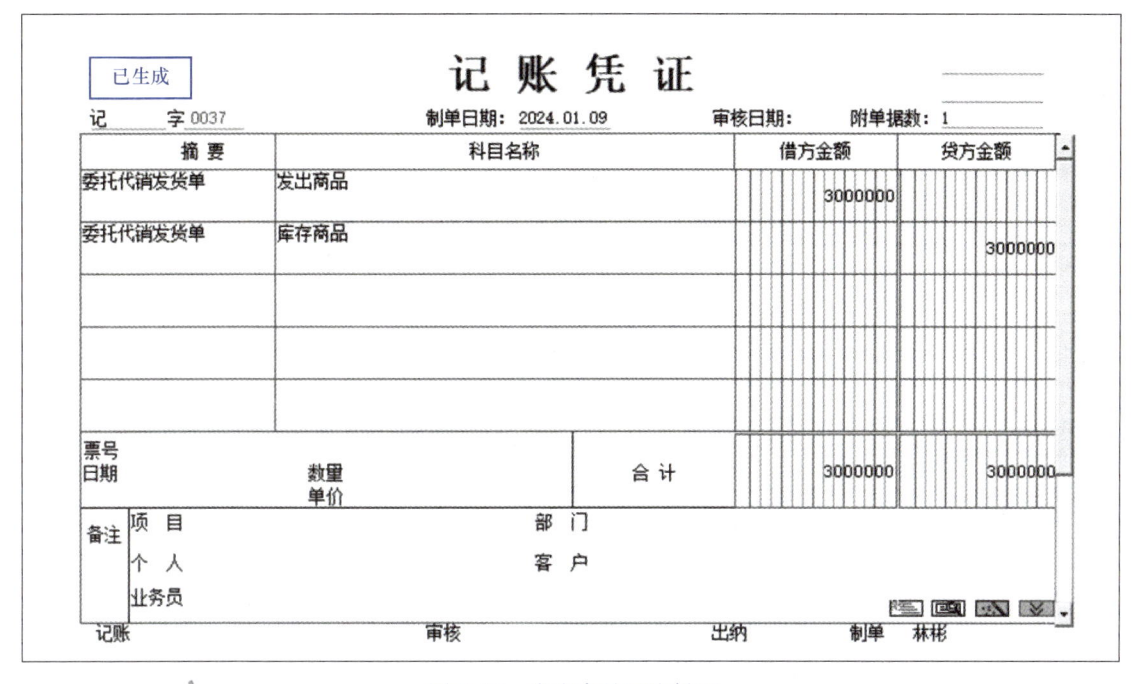

图5-95 发出商品记账凭证

5. 参照发货单生成委托代销结算单，销售发票现结

（1）以销售"401陈路"的身份，于2024年1月19日登录企业应用平台。

（2）选择"供应链"→"销售管理"→"委托代销"→"委托代销结算单"，打开"委托代销结算单"窗口，单击工具栏"增加"按钮，系统弹出"查询条件选择—委托结算参照发货单"对话框，单击"确定"按钮，打开"参照生单"窗口。双击上窗格中"选择"单元格，单击"确定"按钮，系统返回"委托代销结算单"窗口。

（3）在"委托代销结算单"窗口，发票号填入"28502310"，修改市罕泉天然苏打水数量为200，单击工具栏"保存"按钮，再单击"审核"按钮，系统弹出"请选择发票类型"对话框，选择"专用发票"，单击"确定"按钮，委托代销结算单填制完毕，如图5-96所示。

图5-96 委托代销结算单

（4）选择"销售开票"→"销售专用发票"，打开"销售专用发票"窗口，单击工具栏"末张"按钮，找到委托代销结算生成的销售专用发票，如图5-97所示。

图5-97　销售专用发票

（5）单击工具栏"现结"按钮，打开"现结"对话框。根据图5-90，选择结算方式为"转账支票"，原币金额输入"40680"，票据号输入"73109260"，如图5-98所示。输入完毕单击"确定"按钮，返回"销售专用发票"窗口，单击"复核"按钮。

图5-98　修改现结信息

6. 审核发票并制单

（1）以会计"105 林彬"的身份，于2024年1月19日登录企业应用平台。

（2）选择"财务会计"→"应收款管理"→"应收单据处理"→"应收单据审核"，打开"应收单查询条件"对话框，勾选"包含已现结发票"，单击"确定"按钮，打开"单据处理"窗口。

（3）双击本业务销售发票，打开"销售发票"窗口，单击工具栏的"审核"按钮，系统提示"是否立即制单？"，单击"是"，生成一张记账凭证，补充填写凭证信息，单击"保存"按钮，结果如图5-99所示。

图 5-99 委托代销结算记账凭证

7. 售出商品记账并制单

（1）选择"供应链"→"存货核算"→"业务核算"→"发出商品记账"，打开"查询条件选择"对话框，单击"确定"按钮，打开"未记账单据一览表"窗口。

（2）单击工具栏中"全选"按钮，再单击工具栏"记账"按钮，系统弹出记账成功信息提示框，单击"确定"按钮，完成记账任务，退出该窗口。

（3）选择"财务核算"→"生成凭证"，打开"生成凭证"窗口。单击工具栏中"选择"按钮，系统弹出"查询条件"对话框，单击"确定"按钮，打开"选择单据"窗口。

（4）在"选择单据"窗口，单击"全选"按钮，再单击工具栏"确定"按钮，系统自动退出"选择单据"窗口并打开"生成凭证"窗口，如图 5-100 所示。

图 5-100 "生成凭证"窗口

（5）单击工具栏的"生成"按钮，系统打开"填制凭证"窗口并自动生成凭证。单击工具栏的"保存"按钮，结果如图 5-101 所示。

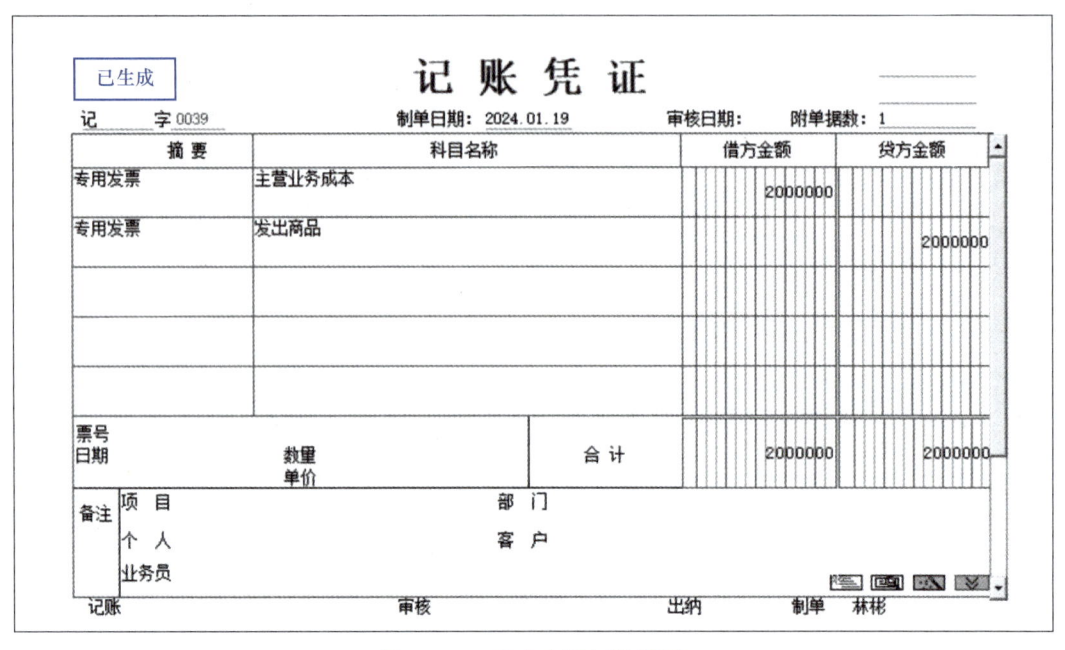

图 5-101　售出商品记账凭证

任务七　零售日报业务处理

工作任务

2024 年 1 月 31 日，销售部陈路交来当月门市部零售货款，现金收讫，相关原始单据如图 5-102 所示。

浙江安祥商贸有限公司销售日报表

填表日期：2024 年 01 月 31 日

销售日期	存货编码	货品名称	规格型号	单位	数量	含税单价	金额
2024-01-02		奥利奥夹心饼干		袋	12	28.00	336.00
		西瓜头泡泡糖		袋	5	23.00	115.00
		琥珀牛羊香辣味		袋	8	35.00	280.00
		崂山矿泉水		箱	7	50.00	350.00
		冰露纯净水		箱	9	25.00	225.00
		阿尔山矿泉水		箱	15	100.00	1,500.00
							2,806.00
合计							

图 5-102　销售日报表

知识储备

当发生零售业务时，应将相应的销售票据作为零售日报输入"销售管理"子系统。零售日报不是原始的销售单据，是零售业务数据的日汇总。

零售日报可以用来处理企业比较零散客户的销售业务，对于这部分客户，企业可以用一个公共客户代替，如"零散客户"，然后将"零散客户"的销售凭单先按日汇总，再录入零售日报进行管理。

U8系统与零售管理集成使用时，可以将直营门店的零售数据、收款数据上传到"销售管理"子系统，生成零售日报，并自动现结、生成销售出库单。

岗位说明

本任务的操作流程概览见表5-7。

表5-7 操作流程概览

序 号	操 作 日 期	操 作 员	子 系 统	操 作 内 容
1	2024-01-31	401 陈路	销售管理	填制零售日报并现结
2	2024-01-31	201 陈萱	库存管理	参照发货单生成出库单
3	2024-01-31	105 林彬	应收款管理	审核现结发票并制单
4	2024-01-31	105 林彬	存货核算	正常单据记账并制单

任务实施

1. 填制零售日报并现结

（1）以销售"401陈路"的身份，于2024年1月31日登录企业应用平台。

（2）选择"供应链"→"销售管理"→"零售日报"→"零售日报"，打开"零售日报"窗口，单击工具栏"增加"按钮，根据图5-102填制零售日报，填制完毕保存该日报。

零售日报业务处理

（3）单击工具栏"现结"按钮，打开"现结"对话框，结算方式选择"现金"，原币金额输入"2806"，输入完毕单击"确定"按钮，返回"零售日报"窗口，单击"复核"按钮，结果如图5-103所示。

	仓库名称	存货编码	存货名称	主计量	数量	含税单价	无税单价	无税金额	税额	价税合计	税率
1	零食仓库	0205	奥利奥夹心饼干	袋	12.00	28.00	24.78	297.35	38.65	336.00	
2	零食仓库	0204	西瓜头泡泡糖	袋	5.00	23.00	20.35	101.77	13.23	115.00	
3	零食仓库	0203	玻璃牛羊香辣味	袋	8.00	35.00	30.97	247.79	32.21	280.00	
4	饮品仓库	0103	崂山矿泉水	箱	7.00	50.00	44.25	309.73	40.27	350.00	
5	饮品仓库	0104	冰露纯净水	箱	9.00	25.00	22.12	199.12	25.88	225.00	
6	饮品仓库	0105	阿尔山矿泉水	箱	15.00	100.00	88.50	1327.43	172.57	1500.00	

日报号 0000000001　　日报日期 2024-01-31　　销售类型 普通销售
客户简称 零散客户　　销售部门 销售部　　业务员 陈路
客户地址　　　　　　税率 13.00　　备注

图5-103　零售日报

> **特别提醒**
> ◇ 零售日报复核后系统自动生成已审核的发货单。但是在勾选"销售生成出库单"的情况下，系统自动生成未审核的销售出库单。
> ◇ 零售日报的功能几乎等同于销售发票，但是零售日报不能参照销售订单或发货单生成。

2. 参照发货单生成出库单

（1）以仓管"201 陈萱"的身份，于 2024 年 1 月 31 日登录企业应用平台。

（2）选择"供应链"→"库存管理"→"出库业务"→"销售出库单"，打开"销售出库单"窗口，单击"生单"按钮，打开"查询条件审核—销售发货单列表"，单击"确定"按钮，打开"销售生单"窗口，选中本业务记录，单击"确定"按钮生成两张销售出库单，单击"审核"按钮，结果如图 5-104 和图 5-105 所示。

图 5-104 零食仓库销售出库单

图 5-105 饮品仓库销售出库单

3. 审核现结发票并制单

（1）以会计"105 林彬"的身份，于 2024 年 1 月 31 日登录企业应用平台。

（2）选择"财务会计"→"应收款管理"→"应收单据处理"→"应收单据审核"，打开"应收单据查询条件"对话框，勾选"包含已现结发票"，单击"确定"按钮，打开"单据处理"窗口。

（3）双击本业务记录，打开"销售发票"窗口，单击工具栏的"审核"按钮，系统提示"是否立即制单?",单击"是",生成一张记账凭证,补充填写凭证信息,单击"保存"按钮,结果如图 5-106 所示。

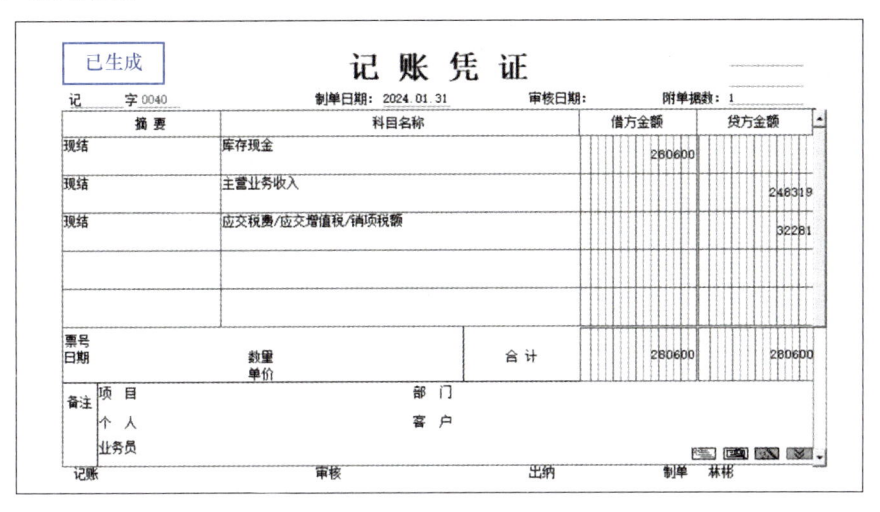

图 5-106 零售记账凭证

4. 正常单据记账并制单

选择"供应链"→"存货核算"→"业务核算"→"正常单据记账"命令,打开"查询条件选择"对话框,单击"确定"按钮,打开"未记账单据一览表"窗口。

(1)单击工具栏中"全选"按钮,以选中本业务 6 条记录,单击工具栏"记账"按钮,系统弹出记账成功信息提示框,单击"确定"按钮,完成记账任务,退出该窗口。

(2)选择"财务核算"→"生成凭证",打开"生成凭证"窗口。单击工具栏中"选择"按钮,系统弹出"查询条件"对话框,单击"确定"按钮,打开"选择单据"窗口。

(3)在"选择单据"窗口,单击"全选"按钮,以选中本业务销售日报 2 条记录,再单击工具栏"确定"按钮,系统自动退出"选择单据"窗口并打开"生成凭证"窗口,如图 5-107 所示。

图 5-107 "生成凭证"窗口

(4)单击工具栏的"生成"按钮,系统打开填制凭证窗口并自动生成凭证。单击工具栏的"保存"按钮,结果如图 5-108 所示。

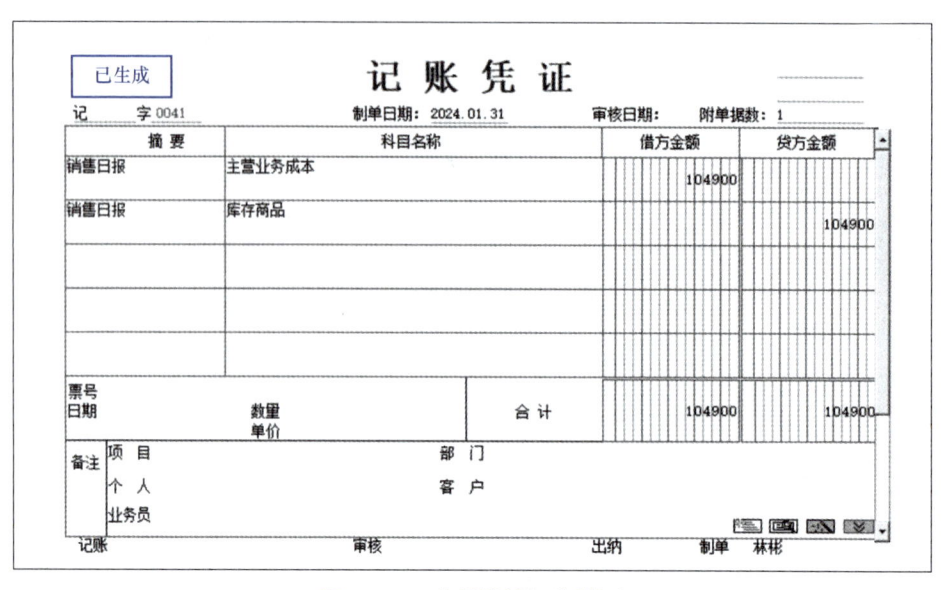

图 5-108 存货核算记账凭证

> 📖 **拓展阅读**
>
> ### 胜通集团连续 5 年虚增收入和利润
>
> **【案例】** 证监会公布的 2021 年胜通集团信息披露违法违规案，是一起债券市场财务造假的典型案例。证监会调查发现，胜通集团连续 5 年财务造假，累计虚增利润 119 亿元。证监会已对其进行行政处罚。
>
> 公开资料显示，胜通集团主营业务是钢帘线和化工业务，2011 年以来，胜通集团在证券交易所债券市场和银行间债券市场累计发行债券 136.5 亿元。但在 2018 年，胜通集团及其子公司多笔到期债务违约，偿债能力恶化，向法院申请破产，引发市场广泛关注。
>
> 证监会调查发现，2013—2017 年期间，胜通集团通过编制虚假财务报表、直接修改经审计的财务报表等方式，连续 5 年将亏损披露为盈利，累计虚增收入 615 亿元，虚增利润 119 亿元。经调查，胜通集团的主要造假手段有以下两点：
>
> 第一个手段是"无中生有"，长期利用已经停产的业务板块连续造假。胜通集团旗下有一个子公司叫作胜通化工，就对外披露的材料来看，它是胜通集团的第二大收入来源。但是经证监会调查发现，由于环保质量等原因，这家公司早在 2013 年就已经停产了。但是在胜通对外披露的材料中，这家公司平均每年还在贡献约 30 亿元的收入。
>
> 第二个手段是"偷梁换柱"。胜通集团为了让公司的财务报表更好看，在审计机构已经对胜通集团的虚假财务报表出具审计意见之后，又修改了审计机构出具的合并的财务报表，并且加盖了虚假的会计师事务所印章，通过此种方式虚增利润 6 亿元。
>
> 2021 年 8 月，证监会依法对胜通集团做出行政处罚及市场禁入决定。该案也是证监会横跨交易所和银行间两个债券市场开展执法的一起典型案例。
>
> （资料来源：证监会官网 http://www.csrc.gov.cn/）
>
> ◆ **启示**
>
> 首先，企业必须完善自身的经营管理机制；其次，企业必须遵规守法地经营，不能轻易突破底线，否则就只能自食其果。

考证导航

1+X 证书职业技能等级标准

项目	任务	证书(等级)	工作领域	工作任务	职业技能要求
项目五 销售管理	任务一 普通销售业务处理	业财一体信息化应用（初级）	3. 业财一体信息化平台典型业务处理	3.2 典型销售与应收业务处理	3.2.1 能依据与客户签订的销售合同或协议，在信息化平台销售管理模块中熟练、准确地填制销售订单 3.2.2 能在信息化平台销售管理模块中，熟练、准确地手工填制销售发货单或依据销售订单生成销售发货单 3.2.3 能在信息化平台库存管理模块中，依据销售发货单熟练的生成销售出库单 3.2.4 能在信息化平台销售管理模块中，熟练、准确地完成销售发票的填制 3.2.5 能依据企业销售业务流程，在信息化平台上熟练、准确地查找销售发票并完成审核，生成应收类凭证 3.2.6 能根据《企业会计准则》，依据销售部门需求，在信息化平台应收款管理模块中熟练、准确地填制收款单，并能进行正确核销，生成收款类凭证 3.2.7 能在信息化平台存货核算模块中，熟练查询出需要处理的销售出库单或销售发票，完成销售出库的记账操作，并生成结转销售成本的记账凭证
	任务二 销售定金业务处理 任务三 现金折扣业务处理 任务四 销售退货业务处理 任务五 直运销售业务处理 任务六 委托代销业务处理 任务七 零售日报业务处理	业财一体信息化应用（中级）	3. 业财一体信息化平台一体化业务处理	3.2 销售业务处理	3.2.1 能根据《企业财务通则》，依据销售业务实际情况，在信息化平台销售管理模块中对不同客户设置不同的价格策略，以便对不同等级客户进行个性化管理 3.2.2 能根据《企业会计准则》，依据销售业务实际情况，在信息化平台上完成收取定金的销售业务，进行财务处理，并生成凭证 3.2.3 能根据《企业会计准则》，依据销售业务实际情况，在信息化平台上完成委托代销业务处理，进行财务处理，并生成凭证 3.2.4 能根据《企业会计准则》，依据销售业务实际情况，在信息化平台上完成零售日报业务处理，进行财务处理，并生成凭证 3.2.5 能根据《企业会计准则》，依据销售业务实际情况，在信息化平台上完成分期收款业务处理，进行财务处理，并生成凭证 3.2.6 能根据《企业会计准则》，依据销售业务实际情况，在信息化平台上完成直运销售业务处理，进行财务处理，并生成凭证 3.2.7 能根据《企业会计准则》，依据销售业务实际情况，在信息化平台上完成代垫运费业务处理，进行财务处理，并生成凭证

知 识 导 图

```
项目五 销售管理系统业务处理
├── 直运销售业务处理
│   ├── 填制销售订单
│   ├── 生成发票
│   ├── 审核发票并制单
│   ├── 填制采购订单
│   ├── 生成采购发票
│   ├── 审核采购并制单
│   ├── 直运销售记账并生成凭证
│   ├── 选择收款并制单
│   └── 选择付款并制单
├── 委托代销业务处理
│   ├── 填制委托代销订单
│   ├── 生成发货单和出库单
│   ├── 发出商品记账并生成凭证
│   ├── 生成委托代销结算单、销售发票并现结
│   ├── 审核发票并制单
│   └── 发出商品记账并生成凭证
├── 零售日报业务处理
│   ├── 填制零售日报并现结
│   ├── 生成出库单
│   ├── 审核现结发票并制单
│   └── 正常单据记账并生成凭证
├── 普通销售业务处理
│   ├── 填制销售订单
│   ├── 生成发货单和出库单
│   ├── 生成或填制单据
│   ├── 审核单据并制单
│   └── 选择收款并制单
├── 销售定金业务处理
│   ├── 填制销售订单
│   ├── 生成定金收款单
│   ├── 审核收款单并制单
│   ├── 审核销售订单
│   ├── 生成发货单、出库单和发票
│   ├── 审核发票并制单
│   ├── 生成、审核收款单，核销并制单
│   └── 选择收款并制单
├── 现金折扣业务处理
│   ├── 填制销售订单
│   ├── 生成发票、发货单和出库单
│   ├── 正常单据记账并生成凭证
│   ├── 审核发票并制单
│   └── 选择收款并制单
└── 销售退货业务处理
    ├── 生成红字发票并现结
    ├── 生成红字出库单
    ├── 正常单据记账并生成凭证
    └── 审核现结红字发票并制单
```

项目实训　销售管理系统业务处理

实训资料

（1）2024年4月8日，销售部张秀与银座商贸签订销售合同，合同编号为XS4001，销售百丽女鞋300双，无税单价800元；百丽男鞋200双，无税单价1 000元；他她女鞋300双，无税单价700元；他她男鞋200双，无税单价900元。增值税税率13%。要求4月12日发货。当日收到银座商贸电汇转来定金50 000元，电汇凭证号为76589432。

（2）2024年4月12日，向银座商贸发出商品，开出增值税专用发票，发票号为0358746，发票注明百丽女鞋300双，无税单价800元；百丽男鞋200双，无税单价1 000元；他她女鞋300双，无税单价700元；他她男鞋200双，无税单价900元。增值税税率13%。

（3）2024年4月13日，发现上月向银座商贸销售并结清货款的一批金猴男鞋，有多双存在不同程度的质量问题。经协商，公司给予对方10%的销售折让，开出红字专用发票，发票号为1230087，注明折让金额3 000元，价税合计3 390元；同时向银座商贸退款3 390元，电汇凭证号为12567803。

（4）2024年4月14日，销售部张秀与华日商贸有限公司签订销售合同，合同编号为XS4002，销售金羊女鞋400双，无税单价500元；金羊男鞋400双，无税单价550元；销售百丽女鞋300双，无税单价800元；百丽男鞋200双，无税单价900元。增值税税率13%。开出增值税专用发票（发票号为0358746），并收到对方转账支票支付的部分货款100 000元（转账支票号为18907853）。

（5）2024年4月15日，销售部李扬与金鼎百货公司签订委托代销合同（合同编号为WT4001），代销他她男鞋200双，无税单价800元；他她女鞋200双，无税单价750元；金猴女单鞋200双，单价400元；金猴男单鞋200双，单价500元。合同约定金鼎百货公司按照实际售价（不含税）的10%向公司收取手续费。商品已于当日发出。

（6）2024年4月23日，收到华日商贸有限公司的剩余款项849 200元，转账支票号为18907897。

（7）2024年4月25日，销售部张秀交来零售日报见表5-8，全部为现金结算。

表5-8　销售日报

2024年4月25日　　　　　　　　　　　　　　　　NO:10012

项　　目	单　　位	数　　量	单价（含税）	合　　计
百丽女鞋	双	2	820.00	1 640.00
百丽男鞋	双	5	910.00	4 550.00
金猴女单鞋	双	3	470.00	1 410.00
金猴男单鞋	双	4	480.00	1 920.00
合计		14		9 520.00

（8）2024年4月30日，收到金鼎百货公司交来的委托代销清单，当月代销货物已全部售出，向对方开出增值税专用发票，发票号为0358758，同时收到对方开出的委托代销手续费发票，发票号为93320850，注明代销手续费为49 000元，价税合计51 940元，收到支付手续费后的剩余货款计501 760元。

实训任务

（1）处理销售定金业务。

（2）处理普通销售业务。

（3）处理销售退货业务。

（4）处理委托代销业务。

（5）处理零售日报业务。

项目六

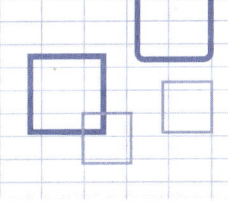

库存管理系统业务处理

知识目标

- 了解库存管理系统业务操作流程。
- 掌握存货盘点的基本方法。
- 掌握库存调拨的基本方法。

技能目标

- 能熟练操作存货盘点业务。
- 能熟练操作存货调拨业务。
- 能熟练操作盘盈盘亏的制单和记账业务。

素质目标

- 培养问题解决能力和创新思维,能够针对企业的特定需求进行库存管理系统的优化。
- 培养团队合作能力和沟通能力,能够与其他部门协作,实现供应链的高效运作。
- 培养分析和决策能力,能够根据库存管理系统的数据和指标,进行合理的库存策略制定和优化。

任务一 盘点业务处理

工作任务

2024年1月31日,按仓库对存货进行盘点,根据盘点单编制库存商品实存账存对比表,并生成记账凭证。

相关凭证如图6-1所示。

存货盘点单

盘点日期：2024年1月31日
盘点单位：仓管部

存货编码	存货名称	仓 库	计量单位	实存数量
0101	市罕泉天然苏打水	饮品仓库	箱	400
0102	5100水	饮品仓库	箱	500
0103	崂山矿泉水	饮品仓库	箱	200
0104	冰露纯净水	饮品仓库	箱	711
0105	阿尔山矿泉水	饮品仓库	箱	445
0201	渝记椒派手磨豆干	零食仓库	袋	1500
0202	真知帮帮糖果	零食仓库	袋	1500
0203	琥珀牛羊香辣味	零食仓库	袋	2082
0204	西瓜头泡泡糖	零食仓库	袋	1470
0205	奥利奥夹心饼干	零食仓库	袋	1548

主管：张伟　　　　　　　　会计：林彬　　　　　　　　仓管：陈萱

图6-1　存货盘点单

知识储备

库存管理能够满足采购入库、销售出库、产成品入库、材料出库、其他出入库等业务需要，与库存管理相关的业务有仓库货位管理、批次管理、保质期管理、不合格品管理、现存量（可用量）管理、条形码管理等内容。库存管理系统适用于各种类型的工商业企业，如制造业、医药、食品、批发、零售、批零兼营等。

库存管理系统与其他子系统之间的关系如图6-2所示。

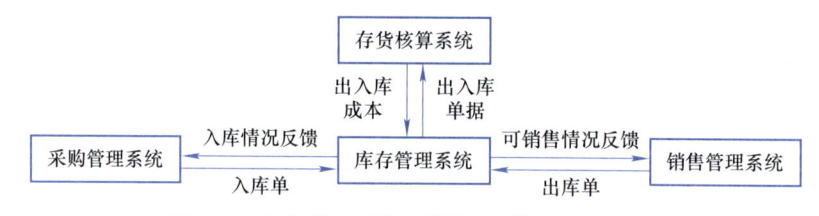

图6-2　库存管理系统与其他子系统之间的关系

岗位说明

本任务的操作流程概览见表6-1。

表6-1　操作流程概览

序　号	操作日期	操作员	子系统	操作内容
1	2024-01-31	201 陈萱	库存管理	填制并审核盘点单
2	2024-01-31	201 陈萱	库存管理	审核其他出/入库单
3	2024-01-31	105 林彬	存货核算	正常单据记账
4	2024-01-31	105 林彬	存货核算	生成记账凭证
5	2024-01-31	105 林彬	总账	总账填制凭证

任务实施

1. 填制并审核饮品仓库盘点单

（1）以仓管员"201 陈萱"的身份，于 2024 年 1 月 31 日登录企业应用平台。

（2）选择"供应链"→"库存管理"→"盘点业务"，打开"盘点单"窗口，单击"增加"按钮，盘点仓库选择"饮品仓库"，出库类别为"盘亏出库"，入库类别为"盘盈入库"，部门为"仓储部"，经手人为"陈萱"，完成表头信息的输入。

盘点业务处理

（3）单击"盘库"按钮，系统提示"盘库将删除未保存的所有记录，是否继续？"，单击"是"按钮，系统弹出"盘点处理"对话框，选择盘点方式为"按仓库盘点"，如图 6-3 所示，单击"确认"按钮，返回"盘点单"窗口，该仓库中的存货数量会自动显示，修改"崂山矿泉水"的盘点数量为"200"，单击"保存"按钮，结果如图 6-4 所示。

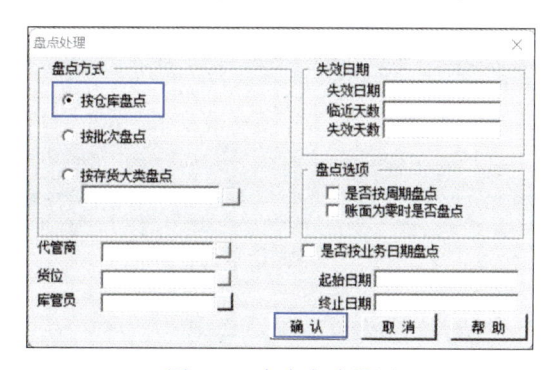

图 6-3　盘点方式设置

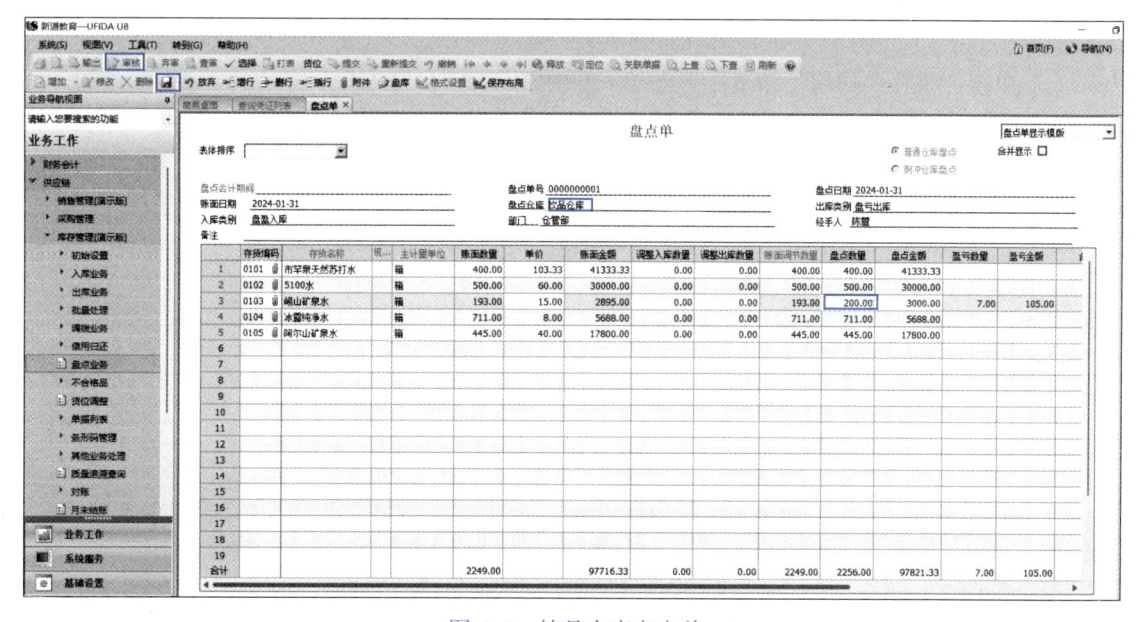

图 6-4　饮品仓库盘点单

（4）单击"审核"按钮，完成对盘点单的审核。

2. 填制并审核零食仓库盘点单

操作步骤同饮品仓库，对零食仓库进行盘点，生成盘点单，在盘点单中将"西瓜头泡泡糖"的盘点数量修改为"1470"，保存并审核，结果如图 6-5 所示。

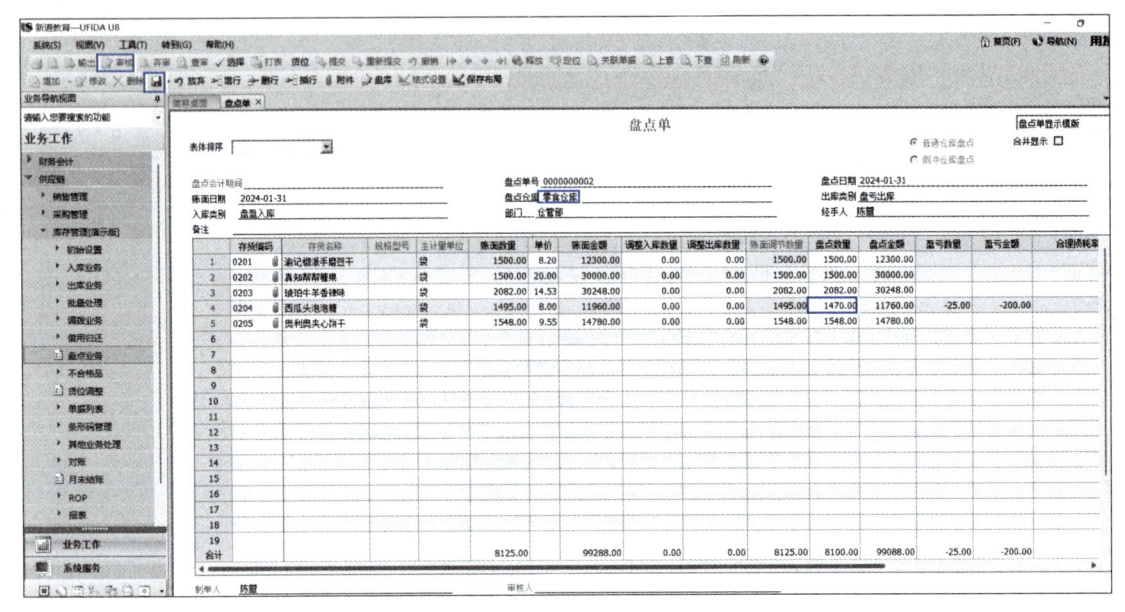

图 6-5 零食仓库盘点单

3. 审核其他入库单

（1）以仓管员"201 陈萱"的身份，于 2024 年 1 月 31 日登录企业应用平台。

（2）选择"供应链"→"库存管理"→"单据列表"→"其他入库单列表"，在弹出对话框直接单击"确定"按钮，进入"其他入库单列表"窗口。双击由盘点单生成的其他入库单前的"选择"列，单击"审核"按钮，如图 6-6 所示。系统提示"审批完成！"，单击"确定"按钮。

图 6-6 其他入库单审核

4. 审核其他出库单

选择"供应链"→"库存管理"→"单据列表"→"其他出库单列表"，在弹出窗口直接单击"确定"按钮，进入"其他出库单列表"窗口。双击由盘点单生成的其他出库单前的"选择"列，单击"审核"按钮，如图 6-7 所示。系统提示"审批完成！"，单击"确定"按钮。

5. 正常单据记账

（1）以会计"105 林彬"的身份，于 2024 年 1 月 31 日登录企业应用平台。

（2）选择"供应链"→"存货核算"→"业务核算"→"正常单据记账"，进入"查询条件选择"

对话框，单击"确定"按钮，进入"未记账单据一览表"窗口。双击前面审核的其他出/入库单前的"选择"列，单击"记账"按钮，如图 6-8 所示，完成正常单据记账。系统提示"记账成功"，单击"确定"按钮。

图 6-7 其他出库单审核

图 6-8 正常单据记账

6. 生成记账凭证

（1）选择"财务核算"→"生成凭证"，进入"生成凭证"窗口。单击"选择"按钮，在"查询条件"对话框中单击"确定"按钮，如图 6-9 所示，进入"选择单据"窗口。

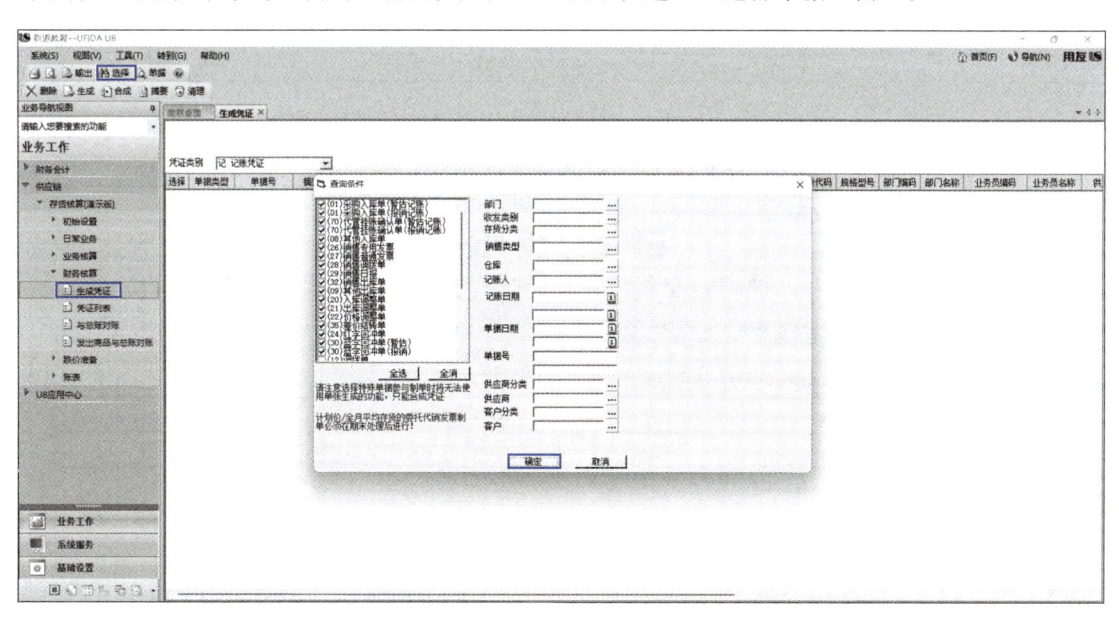

图 6-9 查询条件设置

（2）单击其他出库单所在行，单击"确定"按钮，如图 6-10 所示。回到"生成凭证"窗口，单击"生成"按钮，自动生成一张记账凭证。

（3）在生成的凭证上增加摘要"其他出库单"，增加贷方科目"22210105 进项税额转出"，贷方金额为"26"，修改借方金额为"226"，单击"保存"按钮，生成其他出库单的记账凭证，如图 6-11 所示。

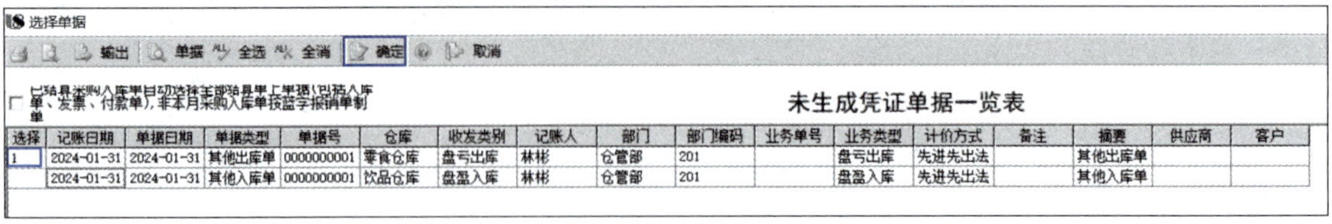

选择	记账日期	单据日期	单据类型	单据号	仓库	收发类别	记账人	部门	部门编码	业务单号	业务类型	计价方式	备注	摘要	供应商	客户
1	2024-01-31	2024-01-31	其他出库单	0000000001	零食仓库	盘亏出库	林彬	仓管部	201		盘亏出库	先进先出法		其他出库单		
	2024-01-31	2024-01-31	其他入库单	0000000001	饮品仓库	盘盈入库	林彬	仓管部	201		盘盈入库	先进先出法		其他入库单		

图 6-10 选择单据

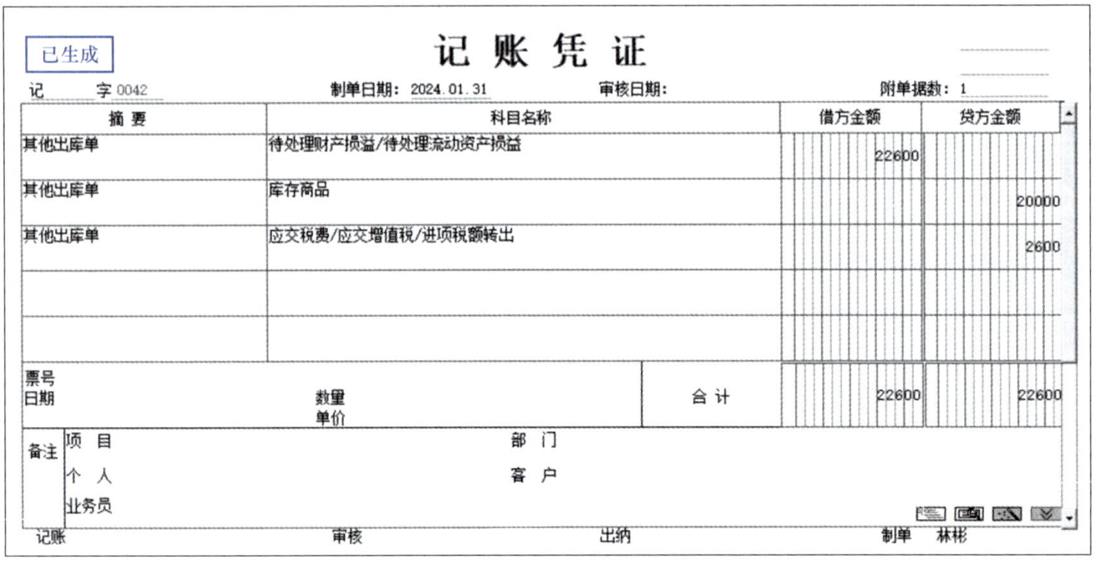

摘要	科目名称	借方金额	贷方金额
其他出库单	待处理财产损益/待处理流动资产损益	22600	
其他出库单	库存商品		20000
其他出库单	应交税费/应交增值税/进项税额转出		2600
合计		22600	22600

图 6-11 其他出库单记账凭证

（4）操作步骤同前面（1）～（3），生成其他入库单的记账凭证，如图 6-12 所示。

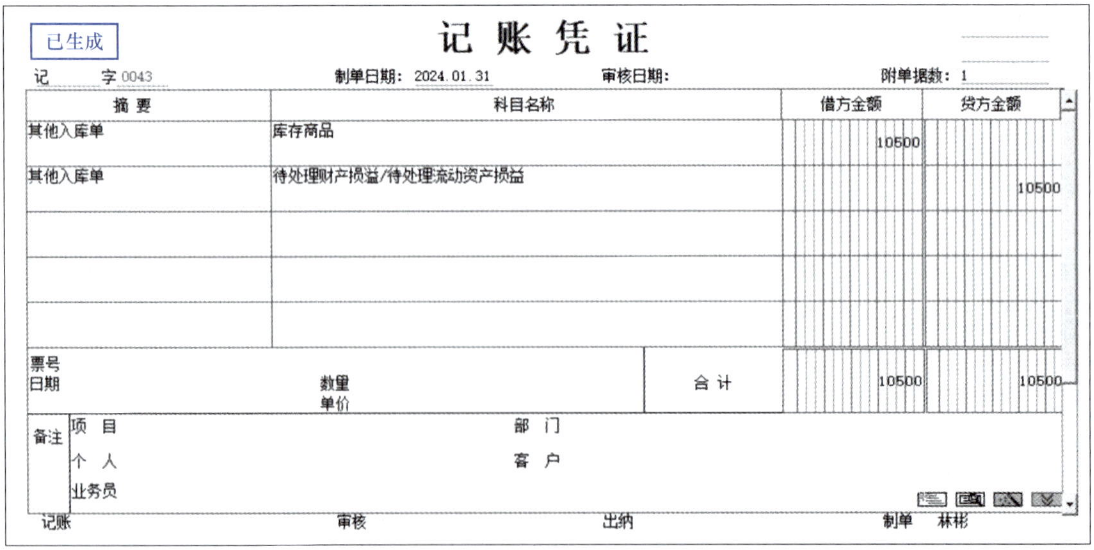

摘要	科目名称	借方金额	贷方金额
其他入库单	库存商品	10500	
其他入库单	待处理财产损益/待处理流动资产损益		10500
合计		10500	10500

图 6-12 其他入库单记账凭证

7. 总账填制凭证

经批准，盘亏的存货由库管员陈萱赔偿，盘盈的存货冲减管理费用。

（1）以会计"105 林彬"的身份，于 2024 年 1 月 31 日登录企业应用平台。

（2）选择"财务会计"→"总账"→"凭证"→"填制凭证"，进入"填制凭证"窗口，单击"增加"按钮，根据存货盘亏审批意见填制记账凭证，如图 6-13 所示；单击"增加"按钮，根据存货盘盈审批意见填制记账凭证，如图 6-14 所示。

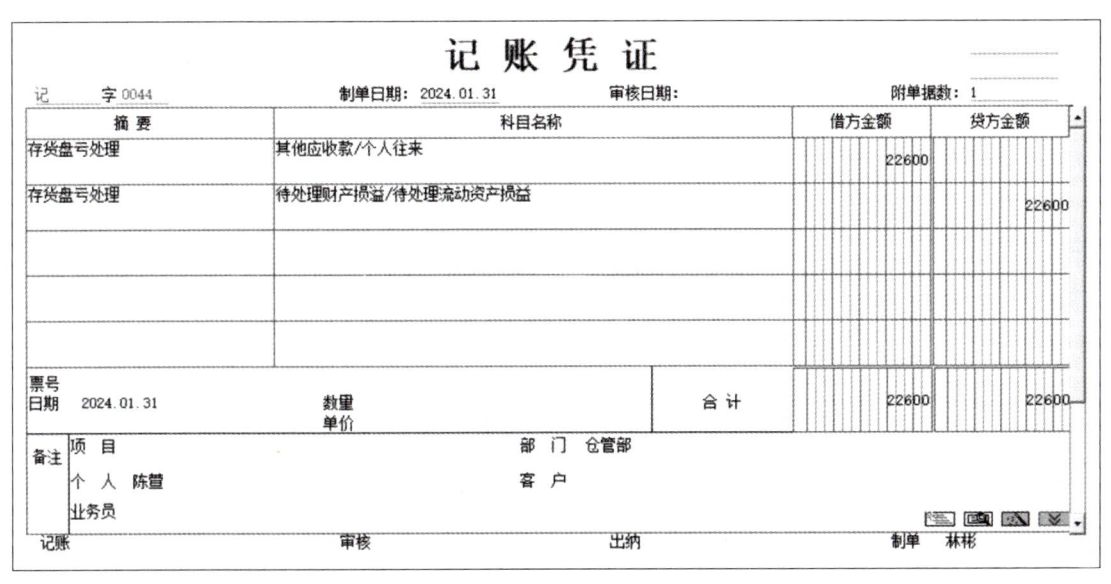

图 6-13 存货盘亏审批后记账凭证

图 6-14 存货盘盈审批后记账凭证

任务二　调拨业务处理

工作任务

2024年1月31日，由于仓库养护，仓管部陈萱申请将零食仓库的500袋西瓜头泡泡糖暂时调入饮品仓库储存。

相关凭证如图6-15所示。

存货调拨单

以下物品从　零食仓库　　调入　饮品仓库　　　　　　　　　日期：2024年1月31日

存货编码	存货名称	计量单位	数量	单价	金额
0204	西瓜头泡泡糖	袋	500	8.00	4,000.00
	合　计				4,000.00

主管：张伟　　　　　　　　　　会计：林彬　　　　　　　　　　仓管：陈萱

图6-15　存货调拨单

知识储备

存货调拨就是存货在两个仓库之间的相互调配。记录存货在同一公司不同仓库之间移动的凭据是"存货调拨单"。存货调拨将减少调出仓库的库存，同时增加调入仓库的库存。

岗位说明

本任务的操作流程概览见表6-2。

表6-2　操作流程概览

序　号	操作日期	操作员	子系统	操作内容
1	2024-01-31	201 陈萱	库存管理	填制调拨申请单
2	2024-01-31	201 陈萱	库存管理	批复、审核调拨申请单
3	2024-01-31	201 陈萱	库存管理	生成调拨单
4	2024-01-31	201 陈萱	库存管理	审核其他出/入库单
5	2024-01-31	105 林彬	存货核算	正常单据记账
6	2024-01-31	105 林彬	存货核算	生成记账凭证

任务实施

1. 填制调拨申请单

(1) 以仓管员"201 陈萱"的身份,于 2024 年 1 月 31 日登录企业应用平台。

(2) 选择"供应链"→"库存管理"→"调拨业务"→"调拨申请单",打开"调拨申请单"窗口,单击"增加"按钮,转出部门、转入部门均选为"仓管部",入库类别为"调拨入库",出库类别为"调拨出库",申请人为"陈萱",完成表头信息的输入。

调拨业务处理

(3) 表体中,录入存货编码"0204",数量"500",单价"8",单击"保存"按钮,如图 6-16 所示。

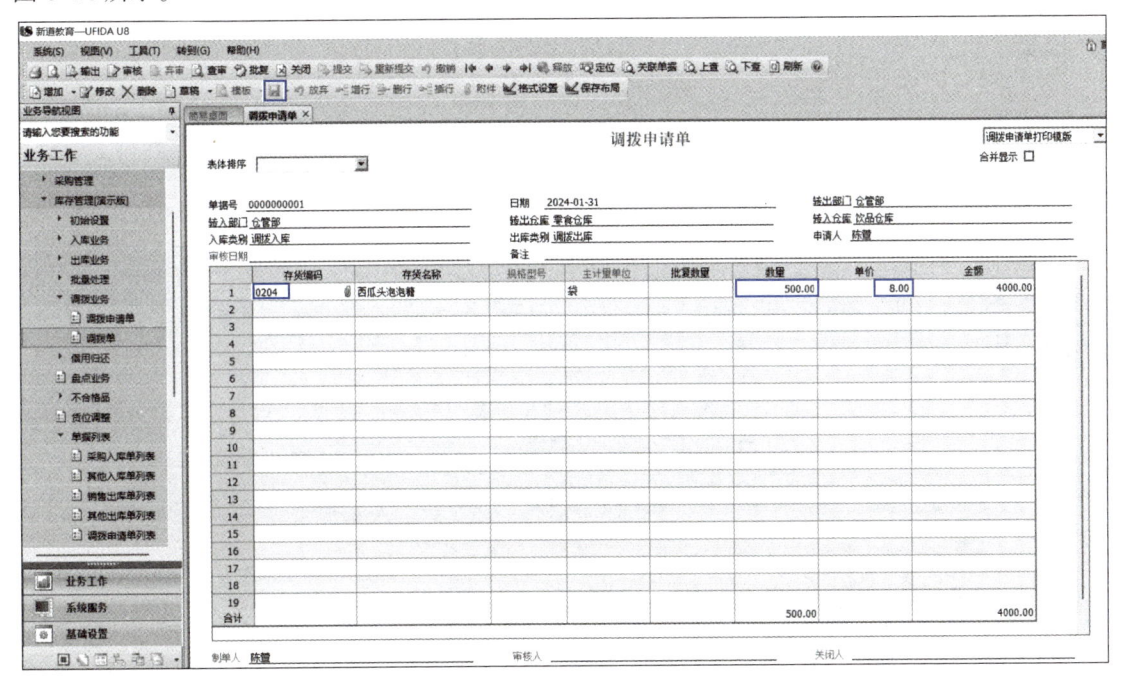

图 6-16 调拨申请单录入

2. 批复、审核调拨申请单

(1) 以仓管员"201 陈萱"的身份,于 2024 年 1 月 31 日登录企业应用平台。

(2) 单击"批复"按钮,系统自动填写批复数量为"500",单击"保存"按钮,再单击"审核"按钮,完成申请单的批复与审核,结果如图 6-17 所示。

3. 生成调拨单

(1) 选择"调拨业务"→"调拨单",打开"调拨单"窗口。单击"增加"按钮,选择"生单"下拉列表中的"调拨申请单",打开"查询条件选择—调拨申请单生单列表"对话框,直接单击"确定"进入"调拨申请单生单列表"窗口,如图 6-18 所示。

(2) 双击"调拨申请单生单表头"下调拨申请单前的"选择"列,系统自动填写表体信息,单击"确定"按钮,再单击"保存"按钮,生成调拨单,如图 6-19 所示,最后单击"审核"按钮。

4. 审核其他出/入库单

操作步骤同本项目任务一的任务实施"3. 审核其他入库单"和"4. 审核其他出库单"。

5. 正常单据记账

以会计"105 林彬"的身份，于 2024 年 1 月 31 日登录企业应用平台。操作步骤同本项目任务一的任务实施"5. 正常单据记账"。

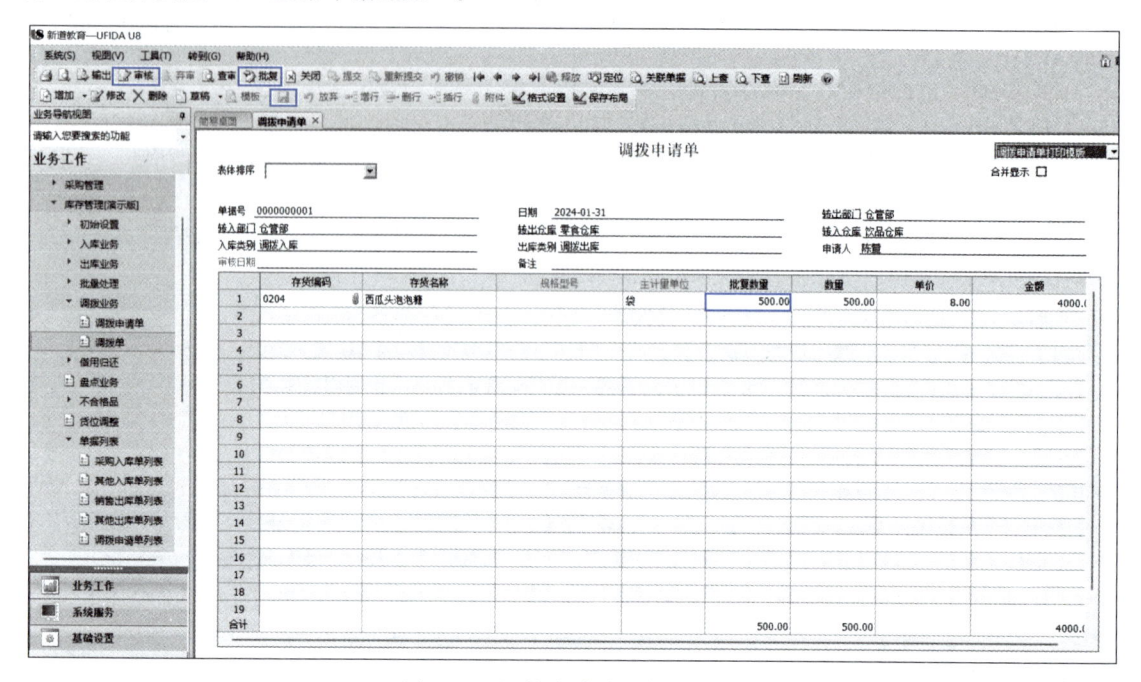

图 6-17 调拨申请单批复与审核

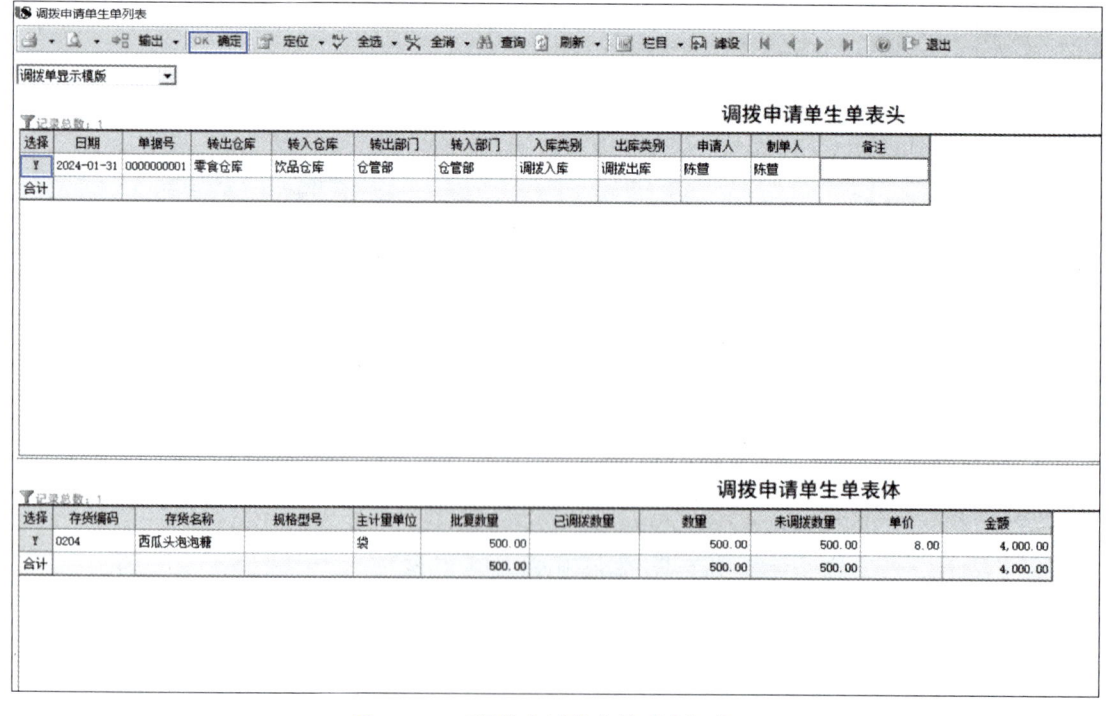

图 6-18 "调拨申请单生单列表"窗口

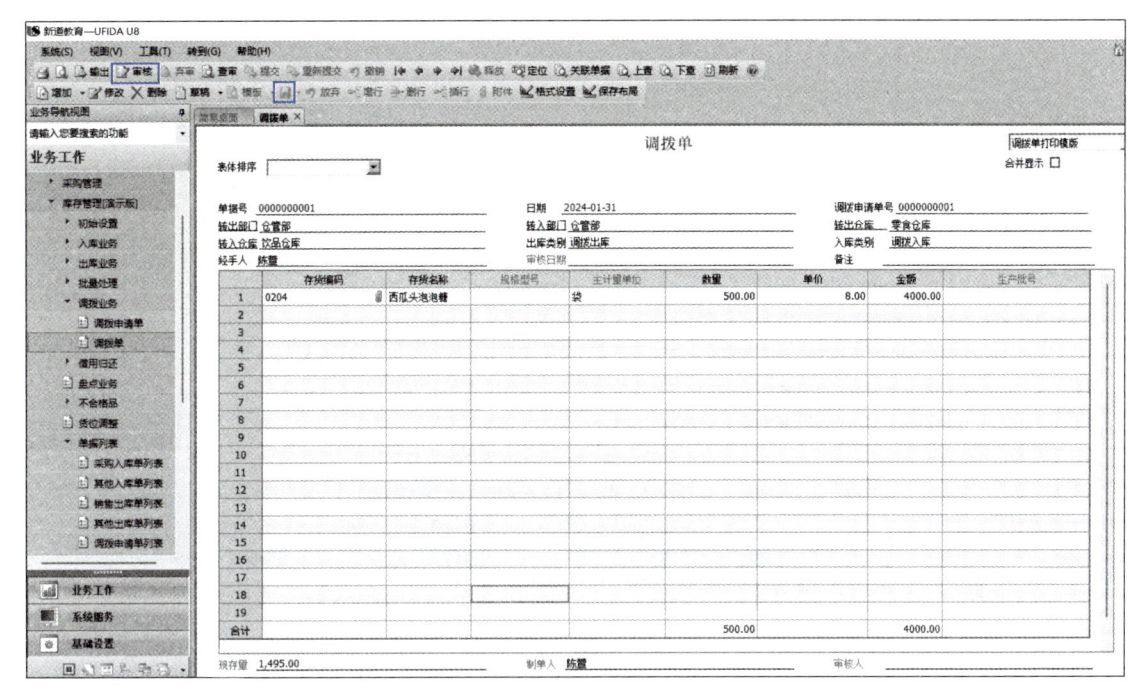

图 6-19　调拨单

6. 生成记账凭证

以会计"105 林彬"的身份，于 2024 年 1 月 31 日登录企业应用平台。操作步骤同本项目任务一的任务实施"6. 生成记账凭证"。生成的凭证如图 6-20 和图 6-21 所示。

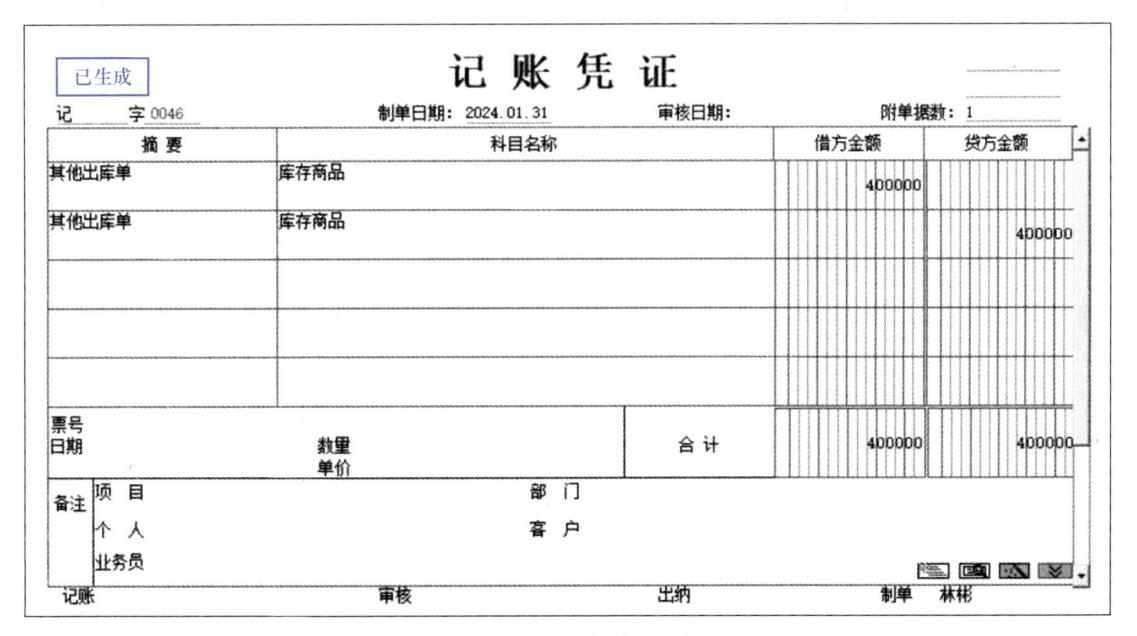

图 6-20　其他出库单记账凭证

图 6-21　其他入库单记账凭证

任务三　其他业务处理

工作任务

2024年1月31日，由于保管不当，造成100袋奥利奥夹心饼干受潮变质，经批准，损失计入管理费用。

知识储备

对于盘亏及毁损的存货，在报经批准之前，按盘亏或毁损存货的实际成本，贷记"原材料""库存商品"等有关存货科目；同时，根据《增值税暂行条例》的规定，非正常消耗材料等相应的进项税额不允许抵扣，应予以转出，贷记"应交税费——应交增值税（进项税额转出）"科目；按其实际成本和进项税额的合计数，借记"待处理财产损溢——待处理流动资产损溢"科目。

待确定原因并报经批准后，根据盘亏或毁损的形成原因，分别按以下处理原则进行处理：属于定额内的自然损耗，经批准后转作"管理费用"；属于计量收发差错或管理不善等原因造成的，应先扣除残料价值和可以收回的过失人赔偿，然后将净损失计入"管理费用"；属于自然灾害或意外事故造成的，应先扣除残料价值和可以收回的保险赔偿，然后将净损失转作"营业外支出"。

岗位说明

本任务的操作流程概览见表6-3。

表 6-3　操作流程概览

序　号	操作日期	操作员	子系统	操作内容
1	2024-01-31	201 陈萱	库存管理	填制和审核其他出库单
2	2024-01-31	105 林彬	存货核算	正常单据记账
3	2024-01-31	105 林彬	存货核算	生成记账凭证
4	2024-01-31	105 林彬	总账	总账填制凭证

任务实施

1. 填制和审核其他出库单

（1）以仓管员"201 陈萱"的身份，于 2024 年 1 月 31 日登录企业应用平台。

其他业务处理
（存货毁损）

（2）选择"供应链"→"库存管理"→"出库业务"→"其他出库单"，打开"其他出库单"窗口，单击"增加"按钮，选择仓库为"零食仓库"，出库类别为"其他出库"，部门为"仓管部"，完成表头信息的输入。

（3）表体录入存货编码"0205"，数量"100"，单击"保存"按钮，再单击"审核"按钮，如图 6-22 所示。

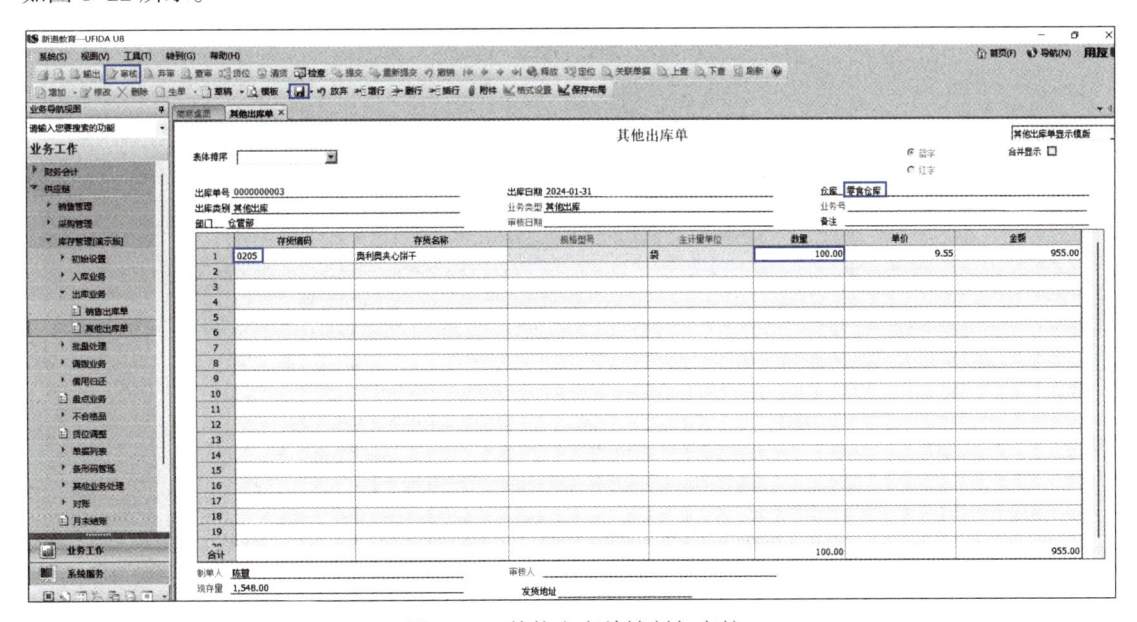

图 6-22　其他出库单填制与审核

2. 正常单据记账

以会计"105 林彬"的身份，于 2024 年 1 月 31 日登录企业应用平台。操作步骤同本项目任务一的任务实施"5. 正常单据记账"。

3. 生成记账凭证

操作步骤同本项目任务一的任务实施"6. 生成记账凭证"。生成的凭证如图 6-23 所示。

4. 总账填制凭证

操作步骤同本项目任务一的任务实施"7. 总账填制凭证"。生成的凭证如图 6-24 所示。

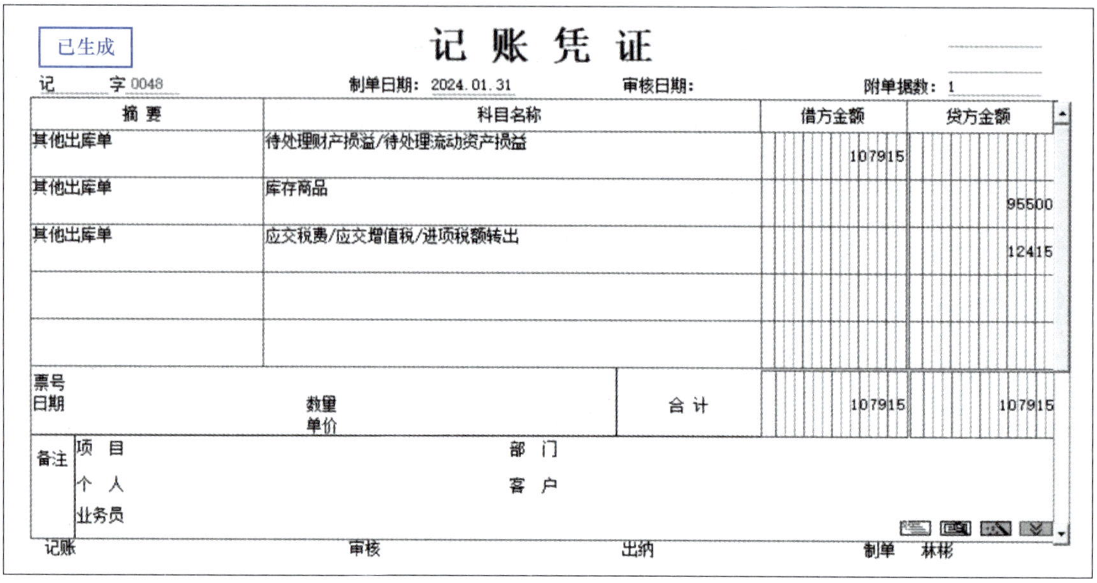

已生成

记账凭证

记 字 0048 制单日期：2024.01.31 审核日期： 附单据数：1

摘要	科目名称	借方金额	贷方金额
其他出库单	待处理财产损益/待处理流动资产损益	107915	
其他出库单	库存商品		95500
其他出库单	应交税费/应交增值税/进项税额转出		12415
票号 日期 数量 单价	合计	107915	107915

备注 项目 部门 个人 客户 业务员

记账 审核 出纳 制单 林彬

图 6-23 其他出库单记账凭证

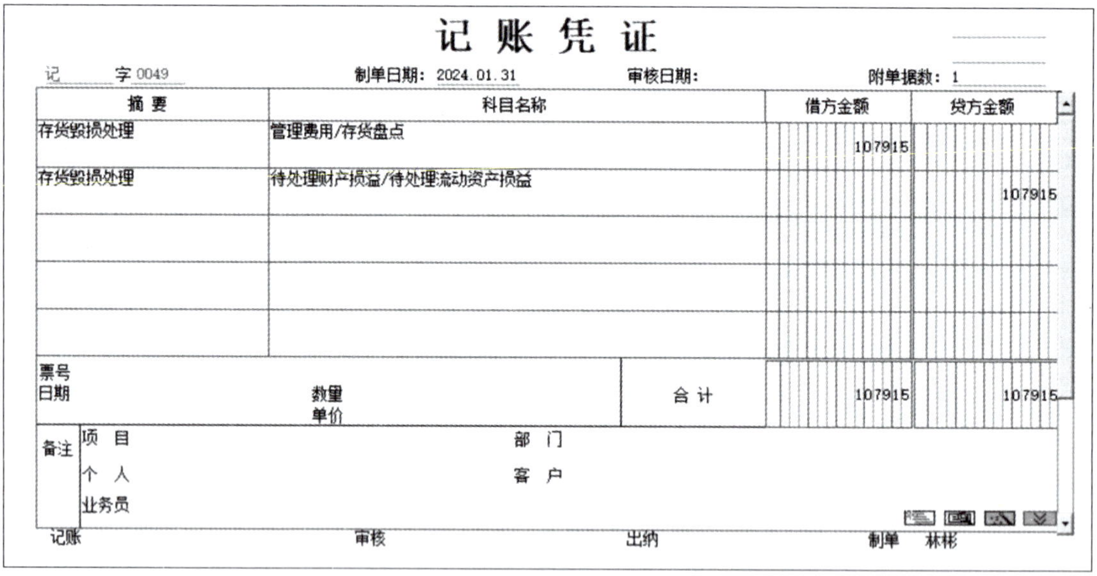

记账凭证

记 字 0049 制单日期：2024.01.31 审核日期： 附单据数：1

摘要	科目名称	借方金额	贷方金额
存货毁损处理	管理费用/存货盘点	107915	
存货毁损处理	待处理财产损益/待处理流动资产损益		107915
票号 日期 数量 单价	合计	107915	107915

备注 项目 部门 个人 客户 业务员

记账 审核 出纳 制单 林彬

图 6-24 总账记账凭证

拓展阅读

“跑”得了扇贝，跑不脱处罚！

【案例】提到 A 股上市公司 ST 獐子岛（002069），大家总会联想到扇贝“跑路”事件。

2014 年 10 月 30 日晚间，獐子岛发布公告称，因北黄海遭到几十年一遇的异常冷水团，公司在 2011 年和部分 2012 年播撒的 100 多万亩即将进入收获期的虾夷扇贝绝收。受“绝收”事件的影响，獐子岛当年营收从预计盈利变为巨亏 8 亿元。2018 年 1 月，獐子岛的扇贝又被“饿死”。2019 年 4 月，獐子岛受灾，同年 11 月又发生“虾夷扇贝大规模自然死亡”事件。

2014—2019年五年间，ST獐子岛不断上演扇贝"跑路"、死亡闹剧，这也让ST獐子岛成为当时资本市场关注的焦点。

2020年6月24日，证监会发布对獐子岛信息披露违法违规案的行政处罚及市场禁入决定，决定对獐子岛给予警告，并处以60万元罚款，对15名责任人员处以3万元至30万元不等罚款，对4名主要责任人采取5年至终身市场禁入，其中对董事长兼总裁吴厚刚采取终身市场禁入措施。

继上市公司被罚之后，2023年3月16日晚间，证监会对负责ST獐子岛审计的大华会计师事务所出具行政处罚决定书。证监会表示：ST獐子岛2016年度结转成本时所记载的捕捞区域与捕捞船只实际作业区域存在明显出入，2016年账面结转捕捞面积较实际捕捞面积少13.93万亩，虚减营业成本6 002.99万元。同时，ST獐子岛未如实将当年年底新播区域作为既往库存资产核销，虚减营业外支出7 111.78万元，ST獐子岛案涉年度报告存在虚假记载。而大华会计师事务所作为ST獐子岛2016年度财务报表的审计机构，出具了标准无保留意见的审计报告，收费130万元。因此，对ST獐子岛2016年度审计报告存在虚假记载、未勤勉尽责等原因，大华会计师事务所被证监会罚没367.92万元。

⊃ 启示

ST獐子岛利用存货扇贝养殖在大海里，难于盘查的特点进行财务造假，违背我国《会计法》《企业会计准则》对存货核算、信息披露的相关规定。会计人员要树立"诚信为本、操守为重、坚持准则、不做假账"的正确价值观，审计人员应当恪守"严格依法、正直坦诚、客观公正、勤勉尽责、保守秘密"的基本审计职业道德。

考证导航

1+X证书职业技能等级标准

项 目	任 务	证书（等级）	工作领域	工作任务	职业技能要求
项目六 库存管理系统业务处理	任务一 盘点业务处理	业财一体信息化应用（初级）	3.业财一体信息化平台典型业务处理	3.3 典型库存业务处理	3.3.1 能依据材料领用出库情况，在信息化平台上熟练、准确地填制材料出库单 3.3.2 能依据验收入库的产品信息，在信息化平台上熟练、准确地填制产品入库单
	任务二 调拨业务处理 任务三 其他业务处理	业财一体信息化应用（中级）	3.业财一体信息化平台一体化业务处理	3.3 库存业务处理	3.3.1 能根据企业会计核算规范，依据企业实际生产情况，在信息化平台上录入生产领料单、材料出库单、产品入库单、产品出库单等，为产品成本计算提供数据来源 3.3.2 能根据《企业会计准则》及企业会计核算规范，在信息化平台上完成产品出入库业务，并按照实际选择的计价方式进行财务处理，并生成凭证 3.3.3 能根据《企业会计准则》及企业会计核算规范，在信息化平台上完成产品调拨业务，并按照实际选择的计价方式进行财务处理，并生成凭证 3.3.4 能根据《企业会计准则》及企业会计核算规范，在信息化平台上完成产品借入借出业务，并按照实际选择的计价方式进行财务处理，并生成凭证

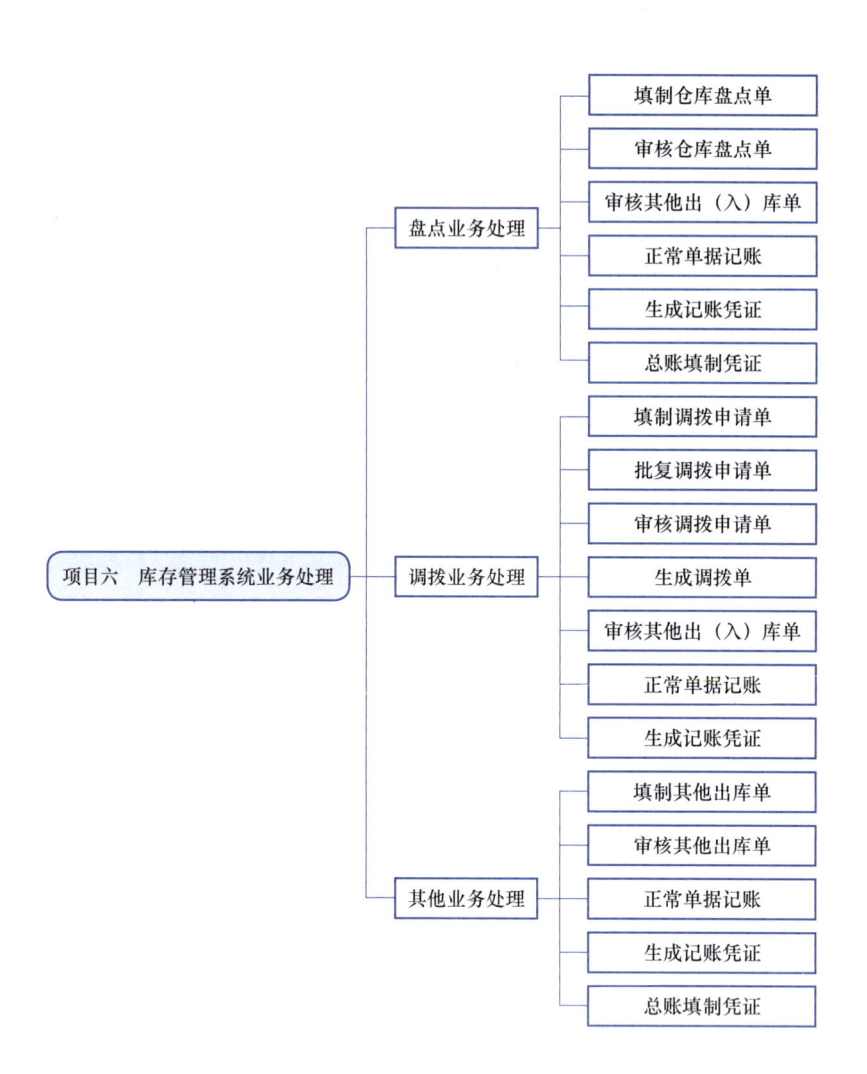

知识导图

```
项目六 库存管理系统业务处理
├── 盘点业务处理
│   ├── 填制仓库盘点单
│   ├── 审核仓库盘点单
│   ├── 审核其他出（入）库单
│   ├── 正常单据记账
│   ├── 生成记账凭证
│   └── 总账填制凭证
├── 调拨业务处理
│   ├── 填制调拨申请单
│   ├── 批复调拨申请单
│   ├── 审核调拨申请单
│   ├── 生成调拨单
│   ├── 审核其他出（入）库单
│   ├── 正常单据记账
│   └── 生成记账凭证
└── 其他业务处理
    ├── 填制其他出库单
    ├── 审核其他出库单
    ├── 正常单据记账
    ├── 生成记账凭证
    └── 总账填制凭证
```

项目实训 库存管理系统业务处理

↙ 实训资料

1. 存货盘点

2024 年 4 月 30 日，昌澳公司对存货进行清查，存货盘点表如图 6-25 所示，存货账实不符原因待查（不合并制单）。

2. 存货盘点结果批复

经查，盘亏的商品是由仓管人员保管不善被盗所致，责成其赔偿（不合并制单）。

存货盘点表

盘点单位：仓管部　　　　　　　　　2024 年 04 月 30 日

仓库名称	存货编号	品　名	单　位	单　价	实际盘存 数量	实际盘存 金额
男鞋仓库	006	百丽男鞋	双		22	
女鞋仓库	005	金猴女棉鞋	双		98	

主管：林天中　　　　　审核：胡树青　　　　　仓管：赵楠

图 6-25　存货盘点表

实训任务

（1）录入并审核盘点单。
（2）审核其他出 / 入库单。
（3）正常单据记账。
（4）生成记账凭证。
（5）总账填制凭证。

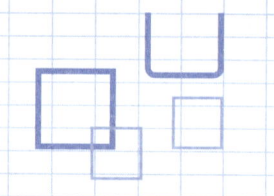

项目七

存货核算系统业务处理

知识目标

- 了解存货核算系统业务操作流程。
- 掌握存货核算基本知识。

技能目标

- 能熟练进行存货跌价准备的计提和制单。
- 能熟练进行业务单据记账业务。
- 能熟练进行结算成本暂估处理。

素质目标

- 培养创新思维和问题解决能力，能够通过存货核算系统的数据分析和财务报表生成，提出创新的存货管理策略和财务决策方案。
- 培养跨学科综合能力，能够将存货核算系统与其他 ERP 子系统进行整合，实现供应链的协同管理和优化。
- 培养社会责任感和可持续发展意识，使其能够利用存货核算系统进行环境友好型存货管理和资源有效利用的实践。

任务一　存货价格及结算成本处理

工作任务

2024 年 1 月 31 日，检查单据数据是否完整，补充相关信息。

（1）检查是否有入库单存货尚无价格，并给这些单据录入价格。

（2）检查本期是否有需要进行结算成本暂估处理的单据，并对其进行暂估处理。

知识储备

由于企业的经营性质和经营规模不同，存货收发的频繁程度，以及每次收发存货的数量等都有所不同，存货发出计价方法的选用也可以有所不同。常见的存货发出计价方式有全月平均法、移动平均法、先进先出法、个别计价法、计划价法、售价法等。

岗位说明

本任务的操作流程概览见表 7-1。

表 7-1 操作流程概览

序　　号	操作日期	操作员	子系统	操作内容
1	2024-01-31	105 林彬	存货核算	检查暂估成本
2	2024-01-31	105 林彬	存货核算	检查结算成本

任务实施

1. 检查暂估成本

（1）以会计"105 林彬"的身份，于 2024 年 1 月 31 日登录企业应用平台。

（2）选择"供应链"→"存货核算"→"业务核算"→"暂估成本录入"，打开"查询条件选择"对话框，直接单击"确定"按钮，进入"暂估成本录入"窗口，如图 7-1 所示。如果有需要录入单价的存货，录入单价信息，单击"保存"按钮。经查询，本任务无暂估成本需要录入。

存货价格及结算成本处理

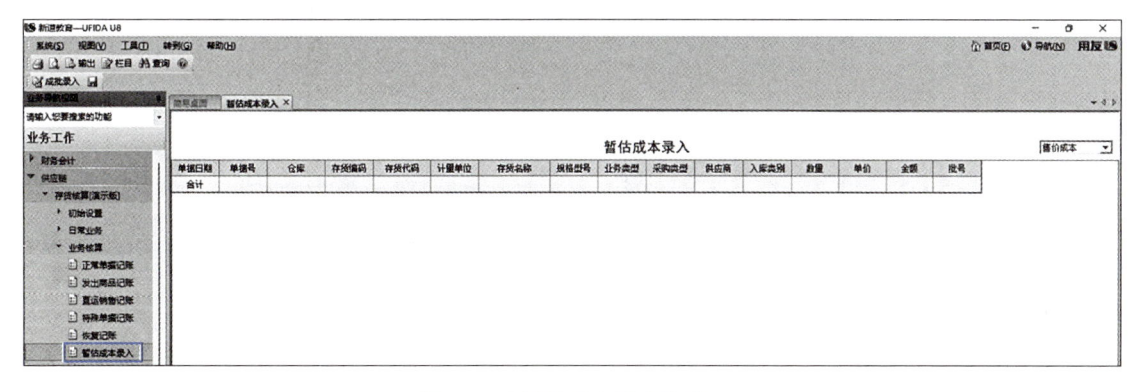

图 7-1 "暂估成本录入"窗口

2. 检查结算成本

（1）以会计"105 林彬"的身份，于 2024 年 1 月 31 日登录企业应用平台。

（2）选择"供应链"→"存货核算"→"业务核算"→"结算成本处理"，打开"暂估处理查询"对话框，如图 7-2 所示。

（3）单击"全选"按钮，选择所有仓库，勾选"未全部结算完的单据是否显示"，单击"确定"按钮，进入"结算成本处理"窗口，如图 7-3 所示。如果有需进行暂估处理的单据，单击"暂估"按钮。经查询，本任务无需要暂估处理的单据。

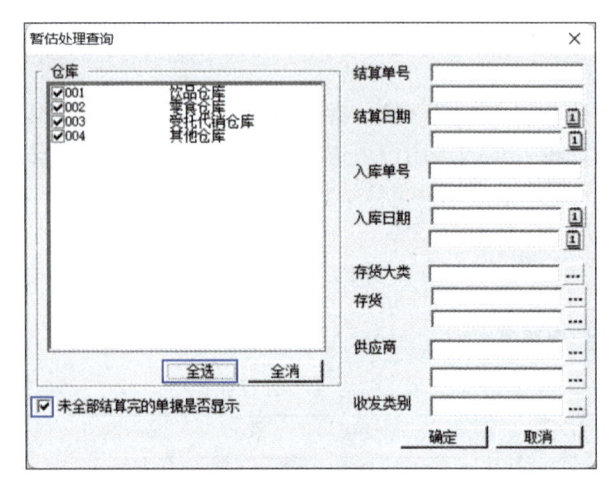

图 7-2 "暂估处理查询"对话框

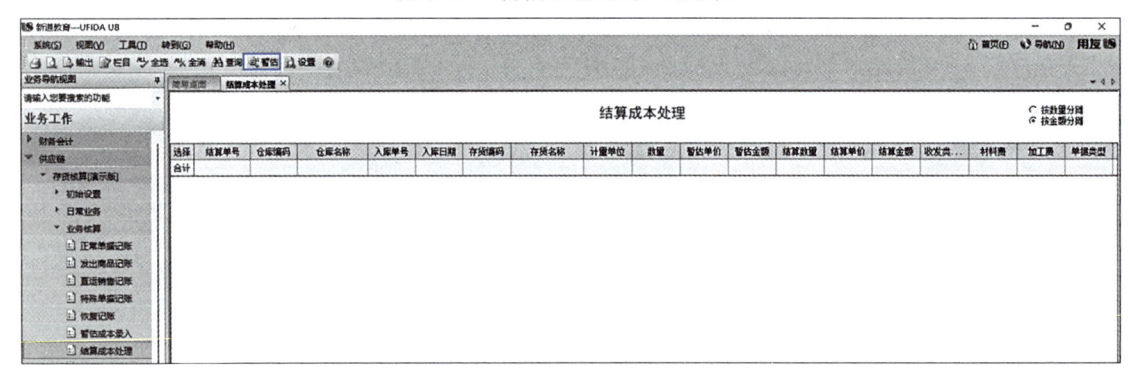

图 7-3 "结算成本处理"窗口

任务二　计提存货跌价准备

工作任务

2024年1月31日，接到销售部通知，部分库存商品期末可变现净值低于成本，按要求计提存货跌价准备。

相关凭证如图 7-4 所示。

销售部通知			
经全面清查，由于市场物价变动，下列商品期末预计可变现净值的单价如下：			
存货编码	商品名称	成本单价	可变现净值单价
0102	5100 水	60	58

审批：张伟　　　　　　　　制表：陈路

图 7-4　销售部通知

知识储备

存货跌价准备是指在会计中期或年度终了，由于存货遭受毁损、全部或部分陈旧过时、销售价格低于成本等原因，使存货成本不可以收回的部分，应按单个存货项目的成本高于其可变现净值的差额提取，并计入存货跌价损失。

可变现净值是指企业在正常经营过程中，以预估售价减去预估完工成本及销售所必需的预估费用后的价值。

岗位说明

本任务的操作流程概览见表7-2。

表 7-2 操作流程概览

序 号	操 作 日 期	操 作 员	子 系 统	操 作 内 容
1	2024-01-31	105 林彬	存货核算	计提跌价准备
2	2024-01-31	105 林彬	存货核算	生成记账凭证

任务实施

1. 计提跌价准备

（1）以会计"105 林彬"的身份，于2024年1月31日登录企业应用平台。

（2）选择"供应链"→"存货核算"→"跌价准备"→"计提跌价准备"，打开"计提跌价处理单"窗口，单击"增加"按钮，部门选择"仓管部"，完成表头信息的输入。表体中存货编码选择"0102"，可变现价格录入"58"，单击"保存"按钮，再单击"审核"按钮，如图7-5所示。

计提存货跌价准备

图 7-5 计提跌价处理单

2. 生成记账凭证

（1）以会计"105 林彬"的身份，于 2024 年 1 月 31 日登录企业应用平台。

（2）选择"供应链"→"存货核算"→"跌价准备"→"跌价准备制单"，打开"生成凭证"窗口，单击"选择"按钮，打开"查询条件"对话框，直接单击"确定"按钮，进入"选择单据"窗口，如图 7-6 所示。

图 7-6 "选择单据"窗口

（3）单击"全选"按钮，再单击"确定"按钮，进入"生成凭证"窗口，然后单击"生成"按钮，系统自动生成记账凭证，如图 7-7 所示，最后单击"保存"按钮。

图 7-7 跌价准备记账凭证

任务三 单据记账处理

工作任务

2024 年 1 月 31 日，对所有业务单据进行记账。

知识储备

正常单据记账是指登记存货明细账、差价明细账、受托代销商品明细账和受托代销商品差价账，同时也是在除全月平均法外的其他几种存货计价方法下，对存货进行出库成本的计算。

特殊单据记账是对调拨单、组装拆卸单、形态转换单进行成本计算，并记入存货明细账。它的特殊性在于这类单据都是与出入库单据对应的，并且其入库的成本数据来源于该存货原仓库按照存货计价方法计算的出库成本。

岗位说明

本任务的操作流程概览见表 7-3。

表 7-3 操作流程概览

序 号	操作日期	操作员	子系统	操作内容
1	2024-01-31	105 林彬	存货核算	特殊单据记账
2	2024-01-31	105 林彬	存货核算	正常单据记账

任务实施

1. 正常单据记账

选择"供应链"→"存货核算"→"业务核算"→"正常单据记账"，打开"查询条件"对话框，直接单击"确定"按钮，打开"未记账单据一览表"窗口，如图 7-8 所示。如果列表中有尚未进行记账的正常单据，单击"全选"按钮，再单击"记账"按钮，完成单据记账。经查询，本任务无未完成记账的正常单据。

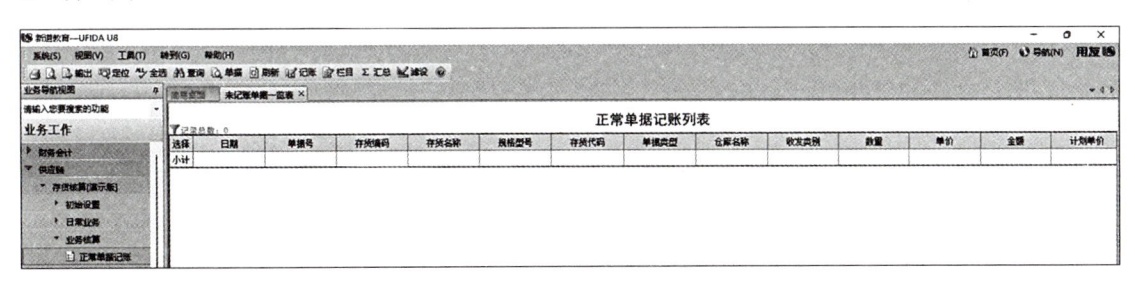

图 7-8 正常单据记账列表

2. 特殊单据记账

（1）以会计"105 林彬"的身份，于 2024 年 1 月 31 日登录企业应用平台。

（2）选择"供应链"→"存货核算"→"业务核算"→"特殊单据记账"，打开"特殊单据记账条件"对话框，如图 7-9 所示。

单据记账处理

（3）单据类型选择"调拨单"，单击"确定"按钮，打开"未记账单据一览表"窗口，如图 7-10 所示。如果列表中有尚未进行记账的特殊单据，单击"全选"按钮，再单击"记账"按钮，完成单据记账。经查询，本任务无未完成记账的特殊单据。

图 7-9 "特殊单据记账条件"对话框

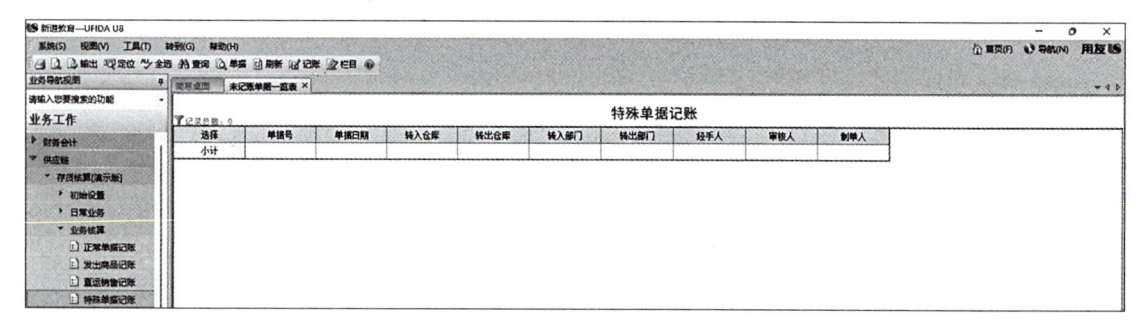

图 7-10 特殊单据记账

拓展阅读

隶源基及三高管吃警示函，因存货成本会计核算有误

【案例】 深圳证监局于 2019 年 10 月发布了关于对隶源基首饰（深圳）股份有限公司（以下简称隶源基）以及三位高管采取出具警示函措施的决定。经查，隶源基 2018 年 6 月 22 日发布《关于公司前期会计差错更正的公告》，对 2016 年年报数据进行会计差错更正，更正原因为隶源基对在途物资重分类及原材料成本核算错误。

经核实，隶源基在 2016 年成本核算过程中，未对部分原材料损耗进行会计处理，以及存货领用时未严格按照月末一次加权平均法进行计价或计算错误，导致隶源基未及时将已售存货的成本结转为当期损益，违反了《企业会计准则第 1 号——存货》第十四条的相关规定。

深圳证监局指出，隶源基关于存货成本的会计核算错误，影响金额较大，致使其相关财务信息披露违反了《非上市公众公司监督管理办法》（证监会令第 96 号）第二十条的规定。考虑到隶源基发现问题后对相关会计差错进行了纠正，根据《非上市公众公司监督管理办法》

第六十二条的规定，决定对隶源基采取出具警示函的行政监管措施。

此外，隶源基时任总经理曲振、董事长陈晋榕、时任财务总监张世强亦被采取出具警示函的行政监管措施。

（资料来源：中国财经 http://finance.china.com.cn）

⇨ 启示

财务人员、仓管人员应当遵守《会计法》，依照《企业会计准则第1号——存货》的规定，确认、计量和披露存货成本。公司及其他信息披露义务人应当按照法律、行政法规和中国证监会的规定，真实、准确、完整、及时地披露信息，不得有虚假记载、误导性陈述或者重大遗漏。公司的董事、监事、高级管理人员应当忠实、勤勉地履行职责，保证公司披露信息的真实、准确、完整、及时。

考证导航

1+X 证书职业技能等级标准

项目	任务	证书（等级）	工作领域	工作任务	职业技能要求
项目七 存货核算系统业务处理	任务一 存货价格及结算成本处理 任务二 计提存货跌价准备 任务三 单据记账处理	业财一体信息化应用（初级）	3. 业财一体信息化平台典型业务处理	3.3 典型库存业务处理	3.3.3 能在信息化平台存货核算模块中，熟练、准确地完成产成品成本分配、平均单价计算以及期末业务处理等操作 3.3.4 能在信息化平台存货核算模块中，熟练查询出需要处理的产成品入库单和材料出库单，完成产成品入库单和材料出库单记账操作，生成记账凭证
		业财一体信息化应用（中级）	3. 业财一体信息化平台一体化业务处理	3.3 库存业务处理	3.3.2 能根据《企业会计准则》及企业会计核算规范，在信息化平台上完成产品出入库业务，并按照实际选择的计价方式进行财务处理，并生成凭证 3.3.3 能根据《企业会计准则》及企业会计核算规范，在信息化平台上完成产品调拨业务，并按照实际选择的计价方式进行财务处理，并生成凭证 3.3.4 能根据《企业会计准则》及企业会计核算规范，在信息化平台上完成产品借入借出业务，并按照实际选择的计价方式进行财务处理，并生成凭证 3.3.7 能根据《企业会计准则》及企业会计核算规范，在信息化平台上完成按仓库或按产品计提跌价准备业务进行财务处理，并生成凭证

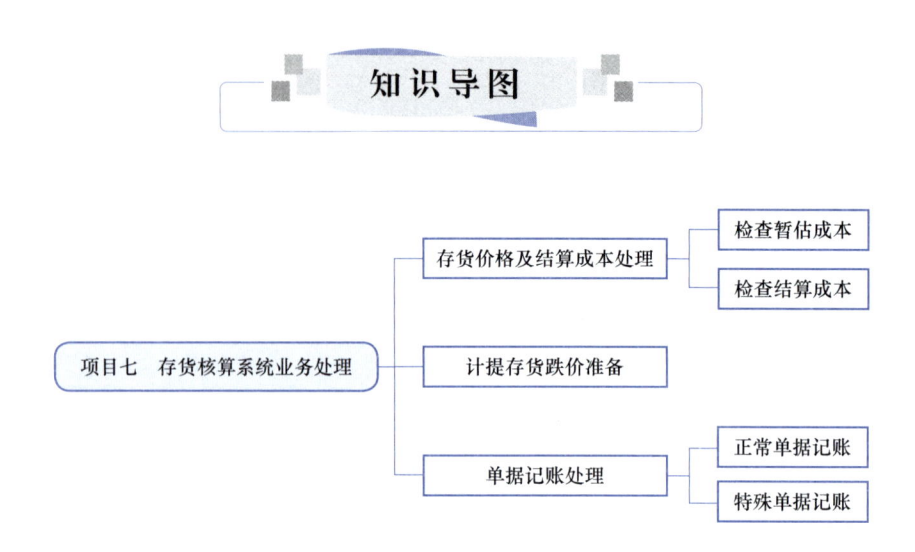

知识导图

```
                                    ┌─ 检查暂估成本
                    ┌─ 存货价格及结算成本处理 ─┤
                    │                       └─ 检查结算成本
项目七 存货核算系统业务处理 ─┼─ 计提存货跌价准备
                    │
                    │                ┌─ 正常单据记账
                    └─ 单据记账处理 ──┤
                                     └─ 特殊单据记账
```

项目实训　存货核算系统业务处理

↙ 实训资料

2024 年 4 月 30 日，销售部发来通知，百丽女鞋可变现净值单价为 380 元。

↙ 实训任务

（1）检查是否有入库单存货尚无价格，如有，给这些单据录入价格。
（2）检查本期是否有需要进行结算成本暂估处理的单据，如有，对其进行暂估处理。
（3）检查本期是否需要计提存货跌价准备，如需要，则进行相应处理。
（4）对所有业务单据进行记账。

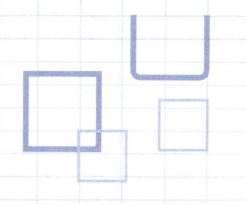

项目八

期末业务处理

知识目标
- 掌握期末业务处理的基本原理。
- 掌握各子系统月末结账的流程。

技能目标
- 熟练进行期末业务的账务处理。
- 熟练进行各子系统的月末结账。
- 熟练查询有关账表，并进行统计分析。

素质目标
- 培养细致观察和分析能力，能够发现并纠正期末业务处理中的错误和偏差。
- 培养团队合作和沟通能力，能够与财务部门和其他相关部门有效地协作。
- 培养问题解决和决策能力，能够在期末业务处理中分析和解决复杂的财务问题。

任务一　月末结账

工作任务

2024年1月31日，公司对采购管理、销售管理、库存管理、存货核算、应收款管理、应付款管理以及总账七个子系统进行月末结账。

知识储备

供应链管理期末业务处理主要包括两项内容：期末处理和月末结账。在采购管理、销售管理、库存管理、存货核算集成应用模式下，期末处理只涉及存货核算子系统，月末结账则涉及所有子系统。

月末结账表示本期业务处理终结。在财务业务一体化各系统集成应用时，期末结账要遵从一定的顺序。按照各子系统之间的数据传递关系，各子系统结账的先后顺序为：采购管理、销售管理→应付款管理、应收款管理、库存管理→存货核算→总账。

岗位说明

本任务的操作流程概览见表8-1。

表8-1 操作流程概览

序 号	操作日期	操作员	子系统	操作内容
1	2024-01-31	301 李玲	采购管理	采购管理系统月末结账
2	2024-01-31	401 陈路	销售管理	销售管理系统月末结账
3	2024-01-31	201 陈萱	库存管理	库存管理系统月末结账
4	2024-01-31	105 林彬	存货核算	存货核算系统月末结账
5	2024-01-31	105 林彬	应收款管理	应收款管理系统月末结账
6	2024-01-31	105 林彬	应付款管理	应付款管理系统月末结账
7	2024-01-31	105 林彬	总账	总账系统月末结账

任务实施

1. 采购管理系统月末结账

（1）以采购员"301 李玲"的身份，于2024年1月31日登录企业应用平台。

（2）选择"供应链"→"采购管理"→"月末结账"，系统弹出"结账"对话框，如图8-1所示。

（3）选择会计月份"1"，单击"结账"按钮，系统弹出"月末结账"信息提示框，提示是否关闭订单，如图8-2所示，单击"否"按钮，系统自动进行月末结账。

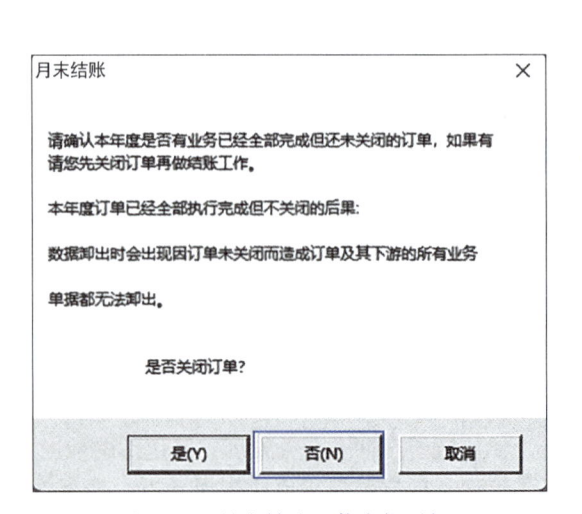

图8-1 "结账"对话框　　　　　图8-2 "月末结账"信息提示框

> **特别提醒**
>
> ◇ 采购管理系统的月末结账，可以对多个月的单据一次性结账，但不允许跨月结账。
> ◇ 只有对采购管理系统进行了月末处理，才能对库存管理、存货核算和应付款管理系统进行月末处理。
> ◇ 若采购管理系统要取消月末结账，则必须先取消库存管理、存货核算和应付款管理的月末结账；若它们中的任何一个系统不能取消月末结账，则采购管理系统的月末结账也不能被取消。

2. 销售管理系统月末结账

（1）以销售员"401 陈路"的身份，于 2024 年 1 月 31 日登录企业应用平台。

（2）选择"供应链"→"销售管理"→"月末结账"，系统弹出"结账"对话框，如图 8-3 所示。

（3）选择会计月份"1"，单击"结账"按钮，系统弹出"销售管理"信息提示框，提示是否关闭订单，如图 8-4 所示，单击"否"按钮，系统自动进行月末结账。

图 8-3 "结账"对话框

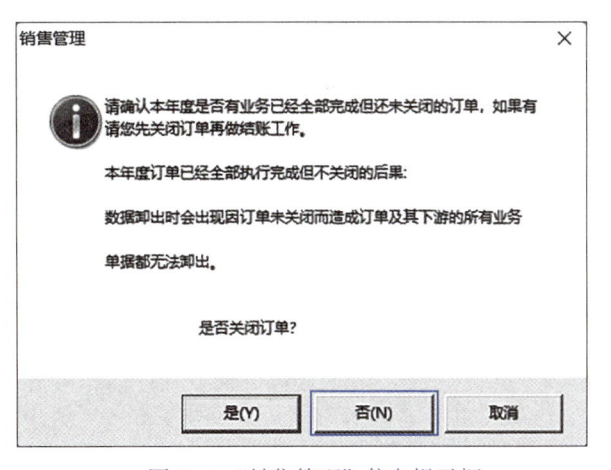

图 8-4 "销售管理"信息提示框

> **特别提醒**
>
> ◇ 只有对销售管理系统进行了月末处理，才能对库存管理、存货核算和应收款管理系统进行月末处理。

> ◆ 若销售管理系统要取消月末结账，则必须先取消库存管理、存货核算和应收款管理的月末结账；若它们中的任何一个系统不能取消月末结账，则销售管理系统的月末结账也不能取消

3. 库存管理系统月末结账

（1）以仓管员"201 陈萱"的身份，于 2024 年 1 月 31 日登录企业应用平台。

（2）选择"供应链"→"库存管理"→"月末结账"，系统弹出"结账"对话框，如图 8-5 所示。

（3）选择会计月份"1"，单击"结账"按钮，系统弹出"库存管理"信息提示框，提示"库存启用月份结账后将不能修改期初数据，是否继续结账？"，如图 8-6 所示，单击"是"按钮，系统自动进行月末结账。

图 8-5 "结账"对话框

图 8-6 "库存管理"信息提示框

特别提醒

◆ 只有对采购管理系统和销售管理系统进行月末结账之后，才能对库存管理系统进行月末处理。

◆ 只有在存货核算系统当月未结账或取消结账后，库存管理系统才能取消结账。

4. 存货核算系统月末结账

（1）以会计"105 林彬"的身份，于 2024 年 1 月 31 日登录企业应用平台。

（2）选择"供应链"→"存货核算"→"业务核算"→"期末处理"，打开"期末处理－1 月"对话框，如图 8-7 所示，单击"处理"按钮，系统提示"期末处理完毕！"，单击"确定"按钮。

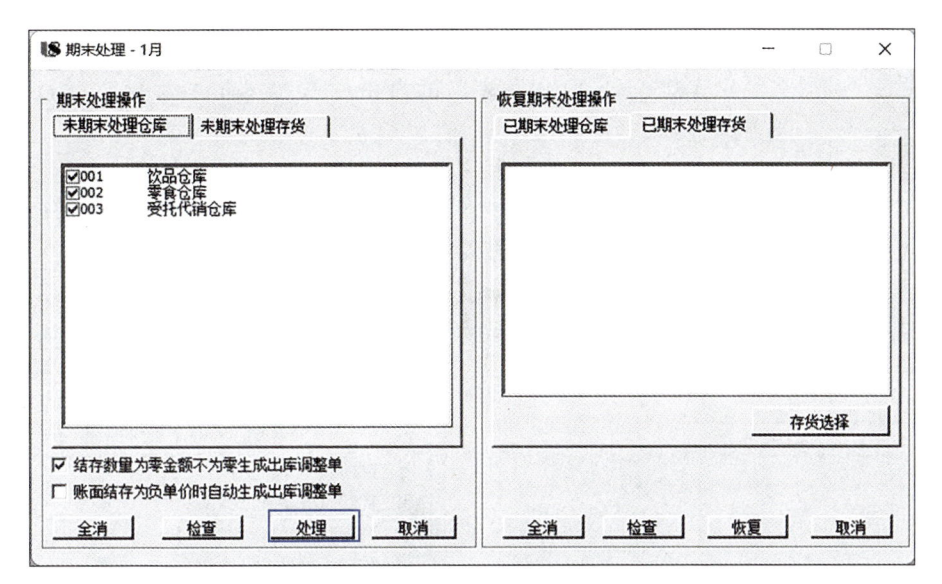

图 8-7 "期末处理-1月"对话框

（3）选择"业务核算"→"月末结账"，打开"结账"对话框，如图8-8所示，单击"结账"按钮，系统提示"月末结账完成！"单击"确定"按钮。

图 8-8 "结账"对话框

特别提醒

◆ 只有对采购、销售和库存管理系统进行月末结账之后，才能对存货核算系统进行月末结账处理。

◆ 在进行存货核算系统月末结账后，只有以下一个会计期间的时间登录用友 U8 系统，才能恢复月末结账。

5. 应收款管理系统月末结账

（1）以会计"105 林彬"的身份，于 2024 年 1 月 31 日登录企业应用平台。

（2）选择"财务会计"→"应收款管理"→"期末处理"→"月末结账"，打开"月末处理"对话框；然后双击月份"一月"对应的"结账标志"栏，使其出现"Y"字样，如图 8-9 所示。

（3）单击"下一步"按钮，对话框内容显示如图 8-10 所示，单击"完成"按钮，系统提示"1 月份结账成功"，单击"确定"按钮。

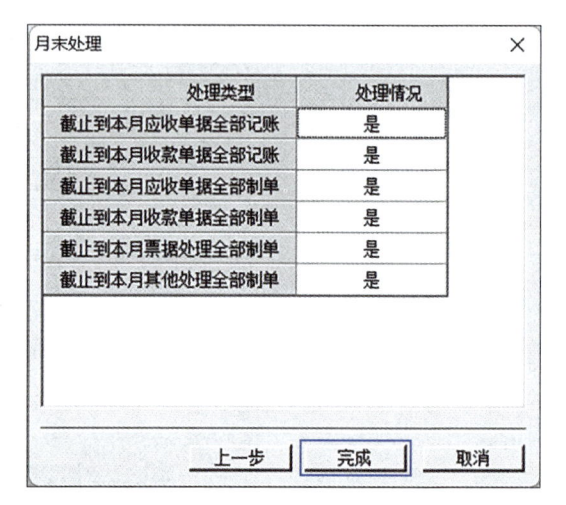

图 8-9　月末结账标志　　　　图 8-10　月末处理确认

特别提醒

◇ 只有在销售管理系统结账后，才能对应收款管理系统进行结账处理。

◇ 因为本账套设置的审核日期为单据日期，所以本月的单据（发票和应收单）在结账前需要全部审核。但若设置的审核日期为业务日期，则截止到本月末还有未审核单据的（发票和应收单），照样可以进行月结处理。

◇ 如果本月的收款单还有未审核的，则不能结账。

6. 应付款管理系统月末结账

（1）以会计"105 林彬"的身份，于 2024 年 1 月 31 日登录企业应用平台。

（2）选择"财务会计"→"应付款管理"→"期末处理"→"月末结账"，打开"月末处理"对话框；再双击月份"一月"对应的"结账标志"栏，使其出现"Y"字样，如图 8-11 所示。

（3）单击"下一步"按钮，对话框内容显示如图 8-12 所示，单击"完成"按钮，系统提示"1 月份结账成功"，单击"确定"按钮。

图 8-11 月末结账标志　　　　　　　　图 8-12 月末处理确认

> **特别提醒**
>
> ✧ 只有在采购管理系统结账后，才能对应付系统进行结账处理。
> ✧ 如果本月的付款单还有未审核的，则不能结账。

7. 总账系统月末结账

（1）结账前须完成记账凭证的出纳签字（106 钟灵）、审核（104 韩寒）、记账（105 林彬）。

（2）以会计"105 林彬"的身份，于 2024 年 1 月 31 日登录企业应用平台。

（3）选择"财务会计"→"总账"→"期末"→"结账"打开"结账"对话框，单击选中要结账月份"2024.01"，如图 8-13 所示。

总账系统月末结账

图 8-13 "结账"对话框——开始结账

（4）单击"下一步"按钮，再单击"对账"，系统自动对 1 月份进行账账核对。

（5）单击"下一步"按钮，系统显示"2024 年 01 月工作报告"，再单击"下一步"按钮，系统自动进行结账测试，结果如图 8-14 所示。若无异常提醒，单击"结账"按钮，完成本月总账结账工作。

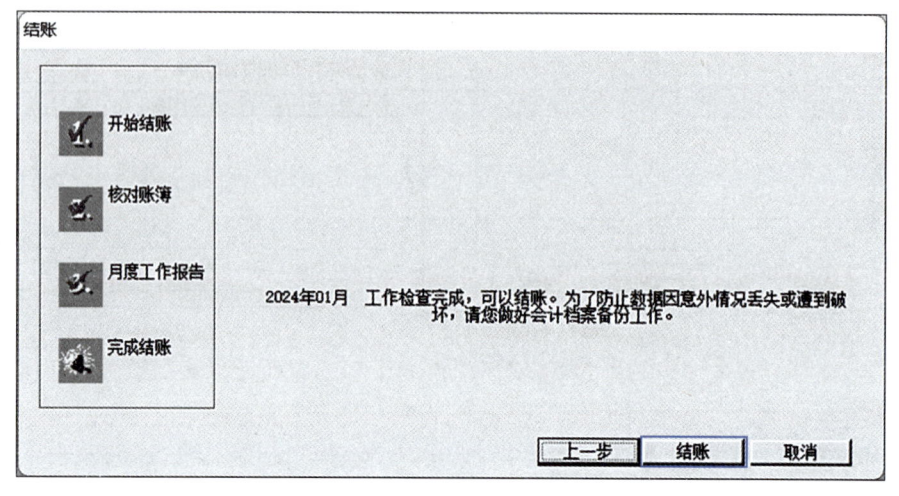

图 8-14 "结账"对话框——完成结账

特别提醒

◇ 若本月还有未记账凭证（包括作废凭证）时，则本月不能结账，因此在总账结账前要对所有的凭证进行出纳签字、审核、记账。

◇ 结账只能由有结账权的人进行。

◇ 结账必须按月连续进行，若上月未结账，则本月不能结账。

◇ 若总账与明细账对账不符，则不能结账。

任务二　账表查询

工作任务

查询 2024 年 1 月份销售收入明细账和市罕泉天然苏打水的存货明细账。

知识储备

用友 U8 供应链各子系统中提供了丰富的业务账表，通过查询业务账表，可以随时了解业务

项目八 期末业务处理 263

动态，监控业务过程，实现对业务过程的事中控制和事后分析，有效提高管理效率和管理水平。

岗位说明

本任务的操作流程概览见表 8-2。

表 8-2 操作流程概览

序　号	操作日期	操作员	子系统	操作内容
1	2024-01-31	401 陈路	销售管理	查询销售收入明细账
2	2024-01-31	105 林彬	存货核算	查询存货明细账

任务实施

1. 查询 2024 年 1 月销售收入明细账

（1）以采购员"401 陈路"的身份，于 2024 年 1 月 31 日登录企业应用平台。

（2）选择"供应链"→"销售管理"→"报表"→"明细表"→"销售收入明细账"，系统打开"查询条件选择"对话框。

（3）单击"确定"按钮，打开"销售收入明细账"窗口，如图 8-15 所示。

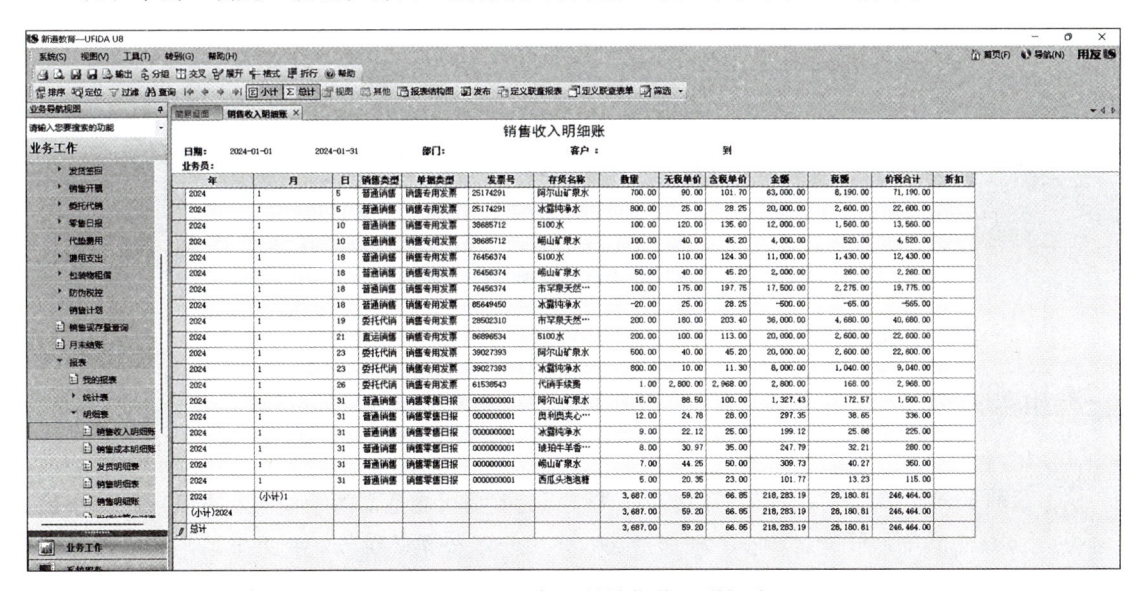

图 8-15 2024 年 1 月销售收入明细账

2. 查询市罕泉天然苏打水的存货明细账

（1）以会计"105 林彬"的身份，于 2024 年 1 月 31 日登录企业应用平台。

（2）选择"业务工作"→"供应链"→"存货核算"→"账表"→"账簿"→"明细账"，系统打开"明细账查询"对话框。

（3）仓库选择"001-饮品仓库"，商品分类选择"01-饮品"，商品编码选择"0101-市罕泉天然苏打水"，如图 8-16 所示，单击"确定"按钮，结果如图 8-17 所示。

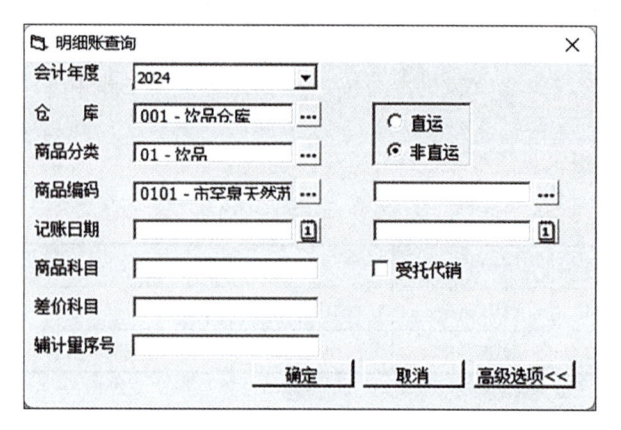

图 8-16 明细账查询设置

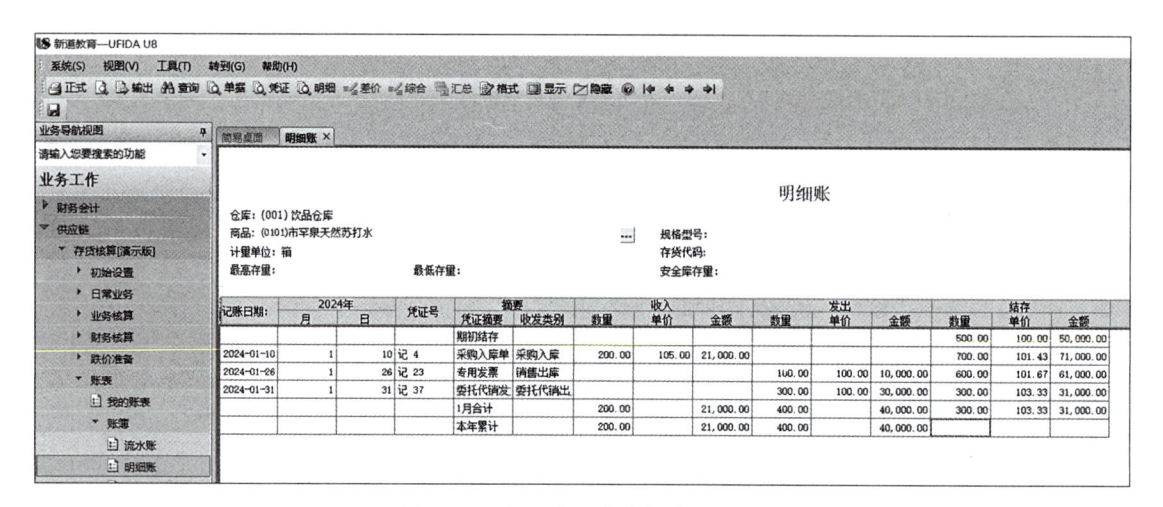

图 8-17 市罕泉天然苏打水明细账

> 📖 **拓展阅读**
>
> **智能财务"硬核"技术：机器人流程自动化**
>
> 【案例】大数据、人工智能、移动互联网、云计算等正在重塑商业模式和财务模式，推动传统财务信息系统的智能化转型。智能财务技术实现了核算、结算、费用报销等基础财务工作的自动化和无人化。机器人流程自动化（Robotic Process Automation，RPA）即通过用户界面层技术运用，模拟并增强人与计算机的交互过程，执行基于一定规则的可重复任务的软件解决方案。RPA 也被称为数字化劳动力（Digital Labor），是数字化的支持性智能软件，能够完成以往只有人类才能完成的工作，或者成为高强度工作的劳力补充。
>
> 财务机器人是 RPA 技术在财务领域的具体应用。财务机器人在 RPA 技术的基础上，针对财务的业务内容和流程特点，以自动化替代财务手工操作，辅助财务人员完成交易量大、重复性高、易于标准化的基础业务，从而优化财务流程，提高业务处理效率和质量，降低财务合规风险，使资源分配到更多的增值业务上，促进财务转型。

调查显示，企业在应用财务机器人之后，平均每年可以为财务部门节省25 000工时以上。企业可以将财务机器人视为组织中的虚拟劳动力，对于财务工作中基于明确规则的可重复性工作流程，财务机器人是能够在特定流程节点代替传统人工操作和判断的财务自动化应用。借助于RPA，财务机器人不仅可以自动处理账务处理、发票认证、发票查验、银行对账、费用审核和发票开具等业务，还可以自动登录网上银行并从系统获取数据，自动生成当月余额调节表，实现银企端对端调节自动化。

◆ 启示

智能财务是建立在云计算、大数据、人工智能等新技术的基础上，结合企业互联网模式下的财务转型升级与创新发展的实践而产生的新形态。通过大数据技术进行建模与分析，利用人工智能的技术提供智能化服务，为企业财务转型赋能，帮助企业打造高效规范的财务管理流程，达到提高效率、降低成本、控制风险的目的，从而有效促进企业财务转型。

考证导航

1+X证书职业技能等级标准

项目	任务	证书（等级）	工作领域	工作任务	职业技能要求
项目八 期末业务处理	任务一 月末结账 任务二 账表查询	业财一体信息化应用（初级）	6. 业财一体信息化平台月末处理及会计档案管理	6.1 月末业务处理	6.1.1 能依据业务部门相关资料检查并确认本会计月采购工作已结束，在信息化平台采购管理模块中熟练完成月末结账 6.1.2 能依据业务部门相关资料检查并确认本会计月销售工作已结束，并在信息化平台销售管理模块中熟练完成月末结账 6.1.3 能熟练进行库存与存货对账，核对无误后，在信息化平台库存管理模块中熟练完成月末结账 6.1.4 能熟练进行存货与总账对账，对账无误后，在信息化平台存货核算模块中熟练完成月末结账 6.1.5 能依据应收应付业务月末检查处理结果，在信息化平台上准确完成应收款、应付款管理模块的月末结账工作

（续）

项目	任务	证书（等级）	工作领域	工作任务	职业技能要求
项目八 期末业务处理	任务一 月末结账 任务二 账表查询	业财一体信息化应用（初级）	6. 业财一体信息化平台月末处理及会计档案管理	6.2 月末财务处理	6.2.1 能在信息化平台上熟练、准确地定义期末损益结转的模板 6.2.2 能在信息化平台上根据定义的模板生成损益结转的凭证 6.2.3 能在信息化平台上熟练进行总账与明细账、总账与辅助账数据核对工作，确保账账相符和账实相符 6.2.4 能在信息化平台上熟练完成总账模块月末结账
		业财一体信息化应用（中级）	6. 业财一体信息化平台期末业财账务处理	6.1 期末业务处理	6.1.1 能根据《企业会计准则》及企业会计核算规范，在信息化平台上依据存货实际计价方式，对期末库存商品进行期末处理，为期末成本核算提供数据来源 6.1.2 能根据《企业会计准则》及企业会计核算规范，在信息化平台上对供应链模块进行期末结账处理 6.1.3 能根据《企业会计准则》及企业会计核算规范，在信息化平台上对固定资产、应收应付、发票、网上银行、网上报销模块进行期末结账处理 6.1.4 能根据《企业会计准则》及企业会计核算规范，在信息化平台上对业务系统进行反结账处理
				6.2 期末财务处理	6.2.1 能根据《企业会计准则》，在信息化平台总账模块中完成所得税结转工作 6.2.2 能根据《企业会计准则》，在信息化平台总账模块中进行期末损益结转 6.2.3 能根据《企业会计准则》，在信息化平台总账模块中进行计提法定盈余公积业务 6.2.4 能根据《企业会计准则》，在信息化平台总账模块中进行期末对账、期末结账、反结账、年结、反年结业务处理

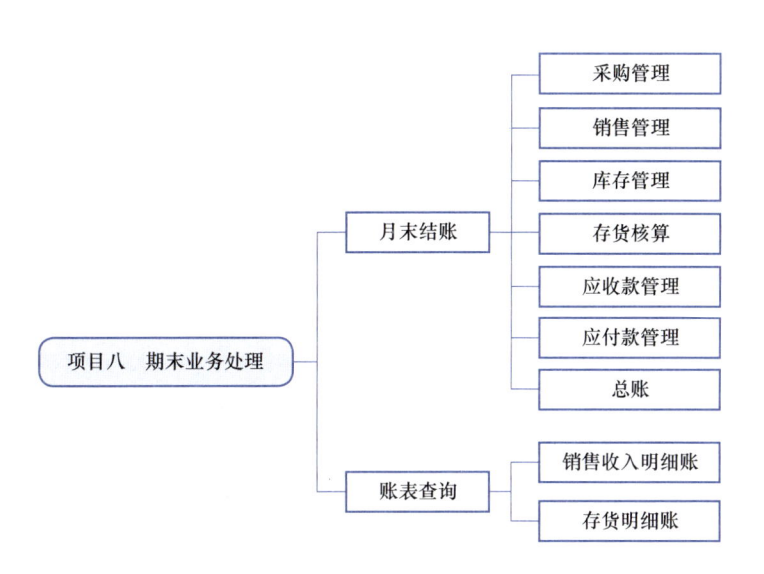

知识导图

```
                            ┌─ 采购管理
                            ├─ 销售管理
                            ├─ 库存管理
                  ┌ 月末结账 ┼─ 存货核算
                  │         ├─ 应收款管理
                  │         ├─ 应付款管理
项目八 期末业务处理 ┤         └─ 总账
                  │
                  └ 账表查询 ┬─ 销售收入明细账
                            └─ 存货明细账
```

项目实训　期末业务处理

↳ 实训资料

无。

↳ 实训任务

（1）对采购管理、销售管理、库存管理、存货核算、应收款管理、应付款管理以及总账七个子系统进行月末结账。

（2）查询2024年4月份销售收入明细账和百丽男女鞋的存货明细账。

参 考 文 献

[1] 孙万军. 会计信息化：用友 U8 V10.1. 供应链篇 [M]. 北京：清华大学出版社，2019.

[2] 刘大斌，王新玲. 会计信息化实训教程：微课版. 供应链：用友 U8 V10.1[M]. 北京：清华大学出版社，2019.

[3] 宋红尔，赵越，冉祥梅. 用友 ERP 供应链管理系统应用教程 [M]. 2 版. 大连：东北财经大学出版社，2019.

[4] 毛华扬. 会计信息系统原理与应用：基于用友 ERP-U8 V10.1 版 [M]. 北京：中国人民大学出版社，2018.

[5] 王忠孝. 会计信息系统应用：用友 ERP-U8 V10.1 版 [M]. 北京：高等教育出版社，2020.

[6] 牛永芹，喻竹，曹芳林. ERP 供应链管理系统实训教程：用友 U8 V10.1 版 [M]. 4 版. 北京：高等教育出版社，2019.

[7] 李爱红. ERP 财务供应链一体化实训教程：用友 U8 V10.1[M]. 北京：高等教育出版社，2016.

[8] 董文婧，李勉，梁乃斌. 用友 ERP 供应链管理系统实验教程：U8 V10.1：微课版 [M]. 2 版. 北京：清华大学出版社，2018.

[9] 王海林，吴沁红，杜长任. 会计信息系统：面向财务业务一体化 [M]. 北京：电子工业出版社，2017.

[10] 王新玲. 用友 U8 财务管理系统原理与实验 [M]. 2 版. 北京：清华大学出版社. 2020.

[11] 孙莲香，林燕飞，刘兆军. ERP 管理软件应用教程：财务篇 [M]. 北京：清华大学出版社. 2018.

[12] 牛永芹，杨琴，喻竹. ERP 财务管理系统实训教程：用友 U8 V10.1 版 [M]. 3 版. 北京：高等教育出版社，2019.

[13] 李吉梅，于海宝. 场景式企业供应链应用基础教程：用友 ERP-U8 V10.1[M]. 北京：清华大学出版社．2016.

[14] 魏世和，陶文. ERP 财务业务一体化教程 [M]. 北京：高等教育出版社，2017.